体制転換と
社会保障制度の再編

ハンガリーの年金制度改革

柳原剛司 著

京都大学学術出版会

プリミエ・コレクションの創刊にあたって

「プリミエ」とは，初演を意味するフランス語の「première」に由来した「初めて主役を演じる」を意味する英語です。本コレクションのタイトルには，初々しい若い知性のデビュー作という意味が込められています。

いわゆる大学院重点化によって博士学位取得者を増強する計画が始まってから十数年になります。学界，産業界，政界，官界さらには国際機関等に博士学位取得者が歓迎される時代がやがて到来するという当初の見通しは，国内外の諸状況もあって未だ実現せず，そのため，長期の研鑽を積みながら厳しい日々を送っている若手研究者も少なくありません。

しかしながら，多くの優秀な人材を学界に迎えたことで学術研究は新しい活況を呈し，領域によっては，既存の研究には見られなかった潑剌とした視点や方法が，若い人々によってもたらされています。そうした優れた業績を広く公開することは，学界のみならず，歴史の転換点にある21世紀の社会全体にとっても，未来を拓く大きな資産になることは間違いありません。

このたび，京都大学では，常にフロンティアに挑戦することで我が国の教育・研究において誉れある幾多の成果をもたらしてきた百有余年の歴史の上に，若手研究者の優れた業績を世に出すための支援制度を設けることに致しました。本コレクションの各巻は，いずれもこの制度のもとに刊行されるモノグラフです。ここでデビューした研究者は，我が国のみならず，国際的な学界において，将来につながる学術研究のリーダーとして活躍が期待される人たちです。関係者，読者の方々ともども，このコレクションが健やかに成長していくことを見守っていきたいと祈念します。

第25代　京都大学総長　松本　紘

目　次

序　章　旧社会主義国における社会保障制度改革：課題設定　1
　第1節　問題意識と課題設定　1
　第2節　本書の視角と意義　5
　第3節　1990年以降のハンガリーの経済政策の変遷と研究動向　10
　第4節　本書の構成　24

第1章　ハンガリーにおける移行の「社会的コスト」　27
　第1節　移行の「社会的コスト」　29
　第2節　貧困問題の拡大　31
　第3節　失業（雇用減少）問題　37
　第4節　小括　43

第2章　ハンガリーにおける社会政策論争　47
　第1節　危機から再編へ：西側諸国における福祉国家論の展開　48
　第2節　時期尚早の福祉国家：旧東側諸国における福祉国家の展開と体制転換　57
　第3節　小括　65

第3章　ハンガリーの年金制度改革：1998年改革の実行とそこからの逸脱　69
　第1節　1990年代半ばごろまでのハンガリーの年金制度　71
　第2節　1998年の年金制度改革とフィデス主導政権による制度修正　85
　第3節　1998年の年金制度改革およびその後の制度修正の特性及び問題点　95
　第4節　小括　103

第4章　年金制度改革と高齢者の所得保障問題　107
　第1節　ハンガリーの高齢者の所得保障　109

第2節　高齢者の貧困　117
　第3節　年金制度改革の推移と高齢者の所得保障に関連する制度状況
　　　　 123
　第4節　高齢者の所得保障という観点からの論点・問題点　128
　第5節　小括　133

第5章　年金制度周辺の諸制度の改革との整合性　135
　第1節　総合的な改革の方向性の欠如（1990年代半ば）　136
　第2節　EU加盟以後の社会的領域の制度改革の傾向　146
　第3節　小括　164

第6章　世界銀行の年金戦略とハンガリーの年金制度改革：
　　　　国際的な影響（1）　169
　第1節　世界銀行の年金戦略　172
　第2節　世界銀行による1998年の年金制度改革の評価　176
　第3節　小括　187

第7章　EU内政策調整とハンガリーの年金制度改革：
　　　　国際的な影響（2）　193
　第1節　年金分野におけるOMCを通じたEU内政策協力　196
　第2節　年金OMCとハンガリーの年金改革　207
　第3節　過剰財政赤字是正手続きと年金制度改革　212
　第4節　小括　216

終章　総括と展望　219
　第1節　各章における議論のとりまとめと全体の含意　219
　第2節　今後の展望　227

　参考文献　229
　あとがき　241
　索引　245

序　章

旧社会主義国における社会保障制度改革：課題設定

1 │ 問題意識と課題設定

　年金など所得保障の諸制度や医療制度に代表される社会保障制度は，19世紀後半になって，ドイツとイギリスを発祥として段階的に整備が始まり，後に各国に波及していった。産業化・経済の近代化に伴い，これまでの家族や地域における共同体に代わり，国家が，労働力の再生産と確保のために，主に急増してきた都市工業労働者らの疾病・貧困・失業・長寿などのリスクを保障することに積極的に携わる必要性が出てきたことなどがその背景である。

　この，国家が積極的に保障を行う傾向は二度の世界大戦の後にさらに拡大した。西側の先進資本主義諸国（アメリカ及び西欧諸国，日本）では1960年代末ごろにかけて，高度経済成長に平行して，その重点や特性，国家の役割の大小，税による普遍的保障か社会保険方式による保障を中心とするのかと言った点で多様なものではあった[1]が，各国はおしなべて社会支出を増大させ，「福祉国家の黄金時代」を築いた。この西側諸国における福祉国家の増進には，社会主義諸国に対する体制間競争という側面も存在した。

---

1) この当時，高い経済成長を背景として，先進資本主義諸国はいずれ高度な福祉国家へと収斂する，との見方が広範に存在した。このため，各国の福祉国家の多様性については，あまり大きな注目の的となることはなかった（柳原, 2005）。

しかし，1970年代の二度のオイルショックを経て低経済成長の時代を迎えると，西側の先進資本主義国では削減の方向での福祉国家のあり方の見直しが求められる，「福祉国家の危機」の時代となった[2]。1990年代以降，各国は様々な社会政策・社会保障制度の改革に取り組んでいる。なかでも，年金制度の改革は，長寿化・高齢化の進展もあり，また各国の社会支出において大きな比重を持ち長期的に財政に与える影響力が非常に大きいこともあり，医療制度と並んで改革の対象の中心にあると言えよう。積立方式の部分的導入，概念上の確定拠出（Notional Defined Contribution, NDC[3]）方式の導入，年金資産の運用の民営化など，多様な形の年金制度の改革が2000年代に入っても継続している。

　一方で，第二次世界大戦後，ソ連の勢力圏に組み込まれた旧東側の諸国においても，先進資本主義国とはまた違った形態の福祉国家が形成された。第二次世界大戦以前，オーストリア＝ハンガリー二重帝国に含まれていた中欧の国々[4]では，ドイツ型の社会保険制度が1860年代から段階的に整備されていた。しかし，第二次世界大戦後，これら諸国で社会主義体制が成立すると，それまでの社会保険を中心とする社会保障制度は，社会主義のイデオロギー的な影響を受け次第に変化を遂げた。すなわち，社会主義体制下においては，国家もしくは国有企業を供給者として社会サービスの供給が普遍主義的に行われるようになった。無論，国によってその対象や詳細に差異はあるが，西欧諸国に比べれば相対的に寛大な受給資格に基づく職域の区別のない年金制度，無料もしくは低価格の医療サービス（実

---

2) 実際に削減したかどうかには諸説ある。本書第2章参照。
3) みなし掛金建てとも。個人が仮想的に積み立てる保険料・拠出金が金融市場により運用されないことから，Non-financial Defined Contribution と記述されることもある。NDC については，Palmer（2006）を参照せよ。
4) 本書における，諸国家をグループ化する語の使用法は以下のとおりである。「(旧) 東側諸国」「西側諸国」は東西冷戦体制を念頭にした政治的な括りであり，前者は旧ソ連・東欧の社会主義ブロックに位置した諸国，西側諸国は西欧諸国，米国，日本など資本主義の先進国グループを指す。また市場経済化を開始した「東側諸国」を「移行経済諸国」とも呼称する。「(旧) 東欧」は，「東側諸国」から旧ソ連諸国を除いた国々を指している（バルト諸国は含む）。また，その中でもハンガリー，ポーランド，チェコ，スロヴァキア，スロヴェニアの5か国を「中東欧」とする。この「中東欧」に，さらにドイツ・オーストリア・スイスなどを加えた地理的な概念として「中欧」を使用する場合もある。

質的な非社会保険化），家族手当など種々の所得保障制度，補助金を通じた日常必需品や住宅の低価格供給（光熱費含む），基本的に無料の教育制度，などがその特徴として挙げられるだろう（柳原・林, 2002）。

しかし，その普遍性は擬似的なものであった。多くの旧東欧諸国において，これらの社会給付・サービスの受給条件や水準は就業と高度に結び付けられていた。そして，社会主義計画経済システムによる過剰な労働力需要を背景として実質的な完全雇用が達成されていたために，擬似的な普遍性が確保されていた。すなわち，「労働を起点とする国家的生活保障システム」（小森田, 1998; 堀林, 2009a）であった[5]。またその水準についても，第2章においてその反論も含めてとり上げるが，経済発展水準以上の寛大な社会支出を行っていた「時期尚早の福祉国家（premature welfare state）」（Kornai, 1992; 1995）であったと指摘されている[6]。

西欧諸国が「福祉国家の危機」を迎えたように，旧東欧諸国もまた1970年代末以降，エネルギー価格の上昇，西側・第三世界の国々への輸出の減少により，経済が停滞し，福祉国家を構成する諸制度の維持が困難になった。しかし，ハンガリーにおいては，寛大な社会保障・社会サービスは政治体制への国民の不満を和らげるためのものでもあったため，経済が停滞し政治的にも求心力を失いつつあった社会主義体制の下では，インフレの進行による諸給付の減価という深刻な影響はあったものの，社会保障制度・福祉国家の制度そのもの，ないし経済規模に比する社会支出の大きさ

---

5) 小森田（1998）は，ポーランドに即して「労働を起点とする国家的生活保障システム」であったとしている。堀林（2009a）は共産主義下における生活保障システムを構成する要素として，以下の5つを挙げている。1) 国有・準国有企業ベースの完全雇用，2) 雇用に基づく社会保護：年金，医療（社会保険制度であるが保険基金は国家予算と明確に分離されていない），3) 国有・準国有企業ベースで提供される各種社会サービス（典型例は保育・医療関連サービス），4) 家族・育児給付など普遍的社会給付（社会保険），5) 生活必需品の国家補助（低）価格での供給。
6) 第2章でより詳細に取り上げるが，社会主義時代のハンガリーの社会支出が過剰なものであったか，という点についてはフェルゲなどの批判がある。また堀林は近著（堀林, 2009a）において，「『寛大な福祉支出』（相対的に高い集団消費比率）は，同時代の低賃金（低い個人消費水準）を『補完』するものであったとみるべきであり，共産主義生活保障システムは『早すぎた福祉国家』というより，国民の生存のために『必要な福祉国家』であった」旨論じている（堀林, 2009a, p.156）。

の著しい縮小があった訳ではなかった。

　1989年から1991年にかけて，旧東欧諸国では相次いで社会主義体制が崩壊し，資本主義・市場経済への移行が開始された。様々な規制や外国貿易の自由化，企業の民営化，緊縮政策の実施などのマクロ安定化政策，旧社会主義ブロック内での国際貿易体制の崩壊などにより，旧東欧諸国は急激な経済の収縮を経験した（「体制転換不況」[7]）。この体制転換不況は，大規模な雇用減少・貧困の拡大・健康状態の悪化など，大きな社会的影響をももたらした（移行の「社会的コスト」[8]）。

　すでに，旧体制末期より（とくに給付水準や財政面において）改革の必要性が生じていた旧東欧諸国における社会政策・社会保障制度もまた，市場経済という新しい経済システムとそれに伴う新たなリスク構造に適応した，さらには高齢化など市場経済化とは直接のかかわりのない新たな状況も考慮した社会政策・社会保障制度への再編が行われなくてはならなかった。しかし，この社会政策・社会保障制度の再編という改革課題は，国によりその程度に差異はあるが，一方ではマクロ経済の安定化のために社会支出を含む緊縮財政政策採用の圧力，他方では体制転換のショックにより国家による社会サービス供給へのニーズの高まり，という厳しい制約の中で取り組まなければならない難しい課題であった。

　本書では，旧東欧の一国であるハンガリーにおける，この政治体制の転換以降の社会保障制度の再編の過程に着目する。政治体制の転換後の最初の政権が成立した1990年以降，市場経済化の中で実行された社会保障の諸制度の改革が，どのようなプロセスであったのか明らかにしたい。年金制度改革を中心としつつも，その周辺の社会政策・社会保障制度の改革までを視野に入れ，それら改革の整合性や総体としての社会的セーフティー・ネットの再構築に着目して分析を行う。また，このプロセスへの国際機関の関与と，ハンガリーにおける実際の改革との関係についても検討し，明らかにしたい。

7）コルナイによる用語。Kornai, 1995, pp.11-20を参照。
8）第1章第1節参照。

2 本書の視角と意義

本書の課題は，1989年の社会主義体制崩壊以後のハンガリーの社会保障制度の改革のプロセスを明らかにすることであるが，この課題に以下のような視角から接近したい。

第1に，ハンガリーの社会保障制度改革のうち，とくに年金制度改革を中心に据え，詳細に検討する。年金は，ハンガリーの社会支出において最大の支出項目であり，その意味で社会保障制度全体においてもっとも重要な制度と言える。またハンガリーの市場経済化・欧州統合へ向けたプロセスの中でも，その社会的な影響のみならず，財政・金融の両面に与える影響においても，年金制度改革は重要な改革の一つであった。多くの国において世代間・世代内の巨大な所得再分配システムであること，政治参加意識が強いとされる年金受給者層の生活を左右する制度[9]であることなども，その理由として挙げることができるであろう。これらの点において，年金制度を中心にとりあげて社会保障制度の再編を論じることには妥当性があると考える。

第2に，年金制度へ着目するにあたり，さらに，1998年の年金制度改革とその後の推移を中心に論じる。ハンガリーは，他の旧東欧諸国に先駆けて，制度の部分的民営化と積立方式の部分的導入という抜本的な改革を導入した。この改革は，当時の新しい年金改革モデルに基づいたものであり，国際的な年金研究の観点からも大きな注目を浴びた。本書においても，この年金制度の「枠組み」を変更した1998年の改革を，そのコンセプト，さらには改革の規模において，政治体制の転換以降の社会保障制度改革の中心的改革として位置づけている。そのため，ハンガリーにおける社会保障制度改革の過程がどのようなものであったかを示すためには，「1998年の改革がどのような改革であったのか」を明らかにすることが不可欠で

---

9) 人口が約1,000万人（2009年で1,003万人。数字は統計局）のハンガリーでは，有権者数が約800万人（2010年の国会の総選挙における，第1回投票の登録有権者数は803万4394人。選挙管理事務所ウェブサイト）であるが，うち年金および年金形態の給付の平均受給者数は298万277人（2010年。数字は国家年金保険総局）と，有権者数の約37%を占めている。

ある。加えて，このハンガリーの事例から年金制度改革一般にとって適用しうる教訓をひきだすことを目指す。分析にあたっては，税方式か社会保険方式か，賦課方式か積立方式かという表面的な方式の違いではなく，貯蓄機能・再分配機能・保険機能など，年金機能が果たしている機能や，制度設計における様々な主体間における公平性により着目して論じる。

　第3に，年金制度を分析の中心に置きながらも，失業給付制度や家族給付制度など他の所得保障政策に関わる制度も視野に入れ，ハンガリーの社会政策・社会保障制度の変化を包括的に捉えることを試みる視角である。1998年の年金制度改革は，多くの研究者の関心を集めたこと，また国の社会支出における比率などの点においても重要であり年金制度を中心的にとりあげることには十分な意義と妥当性が存在するが，それでも，ハンガリーの社会領域の改革を無条件に代表するとは言えない可能性がある。そのため，本書では，年金制度に関する論述に加えて，年金制度の周辺に位置する社会政策・社会保障の諸制度の改革についても補完的に検討の対象とし，年金制度とその他の所得保障の制度との改革の比較を行い，類似点・相違点の導出も行う。それにより，社会的セーフティー・ネットをより包括的に捉えることに挑戦したい。先行文献ではこのような包括的な視角からのアプローチはあまり取り組まれていない。また，本書では十分に迫りきれないが，各種社会保障制度の包括的な分析は，（比較）福祉国家論や資本主義の多様性論の観点から意義を有するであろう。ハンガリーの福祉国家がどのような変容を辿り，また結果として現在どのような型の福祉国家（ないし福祉レジーム）あるいは資本主義となっているのか，検討する基盤を提供したい。

　第4に，やや視角が異なるアプローチとなるが，グローバリゼーションへの包摂やEU経済統合への接近など，国内の社会保障制度の改革に影響を与えた国外の要因との関係に着目する視点である。とくにEUについて，旧東欧諸国の市場経済化のプロセスは，EUへの接近・包摂プロセスと不可分に重なっている。各国はEU加盟に向けて政治・経済・社会の各制度の収斂を行い，また加盟の達成以後もEUの中の政策調整プロセスに

よってさらなる収斂の継続を求められている。リスボン戦略の開始以降，今まで加盟国が多くの権限を留保したままであった社会政策分野でも，社会的包摂政策ならびに年金制度，医療・介護保障の3分野で「開かれた政策協調」(Open Method of Coordination, OMC) という枠組みを用いて政策調整が促進され始めている。このようなEUの戦略は，当然にハンガリーやその他の旧東側のEU加盟国の社会保障制度の改革にも影響を及ぼしている。このような視点からハンガリーの年金制度改革を見ることは，経済統合論における，加盟国と統合体の関係の事例研究としての意義を有するだろう。また，1990年代後半に多くの旧東側諸国で実施された年金制度改革は，世界銀行の年金戦略の影響を受けたものだった。本書では，この年金分野における1990年代の世界銀行の戦略ならびに2000年代のEUの政策調整を視野に入れ，ハンガリーの年金制度との関係も踏まえつつ，その性質や特徴につき明らかにしていく。

第5に，経済的な事象のみならず，政治的な動向・要因にも十分な注意を払う。年金制度は，個人の現役時代と退職後との稼得の平準化，高齢時の貧困防止という機能のため，必然的に50年以上の長期的な時間軸で考える視野が必要となるシステムである。しかし，一方で，主要な給付対象が政治的な関心が強いとされる高齢者層であることもあって，近視眼的な視野での制度の改正ないし政治的利用が多い制度でもある。そのため，本書では政治的な動向にも必要に応じて触れていく。

さて，第2の視角の中で述べた，年金制度改革の事例研究としての意義についてはもう少し説明が必要であろう。1990年代は，年金理論が飛躍的に発展する契機となった時期であった。そのプロセスは高山 (2004) で要点が紹介されているが，その発展の端緒は，世界銀行が1994年の政策研究報告書, *Averting the old age crisis* (The World Bank, 1994a) で制度の部分的民営化を骨子とする改革提案（第6章第1節で詳細を紹介）を提示したことであった。年金制度の民営化の是非，賦課方式か積立方式，積立方式へ移行する際の「二重の負担」の問題，積み立てられる保険料が資本市場の発展や経済成長にもたらす影響などの諸点について，国際社会保障協会

(International Social Security Association, ISSA）や国際労働機関（ILO）などの国際機関に所属する専門家のみならず，J. E. スティグリッツなどを含む経済学者，その他多くの研究者を巻き込んだ論争となった。この論争の結果，さらには実際にこのタイプの改革を採用した国における経験も踏まえて，年金理論に対する共通理解が進んでおり，後の章で触れる2000年代の世界銀行の新しい年金戦略や，EUがOMCで提示する諸原則などへ繋がっている。

　ハンガリーが1998年に実施した年金制度改革は，部分的民営化の規模やそれぞれの部分が果たしている機能について大きな留保が必要だが（後述），外形としてはこの世界銀行が提案した年金制度を欧州の旧社会主義国ではじめて採用したものであった。そのため，とくに改革の前にはモデルケースとしてハンガリーの改革は国際的にも大きく注目された。わが国においても，ハンガリーをはじめとする旧ソ連・東欧の移行経済諸国の年金制度改革は，これら諸国の経済・社会システムの再編における重要な改革との位置づけで注目を集めており[10]，ハンガリーにおける事例研究もまた複数の研究者により紹介されている[11]。

　ハンガリーの年金制度改革において最大の焦点であった公的年金制度の部分的民営化・積立方式の導入は，現在の日本の年金改革の議論における焦点ではもはやない。日本においても，1990年代にはたとえば八田・小口（1999）『年金改革論——積立方式へ移行せよ』のように，積立方式への部分的ないし完全な移行を声高に主張する声は存在した。しかし現在，日本の年金制度改革における主な焦点は，一つには国民年金（基礎年金）の財源問題ならびに低年金者への対応，もう一つにはパート・派遣労働者など非正規労働者等への所得比例部分の適用拡大の問題であろう[12]。国民年金

---

10) 移行経済諸国における年金制度改革の研究をとりまとめたものとして西村編（2006）がある。バルト諸国・バルカン諸国の事例は欠落しているが，その他の旧ソ連・東欧諸国で行われた改革の概要が一覧できる。その特徴や問題点は，同書の書評（柳原，2008a）を参照。
11) 堀林（2003），岩崎・佐藤（2004），ガール・佐藤（2008）など。
12) たとえば，日本経済新聞（2011年2月27日付）には，年金改革を含む社会保障制度改革についての新聞5社の提言の比較一覧が掲載されているが，そこでは本文中に挙げた諸問題が中心であり，公的年金制度への積立方式の導入はいずれの提言においても言及されていない。

の財源問題については，国民年金の第1号被保険者において広がる未納の問題が年金財政の破綻につながるという誤解[13]，ないしは未納により無年金・低年金になる者が発生することを避けるために，消費税を引き上げ，基礎年金の財源を全額それにより賄うなどとする案が提示されており（日本経済新聞の主張など），一つの論点となっている。また，被用者でありながら厚生年金への加入ができず，国民年金の第1号・第3号被保険者となり低い年金に甘んじる非正規労働者への厚生年金の適用拡大の問題も，現在の改革論議で論点となっている。

　このように，現在の日本における年金制度改革の議論と本書で取り扱うハンガリーの改革の事例における焦点とは異なっている。しかし，本書で展開する議論が決して日本の年金制度改革にとって無意味なものではない。すでに1998年の抜本的な改革から13年を経て，成果や問題点，くわえて導入以前に喧伝されていたメリットと現実との乖離などが浮き彫りになってきている。そこから得られる含意は，必ずしも部分的民営化ならびに積立方式の導入だけに限られるものではない。成熟した賦課方式による公的年金制度を有していた国が取り組んだ大規模な改革の経験は，その政治的意思決定過程や実施体制のあり方などの点でも，わが国の年金制度の今後を考える上で，一つのケース・スタディとしての意義を有するだろう。本書では，制度改革の内容のみならず，年金制度の周辺に位置する社会保障制度との関係，さらにはハンガリーが影響を受けた国際機関の年金政策・戦略との関係等から，ハンガリーの年金制度の経験を多角的に描きだすことを目指す。そして，それらの含意を提示することに一定の意義は認められるものと考える。

　本書では，各省庁，金融監督庁[14]，国家年金保険総局（以下ONYF）[15]

---

13) 権丈（2009）や細野（2009）が明快に示しているように，国民年金の第1号被保険者の未納問題は，未納者自身が年金を得られないだけであって，年金財政への影響は軽微である。したがってこの未納による年金財政への影響のみを根拠として基礎年金の全額税方式化を主張する議論にはそもそもの前提に問題がある。

14) Pénzügyi Szervezetek Állami Felügyelete（PSZÁF），英語ではHungarian Financial Supervisory Authority（HFSA）。

などハンガリーの政府機関や，世界銀行，EU諸機関が公表した官報，報告書，各種プログラム，政策提言書，統計，分析レポートなど，主として公式の諸文献を丁寧に検討することによってその問題点・特徴などを析出する形で分析を行っている。加えて，あえて触れるまでもないが，多くの先行研究についても，十分なフォロー・検討を行っている。また，直接の引用は多用しないが，政府機関や研究者へのインタビュー[16]も実施している。

3 │ 1990年以降のハンガリーの経済政策の変遷と研究動向

本節では，第1章以降の議論の前提として，市場経済への移行や欧州統合に向けた1990年以降のハンガリーの経済改革の変遷と，社会政策・社会保障制度改革に関する大まかな研究動向を，政権の交代ごとに整理する。社会保障制度の改革は，政権政党の性質やその時々の経済状況・経済政策と不可分である。第1章以降の具体的な議論に入る前にこれを確認しておくことは有益であろう。ハンガリーの国会の任期は4年であり，1990年春に行われた社会主義体制の崩壊以降初めての総選挙から，1994年，1998年，2002年と選挙の度に左右の政権が交互に誕生し，その経済・社会政策には一定の変化がもたらされた。2006年の選挙では社会党（MSZP）・自由民主連合（SZDSZ）の連立与党が政権の維持に成功したが，新政権発足後，緊縮経済政策へ経済政策を大きく転換し，この選挙も一つの経済・社会政策上の転換点となっている。また，直近の2010年の選挙においても右派フィデス主導の政権への政権交代がなされ経済・社会政策が大きく変わりつつある。したがって，政権交代毎に時期区分して整理することには十

---

15) 年金の記録管理，裁定手続き，給付実務などを手がける機関。ハンガリー語で Országos Nyugdíjbiztosítási Főigazgatóság（ONYF），英語では Central Administration of National Pension Insurance（CANPI）。
16) このうち，政府機関に対して実施した主なインタビューは以下のとおり。2005年10月（財務省），2006年11-12月（財務省，ONYF），2008年6月（財務省，社会問題省，保健省）。これらインタビューの実施時点では，年金制度の第1の柱部分（後述）は社会問題省の担当であり，第2の柱部分は財務省の担当となっていた。また，2010年9月にも社会問題省・保健省・教育省などが統合された国家人材省でインタビューを行った。

序-第1表 ● 国会総選挙（定数386）における各政党の獲得議席[1]と政権[2]の変遷

	1990	1994	1998	2002	2006	2010
社会党（MSZP，中道左派）	33	<u>209</u>	134	<u>178</u>	<u>190</u>	59
自由民主連合（SZDSZ，リベラル）	94	<u>70</u>	24	<u>20</u>	<u>20</u>	
民主フォーラム（MDF，中道右派）	<u>165</u>	38	<u>17</u>	24	11	
フィデス-ハンガリー市民連合[3]（FIDESZ，リベラル→中道右派）	22	20	<u>148</u>	164	141	<u>226</u>
キリスト教民主国民党（KDNP，中道右派）	<u>21</u>	22			<u>23</u>	<u>37</u>
独立小地主党（FKGP，中道右派）	<u>44</u>	26	<u>48</u>			
ハンガリー正義・生活党（MIÉP，極右）			14			
より良いハンガリーのための運動（Jobbik，極右）						47
政治は変えられる（LMP，環境保護・リベラル）						16
無所属・諸派	7	1	1		1	1

注）過半数は194議席，憲法改正・重要案件可決に必要な全386議席の3分の2を超えるのは258議席。
1．総選挙後の議会会派結成時の議席数。
2．表内で獲得議席に下線を引いた政党が政権与党。
3．1988年に青年民主連合（Fiatal Demokraták Szövetség，通称 FIDESZ）として結党，1995年にフィデス-ハンガリー市民党（Fidesz-Magyar Polgári Párt），さらに2003年にフィデス-ハンガリー市民連合（Fidesz-Magyar Polgári Szövetség）に改称。

出所）「ポスト社会主義国の選挙・政党データ」（http://www.seinan-gu.ac.jp/~sengoku/database/ 2009/11/20アクセス）およびハンガリー選挙事務所ウェブサイト（http://www.valasztas.hu/）

分な妥当性があると言えるだろう。

3.1 民主フォーラム主導の非共産主義政権（1990-1994年）

1990年春[17]の選挙では社会主義体制の崩壊に大きな役割を果たした，ハンガリー民主フォーラム（MDF）が全386議席中165議席を獲得し，独立小地主党（FKGP，44議席），キリスト教民主国民党（KDNP, 21議席）とともに中道右派・非共産主義の連立政権を樹立した（序-第1表参照）。同政権は，「ECへの加盟と社会的市場経済の建設」（1990年，アンタル首相の就任演説）を目標に挙げていたが，また同時に「ハンガリー的伝統」の重視も強調していた。後者については，民営化の際に国内の企業家へ優遇融資制度を適用し中小企業を売却するなど（堀林，1998a），一定の民族的・非市場主義的な施策も取られた。しかし，基本的な経済政策は，他の多くの旧東欧諸国と同様にIMFや世界銀行，移行アドバイザーらの影響を受けた新自由

17）3月25日に第1回投票，4月8日に第2回投票。

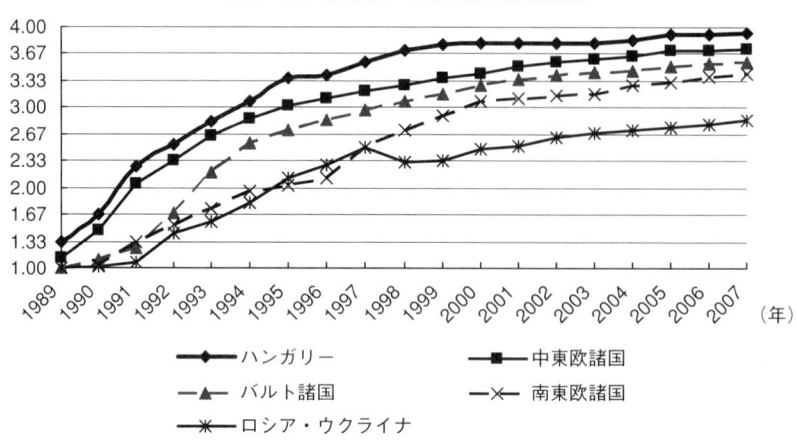

序-第1図 制度改革の進展状況（移行指標）

注）中東欧諸国：ハンガリー，チェコ，ポーランド，スロヴァキアの平均値。
　　バルト諸国：エストニア，ラトヴィア，リトアニアの平均値。
　　南東欧諸国：ブルガリア，ルーマニアの平均値。
出所）EBRD（http://www.ebrd.com/country/sector/econo/stats/tic.xls. 2009/02/24アクセス）。

主義的な改革であり，外国貿易自由化，外国資本への開放，国有企業の民営化（とくに中小企業），金融・財政の両面における引き締め政策などのマクロ経済安定化政策などが実施された。

　1968年の「新経済メカニズム」以降の旧社会主義体制下における経済改革によって，価格自由化，単一為替レートの採用など，市場経済システムに適合的な制度の導入が不十分ながら部分的に蓄積されていたこともあり，この政権による経済分野の改革の達成度は，同様に市場経済化を開始した他の旧社会主義諸国と比べると，相対的に高かった。序-第1図は，移行経済諸国の経済に関連する諸制度の改革の進展度を示す際に，しばしば用いられる欧州復興開発銀行（EBRD）の「移行指標」の推移を図示したものである。民営化，競争政策，株式市場，銀行制度，インフラ整備などそれぞれの項目について，改革の進捗状況が1（改革が進んでいない状況）から4＋（4.33に換算。先進資本主義国の水準にまで改革が進展した状況）[18]までの形でスコア化されており，提示した図は，その各項目のスコアの平均値である。この移行指標が経済的な制度改革の進展を示す最適かつ客観

序-第2表　ハンガリーの主要マクロ指標（1990-1998年）

	1990	1991	1992	1993	1994	1995	1996	1997	1998
GDP[1]（前年比，%）	-3.5	-11.9	-3.1	-0.6	2.9	1.5	1.3	4.6	4.9
総固定資本形成（前年比，%）	-7.1	-10.4	-2.6	2.0	12.5	-4.3	6.7	9.2	13.2
財・サービスの輸出（前年比，%）	-5.3	-13.9	2.7	-10.3	13.6	48.2	12.1	22.3	17.6
財・サービスの輸入（前年比，%）	-4.3	-6.1	0.7	20.0	8.8	22.3	9.4	23.1	23.8
工業産出（前年比，%）	-9.3	-18.4	-9.7	4.0	7.8	4.3	3.6	12.8	13.7
農業産出（前年比，%）	-4.7	-6.2	-20.0	-9.7	3.2	2.6	6.3	-3.3	0.6
労働力人口（前年比・年平均，%）	4.7	-10.1	-3.3	-9.0	-3.3	-2.6	-1.2	-1.3	0.4
就業率[2]（前年比・年平均，%）	-3.3	-10.3	-4.4	-11.7	-2.0	-1.9	-0.8	0.0	1.4
失業率（年末時点，%）	1.4	8.2	9.3	11.9	10.7	10.2	9.9	8.7	7.8
消費者物価（前年比・年平均，%）	28.9	35.0	23.0	22.5	18.8	28.2	23.6	18.3	14.3
平均賃金（前年比・平均月額，%）	27.2	33.4	24.3	21.9	22.6	16.8	20.4	22.3	18.3
一般政府財政収支（対GDP比，%）	0.0	-2.9	-6.1	-6.0	-7.5	-6.7	-5.0	-6.8	-8.0
一般政府支出（対GDP比，%）	56.6	56.4	60.2	60.2	59.5	52.6	48.8	49.5	50.4
一般政府累積債務（対GDP比，%）	Na	74.6	79.0	90.4	86.0	84.3	71.5	64.2	61.9
経常収支（対GDP比，%）	0.4	0.8	0.9	-9.0	-9.4	-3.7	-4.0	-4.5	-7.2
外国直接投資流入（100万ドル）	311	1,459	1,471	2,328	1,097	4,772	3,335	3,715	3,070
一人あたりGDP（米ドル）	3,449	3,231	3,613	3,752	4,052	4,359	4,425	4,495	4,641
工業（対GDP比，%）	Na	21.0	20.4	21.3	21.9	23.1	23.5	25.0	25.9
農業（対GDP比，%）	Na	7.8	6.5	6.1	5.9	5.9	6.1	5.8	5.4

注）1．GDPの内訳は，1996年以降は国民経済計算に基づく。1995年以前はOECDの推計に依拠。
　　2．労働力調査（Labour Force Survey）に基づく。
出所）EBRD（http://www.ebrd.com/country/sector/econo/stats/sei.xls. 2007/09/27アクセス）。

的な指標であるとは言えないが，大まかな傾向として，旧ソ連・東欧地域において改革が進んでいると評価されていた中東欧諸国の中でも，この政権を含めた最初の3つの政権の時期，とくに次の社会党・自由民主連合連立政権の時期に，ハンガリーの経済改革の進展が，相対的にかなり進んでいたとみることができるだろう。

しかし，この政治体制の転換後の最初の政権が，このような改革を，良好な経済状況のもとで順調に進めることができた訳ではない。ハンガリー

---

[18] それぞれの評価対象項目により，基準の詳細には細かな違いが存在している。詳細はEBRD, *Transition Report* 各年版，もしくは http://www.ebrd.com/country/sector/econo/stats/timeth.htm.（2009/11/20アクセス）を参照のこと。

経済は体制転換の直後の2年から3年，すなわち1990年から1992年にかけて大きな経済の収縮を経験した。市場経済化の開始以前の経済システム内の有機的連関（企業間関係など）の崩壊，旧コメコン市場の消滅に加え，世界規模での不景気の影響も加わって，工業生産・農業生産・輸出・投資などが激減し，また激しいインフレも発生し深刻な不況となった（序-第2表参照）。またそれに伴い，大量の雇用の減少・失業や深刻な貧困の発生，生活水準の悪化，所得格差の拡大などが発生し，国民生活を悪化させた（移行の「社会的コスト」）。このため，政府は，厳しい財政状況の中，市場経済化を推進する経済政策の一方で，主として年金生活者や失業者など社会的弱者に対する社会政策の拡充にも迫られることとなった。とくに本書との関連でいえば，早期退職年金の利用推奨，障害者年金制度の弾力的運用などにより，失業者・就職困難者に年金受給権を与えて労働市場から退出させる施策がとられている。この大不況下における社会的ニーズへ対応したことにより，政府支出や財政赤字の対GDP比率が急拡大した。くわえて，輸出減少などにより経常収支も1993年にはマイナスに転じており，財政赤字と経常収支赤字という，ハンガリーがその後長期にわたり苦しむ双子の赤字構造の始まりとなった。

　この時期の社会的領域における改革は，上述のようなシステム転換によるネガティブな影響に対する喫緊の対症療法的なものが主なものであり，社会的領域に関する議論も，フェルゲ[19]（Ferge Zsuzsa）やサライ（Szalai Júlia）など社会政策専門家を中心に蓄積が進んではいたが[20]，市場経済化の中でどのように社会政策・社会保障制度が再編されるべきか，という問題については中心的な議題としては認識されていなかった。

---

19) 本書ではハンガリー語での表記順に合わせ，ハンガリー人の名前の表記については姓名の順とする。
20) Ferge（1990），Szalai（1990）など参照。

3.2 社会党・自由民主連合の中道左派・リベラル連立政権（1994-1998年）

　1994年5月[21]に実施された総選挙では，前回の選挙で33議席しか獲得できなかったハンガリー社会党が209議席（過半数194）を獲得する大勝利を収め，政権を奪取することに成功した。その上，新自由主義的な経済政策を志向していた自由民主連合（70議席）と連立政権を組むことにより，連立与党のみで憲法改正も可能な3分の2を超える議席を占めることとなった。社会党の大躍進の一方，それまでの与党民主フォーラムは，38議席（127議席減）の惨敗を喫した。その敗因として，コルナイは「政府は，不人気な処置を先送りにしておくことを選好した」(Kornai, 1995)と指摘し，フェルゲもまた「選挙結果は古いシステムへのノスタルジアと言うよりはむしろ，多岐に渡る不満である」(Ferge, 1995)と分析して，その不満の一つとして生存するための最低の安全が脅かされたことを挙げている。

　当初，ホルン首相らは市場経済化の道は踏み外さないとしながらも，貧困者，高齢者，若者，失業者を無視しない道を示していた[22]。しかし，経済の不均衡を是正するための緊縮政策を説く自由民主連合ならびに社会党内のテクノクラートと，弱者保護を優先する社会党内左派との確執もあり[23]，実際にこの中道左派・リベラル政権が1995年3月12日に発表した「経済安定化のための95年政府調整計画」――当時の財務大臣ボクロシュ(Bokros Lajos)の名を冠し「ボクロシュ・パッケージ（Bokros csomag）」と呼ばれた――は，1）家族手当支給の厳格化，高等教育機関における授業料導入，一部医療への患者一部負担の導入などの社会サービスの削減，2）省庁・公務員削減などの行政改革，3）輸入関税の引き上げや通貨切り下げ，クローリング・ペッグ制導入などの対外経済政策，4）ガス・電力会社，銀行など前政権の下では国家の統制下におかれていた戦略的企業の民営化の促進（外資への売却），などを含んでいた。危機的な水準となっ

21）5月8日に第1回投票，5月29日に第2回投票。
22）Stark and Bruszt, 1998, pp.172-173。
23）堀林（1998a），263ページ。

序-第3表 ハンガリーの主要マクロ指標(1998-2007年)

	1998	1999	2000	2001	2002	2003	2004	2005	2006	2007
GDP[1]（前年比，%）	4.9	4.2	5.2	4.1	4.1	4.2	4.8	4.0	4.1	1.1
総固定資本形成（前年比，%）	13.2	5.9	7.7	5.2	9.8	2.2	7.9	8.5	-6.2	1.5
財・サービスの輸出（前年比,%）	17.6	12.2	22.0	8.1	3.9	6.2	15.0	11.3	18.6	15.9
財・サービスの輸入（前年比,%）	23.8	13.3	20.3	5.3	6.8	9.3	13.7	7.0	14.8	13.1
工業産出（前年比，%）	13.7	7.2	11.1	2.3	4.7	3.1	3.6	3.4	4.5	2.5
農業産出（前年比，%）	0.6	0.9	-7.9	16.2	-9.9	-0.2	53.5	-3.5	-5.8	-22.6
労働力人口（前年比・年平均,%）	0.4	2.1	0.6	-0.4	0.2	1.4	0.1	0.8	1.0	-0.2
就業率[2]（前年比・年平均，%）	1.4	3.1	1.2	0.3	0.1	1.3	-0.6	0.0	0.7	-0.1
失業率（年末時点，%）	7.8	7.0	6.4	5.7	5.8	5.9	6.1	7.2	7.5	7.4
消費者物価（前年比・年平均,%）	14.3	10.0	9.8	9.2	5.3	4.7	6.8	3.6	3.9	8.0
平均賃金（前年比・平均月額,%）	18.3	13.9	13.5	18.2	18.3	12.0	6.1	8.8	8.2	8.0
一般政府財政収支[3]（対GDP比，%）	-8.0	-5.6	-2.9	-4.0	-9.0	-7.2	-6.4	-7.8	-9.3	-4.9
一般政府支出（対GDP比，%）	50.4	49.9	46.5	47.3	51.4	49.1	48.9	50.1	51.9	49.8
一般政府累積債務（対GDP比，%）	61.9	61.2	54.2	52.1	55.8	58.1	59.4	61.7	65.6	65.8
経常収支（対GDP比，%）	-7.2	-7.8	-8.4	-6.0	-7.0	-7.9	-8.6	-7.6	-7.5	-6.4
外国直接投資流入（100万ドル）	3,070	3,060	2,151	3,573	2,722	479	3,405	5,586	3,640	2,197
一人あたりGDP（米ドル）	4,641	4,757	4,692	5,226	6,535	8,314	10,090	10,915	11,219	13,766
工業（対GDP比，%）	25.9	26.7	27.5	26.4	25.8	25.7	25.8	25.9	26.0	25.4
農業（対GDP比，%）	5.4	5.3	4.6	4.5	4.0	3.7	4.1	3.6	3.5	3.5

注) 1．GDPの内訳は国民経済計算に基づく。
　　2．労働力調査（Labour Force Survey）に基づく。
　　3．1999年以降のデータはユーロスタットの定義（ESA-95）に基づく。年金改革の費用の一部（詳細は第7章の注20を参照）が控除されている。
出所) 1998年および1999年分：EBRD（http://www.ebrd.com/country/sector/econo/stats/sei.xls. 2007/10/27アクセス）。2000年以降分：EBRD（http://www.ebrd.com/country/sector/econo/stats/sei.xls. 2009/09/15アクセス）。後者に一部データの欠損があったため組み合わせて利用した。

ていた双子の赤字に対し，国民の負担増，輸入削減，外資誘致・輸出増で持続的成長を固める戦略であった。ボクロシュ・パッケージは一部修正を経て承認，実施されたが，実質賃金の悪化（1995年に12%）など，ハンガリーの国民生活を悪化させた[24]。

　この時期の研究動向としては，初期の体制転換不況を脱したこと，また社会党・自由民主連合による政権が社会保障制度の見直し・改革に着手し

24）同上書，264ページ。

序-第4表 ●貧困・不平等関連指標

	1998	1999	2000	2001	2003	2005
GDP 成長率（％）	4.9	4.2	5.2	4.1	4.2	4.0
貧困率（基準：中央値の60％以下）	12.6	13.6	12.8	13.0	12.2	12.0
ジニ係数	0.274	0.282	0.292	0.289	0.297	0.290
中央値の50％の所得以下の家計で暮らす子供の割合	11.4	10.6	10.8	12.9	8.5	9.5

出所）　GDP 成長率は EBRD（序-第3表参照），ほかは TÁRKI, 2006.
元出所）TÁRKI Household Monitor Survey.

たこともあり，この時期，社会領域の改革は，「転換の第2ラウンド」[25]の重要課題の一つとして重視され，危機的な不況下での対症療法的な議論ではなく，将来を見据えたハンガリーの社会政策・社会保障のあり方が論争となった（第2章参照）。

3.3　フィデス主導の中道右派連立政権（1998-2002年）

社会党・自由民主連合が取り組んだ緊縮経済政策の結果，ハンガリーは経済不均衡の是正に成功し成長軌道に乗り，1997年以降，年率 GDP 比4％を超える力強い経済成長が始まった。しかし，不人気な緊縮経済政策の強行により，社会党・自由民主連合の左派・リベラル政権は国民の支持を減らし，1998年春の総選挙[26]では政権を維持することができなかった。

総選挙の結果，148議席を獲得したオルバーン（Orbán Viktor）党首率いるフィデス-ハンガリー市民党（通称 FIDESZ）が，同じ中道右派の民主フォーラム（17議席）および独立小地主党（48議席）と連立を組んで政権についた。この中道右派政権は，社会党・自由民主連合の経済政策を強く批判し，反ボクロシュ・パッケージ，すなわち寛大な社会サービスの維持，増税をしないなどを公約としていた。しかし，実際にこの政権がとった経済・社会政策は選挙前の公約と軌を一にするものではなかった。

同政権は，民営化や徴税などにおける政府の権限の強化や，企業の税・

---

25) Csaba (1996)。
26) 5月10日に第1回投票，5月24日に第2回投票。

社会保険料負担の軽減，さらには前政権が取り組んだ教育制度（高等教育機関における授業料導入など），年金制度，育児給付などの社会保障制度に関する諸改革の撤回ないし再修正に取り組んだ。年金制度については，第3章で詳しく検討するように，それは制度の財政的持続可能性（sustainability）に更なるリスクを，そして高齢者・現役世代の双方に新たな退職後の所得保障のリスクと負担とをもたらすものであった。

これらの改革の際の一つの傾向は，貧困層ないしは貧困化のリスクが高い層（従来の社会党の大きな支持層の一つ）にではなく，むしろ自らの支持層である中所得者層に恩恵がもたらされる傾向が強いということであった[27]。この政権が行った改革の一つの目玉である税制改革について，渡辺（2001）は「今回の税制改革は政府がいうような減税ではなく，結局一部富裕層への減税を含む増税措置であったと言わざるを得ない。新税制の目的は同時に導入された企業による保険負担の軽減の措置とともに経済の市場化の促進と政治の保守的安定化を一歩前進させようとするところに見出される」と指摘している（渡辺, 2001, p.271）。この時期は，全体を通じて高い経済成長を実現した時期であったが，社会給付の十分な調整がなされず，序-第4表にみられるように貧困の緩和は進まず，政権への支持率は低下した。

社会政策・社会保障分野における研究の動向としては，まず，市場移行論のこの時期の一つの重要トピックであったこともあり，1998年の年金制度改革がその実施段階も含めて多くの研究者によってとり上げられていることが挙げられるだろう[28]。また，改革が未実施なままの健康保険制度改革や，ハンガリーの社会保障制度のあり方に関する議論も引き続き行われており（たとえばKornai, 2001やFerge, 2001など）。社会保障分野はハンガリーの市場経済化プロセスの研究において着目された分野の一つであった。

---

27) この政権による税制改革について，渡辺（2001）で紹介・分析されている。
28) Simonovits（1999），Ferge（1999），Augusztinovics（1999），Augusztinovics, et al.（2002）など。

序-第2図 ●一般政府財政赤字（対GDP比）と選挙の関係

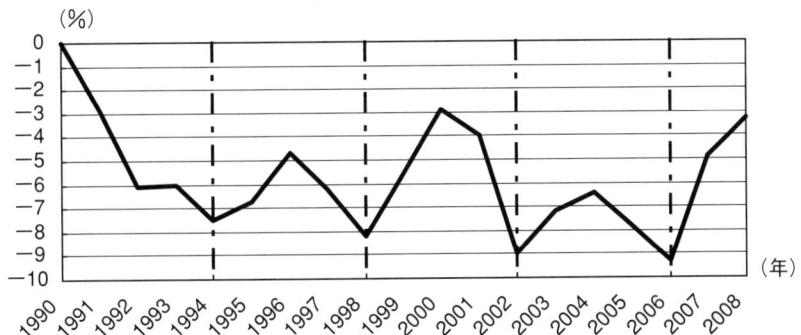

注）縦の補助線（破線）は，国会総選挙が行われた年を示している。一般政府財政赤字の数値はユーロスタットの定義（ESA-95）に基づく。年金改革の費用の一部（詳細は第7章注20を参照）が控除されている。
出所）EBRD（http://www.ebrd.com/country/sector/econo/stats/tic.xls. 2009/06/08アクセス）より筆者作成。

3.4 社会党・自由民主連合の中道左派・リベラル連立政権（2002-2006年）

2002年の総選挙[29]では僅差ながら政権交代が実現し，社会党・自由民主連合の中道左派・リベラルの両党が再び連立政権を樹立することとなった。公務員の賃金大幅な引上げなどを訴えて勝利した新政府（メッジェシ首相）は，すぐさま「最初の100日プログラム」（első száz nap program）を実行し，年金の一時給付金の支給，教師や医療従事者，その他の公的部門労働者の賃金の50％引き上げ，家族手当の増額などを行った。しかし，それらの人気取りの政策は財政収支を急速に悪化させた。序-第2図は財政収支と選挙の関係を表したものである。ハンガリーでは，国会の総選挙が実施される年に，年金給付額の引き上げ幅の増加など選挙前後にばら撒き策が実施され赤字が急拡大しているのが顕著であった。そしてその後，程度の差こそあれ緊縮政策が行われ財政収支の改善が図られるが，また選挙の年になると支出が膨張する，ということを繰り返していたが，この時もそれに違わず財政赤字が拡大した。

2004年5月，ハンガリーは体制転換以来の宿願であったEU加盟を達成

29）4月7日に第1回投票，4月21日に第2回投票。

した。しかしこの時期までに既に連立政権に対する支持は失われており，2004年6月の欧州議会選挙はフィデスの圧勝となる[30]。その後の内閣改造をめぐる連立与党間の不和によりメッジェシ政権は崩壊し，実業界出身のジュルチャーニ（Gyurcsány Ferenc）が首相の座についた。

ジュルチャーニ首相は，ブレア英首相やシュレーダー独首相（ともに当時）が2000年前後に説いた「第三の道」「新中道（Neue Mitte）」の考え方に親近感を抱いており[31]，均衡の達成や競争力の改善，雇用の創出を重視する姿勢をみせ，実際に社会給付の受給にあたり職業訓練の参加を条件付けるなど就労促進的な社会政策を実施した。また，外国からの直接投資を以前ほど集められず成長率が鈍化するなか，ジュルチャーニ内閣は（部分的にEUの資金を活用しながら）道路などインフラ開発を積極的に行い，経済成長を維持させた。

EUへの加盟を実現させたこともあり，この時期，多くの研究者により「市場経済への移行」は既に終了したとみなされ，市場経済化，ならびにEU経済統合への参加においてハンガリーは旧東欧諸国の中でも改革の「優等生」「第一グループ」に属するとされた。この時期の経済面における研究動向としては，EUへ参加することにより各分野・業界において生じる変化やユーロ圏参加に関する諸問題などがとりあげられた。

社会的な分野については，2000年代にはいってEUが「開かれた政策協調」（Open Method of Coordination, OMC）による社会的領域での政策調整に積極的に取り組み始めたこともあり，ハンガリーもまたEUへの正式加盟以前から部分的にこの政策調整プロセスに関与することとなった。そのため，その関連で貧困問題や社会的排除，年金問題に関する調査・研究が政府の内外でEUの基金も活用しつつ実施されている。また年金制度に関する諸研究においては，世界的に用いられている分析ツールの一つである世

---

30) 定数24議席に対し，フィデス12議席，社会党9議席，自由民主連合2議席，民主フォーラム1議席の結果であった。
31) たとえばジュルチャーニ首相の著書，Gyurcsány（2005）からもそれが伺える。同書において，政府の経済政策は，fejlesztés（成長），felzárkózás（包摂），foglalkoztatás（雇用）の「3つのF」を柱にする旨を述べている（Gyurcsány, 2005, p.89）。

代間会計を用いた分析[32]が相次いで発表されている。

3.5 社会党・自由民主連合の連立政権から社会党単独の少数政府（2006-2010年）

2006年の総選挙[33]では、これまでの経済運営の実績などを強調した社会党・自由民主連合の連立与党が、キリスト教民主国民党との合同リストにより選挙に臨んだ[34]野党フィデスとの接戦を制し、1990年以降の総選挙ではじめて、与党が政権を維持することに成功した。しかし、「増税は行わない」との公約に反して選挙後まもなくジュルチャーニ首相が緊縮経済プログラムを発表し実行に移したこと、および2006年9月、「嘘を付いて選挙に勝った」旨の社会党の非公開議員会合での首相発言テープがリークされたことが、国民の大きな反発を招き、以降、連立与党の社会党および自由民主連合の支持率は低迷した。とくに、首相発言のリーク時には、各地で数日間の暴動ののち、約1か月にわたる反政府デモが行われたほどであり、これは内政上で非常に大きな転換点であった。

ジュルチャーニ政権は、大規模なインフラ投資の継続などは掲げつつも、第二期政権の発足後まもなくに大胆な緊縮政策「財政改善パッケージ案」を発表（通称「ジュルチャーニ・パッケージ」[35]）、順次実行に移していった。その中には、個人・法人の所得にかかる「連帯税」[36]の導入や、省庁・公務員の削減、付加価値税（VAT）税率の引き上げ（中間税率15％を20％に引き上げ）、社会保険料（被用者）の引き上げなどが含まれていた。

---

32) 世代間会計を用いたハンガリーの年金制度研究として、Gál, Simonovits and Tarcali (2001), Gál and Talcali (2003), Orbán and Palotai (2005) など。
33) 4月9日に第1回投票、4月23日に第2回投票。
34) 選挙時にはフィデスとキリスト教民主国民党は合同で候補を擁立、合同比例リストを提出して計164議席を獲得した。後に、国会における会派形成時に、合同会派を組むより個別で会派を結成する方が国会の副議長や各委員会におけるポストをより多く得られるなどの理由で個別の会派を結成した。2010年総選挙も同様に合同候補、合同比例リストで選挙を戦い、国会会派は個別で結成した。
35) ジュルチャーニ政権がその後に実施した緊縮政策も「ジュルチャーニ・パッケージ」と呼ばれることがあるため、注意を要する。
36) 個人については600万フォリントを超える所得に対し4％の課税。法人については法人税の課税ベースに4％上乗せ。

また，この緊縮政策パッケージの後も，厳しい財政事情に対応すべく，緊縮的な政策が続けられた。社会的領域も改革の例外ではなく，病院での外来受診料・入院費への一部自己負担の導入，高等教育機関での授業料導入などが実施され，さらには第二与党の自由民主連合の意向により公的健康保険の保険者（健康保険基金）への民間資本の部分的導入も試みられた。しかし，野党フィデスとキリスト教民主国民党が仕掛けた国民投票[37]により，2008年3月，病院の受診料と入院費，大学の授業料の全てが撤回されることとなると，連立与党間の不和が高まり連立政権が崩壊，2008年5月以降は社会党の単独少数与党による政権となった。

　少数与党となった政府は，新たな改革を進めることが困難となったが，2008年10月以降の世界金融危機の波及によるデフォルト危機，そして2009年予算への対応においては，累次の支出カットによる緊縮財政政策を自由民主連合や無所属議員の協力を得て可決，実行に移すことができた。この際にも，公的部門労働者の名目賃金の凍結やボーナスの廃止の決定，各種社会給付の部分的カットなど，緊縮的措置が実施されている。

　2009年3月，ジュルチャーニ首相が退陣を表明し，同じく実業家出身のバイナイ経済相（当時）が同年4月，新たに社会党と自由民主連合の支持のもと首相となった。社会党の党員ではないバイナイ首相は自らの政府を危機管理政府と位置づけ，ハンガリーの主要な問題として1）安定性の欠落，2）低成長性，3）（外国からの）信認不足，を挙げ，これに対し1）短期の危機対策，2）安定化，3）経済成長の刺激，4）信認の回復が優先的な課題であるとして，短期の危機対策として，VAT税率引き上げ（一部の日用品を除き25％へ引き上げ），公務員の名目賃金の2年間の凍結・ボー

---

[37] 予算や税に関すること，国会の権限，国会の解散，戦争状態や非常事態の宣言，軍隊の派遣，など国民投票に掛けられないテーマは存在するが，ハンガリーでは，20万人以上の要請（署名）があれば，国会は国民投票の実施を決定しなければならず，さらにその結果は国会を拘束する（国民投票の成立要件は，賛成票が有効投票数の半数かつ全有権者の4分の1を超えること。憲法第28条C第6項）。2007年，国会で多数派を有さないフィデスとキリスト教民主国民党は，連立与党の重要施策を無効化し，政権に国会解散の圧力を掛けることを目的として国民投票を多数提起した（「レファレンダム・ポリティクス」）。結果として実施されたのが病院の外来受診料，入院費，高等教育機関の授業料に関する2008年3月の国民投票である。

ナス廃止，ボーナス年金（「13か月目の年金」）廃止，育児手当給付期間削減，家族手当の給付年齢上限引き下げ，年金給付の課税所得化前倒しなどによる，ジュルチャーニ前内閣の政策をさらに推し進めた支出カット策を実施した。

3.6 フィデス・キリスト教民主国民党の中道右派連立政権（2010年以降）

2010年の総選挙[38]では，選挙以前より圧倒的な支持を獲得していたフィデスとキリスト教民主国民党が地滑り的な勝利を獲得し，オルバーン・フィデス党首が8年ぶりに首相に返り咲いた。単独での憲法改正・重要法案の採択も可能な議員定数の3分の2を上回る263議席を事実上一体化している両党で獲得することができた一方で，社会党は惨敗し59議席しか獲得できなかった。同選挙では，民主フォーラムと自由民主連合が議席を獲得できずに国政の舞台から去った一方で，極右政党「より良いハンガリーのための運動（以下ヨッビク）」が選挙以前の社会党とフィデスの与野党対立を嫌った批判票や近年高まっていた民族主義の台頭により，47議席を獲得した。また，環境保護重視でリベラル的な市民運動から発展した「政治は変えられる（LMP）」も16議席を獲得し，国会に議席を持つ政党の顔ぶれが大きく変化した。

憲法改正も可能な議席を得たことに加え，可決した法案の差し戻し権・憲法裁判所への付託権を有する大統領に自党幹部を就任させることに成功したため，国境外のハンガリー系人への二重国籍の付与，所得税への均一税率の導入，銀行やエネルギー産業などへの特別税の賦課，憲法裁判所の機能の制限，メディアの監視強化など，累次の憲法改正も駆使しつつ自らの党が必要と考える政策を推し進め始めている。

社会保障に関する政策として特筆すべきものは，2010年10月，公的年金財政の赤字を減らすため，積立方式部分への保険料の拠出を凍結し，国の年金財政に移転する方針を発表した。その後の法制化により，新制度（本書で扱う混合型の年金制度）から旧制度（賦課方式のみの制度）へ戻る（積立

---

38) 4月11日に第1回投票，4月25日に第2回投票。

方式部分に積み立てられた資金も公的年金財政に入る）ことが推奨されている。新制度は2010年2月現在では廃止はされていないが，事実上の部分的民営化・積立方式の取りやめである。新制度に残留する場合には不利益な扱いを受けることとなったため，残留する申告期限の2010年1月末時点で新制度への残留を決めたのは新制度に参加していた年金被保険者の3.12%（2011年2月8日付MTI電子版）に留まっており，事実上の年金制度の再国有化となった。

4　本書の構成

本書は，序章および終章を含めて9章構成である。

第1章と第2章では，本書が着目する1998年の年金制度改革へと至る，社会的・理論的な背景について論じている。第1章では，1990年代半ばまでのハンガリーの経済・社会状況について雇用と貧困問題から論じる。つづく第2章では，そのような状況の中で社会政策と社会保障制度がどのような役割を果たすべきであると国内の専門家により論じられたのか，西側諸国で展開された福祉国家再編の議論（ギデンズの「第三の道」の議論）との対比も行いつつ論じる。

第3章では，1998年に実施された年金制度改革の制度分析を行う。フィデス主導の政権への交代により，1998年の年金制度改革はそのプランどおりには実行されなかった。ここでは，制度の部分的民営化と積立方式の部分的導入を骨子とする新年金制度の内容と，その直後の実施段階における制度修正の内容とに着目する。この双方について，1）制度の財政的な持続可能性，2）制度参加へのインセンティブおよび制度の透明性，3）種々の主体における公平性，の3点から検討し，その特性と問題点を析出することを試みている。

第4章では，高齢者の所得保障についてとりあげる。年金受給者は相対的に保護された社会集団という一般的な理解があるため，制度改革の議論においても妥当な年金が保障されるか，といった点についての着目はどうしても後景にあった。本章では，年金制度改革のパフォーマンスを確認す

る，という視点から，高齢者の年金の受給状況と，その年金を含む所得で貧困となっているかどうかを1998年改革以降の改革の推移も踏まえながら確認する。その上で，今後の年金制度改革において，高齢者に「妥当な年金」を保障していくにはどのような点につき留意すべきなのか，問題点を示す。

　第5章では，年金制度の周辺に位置する他の社会政策・社会保障制度の改革をとりあげる。ここで検討される視角は以下の通りである。第1に，これら諸制度の改革と，第3章および第4章で論じた同時期の年金制度を比較し，一つの時期の様々な分野の改革が，その方向性や理念において果たして一致した，整合性のあるものであったか，第2に，総体としての社会保障のセーフティー・ネットの「網」が維持されているか否か，について検討が行われる。検討は，1998年の年金制度改革が行われた1990年代半ばから後半にかけての時期と，EU加盟後の2006年から2007年の時期の2つの時期について行われる。

　第6章と第7章では，国際的なアクターとハンガリーの年金制度改革の関係について論じる。

　第6章では，世界銀行の年金制度改革における支援戦略とハンガリーの実際の年金制度の改革について論じる。その関係は必ずしも世界銀行が影響を与える側の一方的なものではなく，ハンガリーなど移行国の改革経験やそれに伴う年金分野の理論の進展によって世界銀行の年金戦略の変化が変遷していることも示される。第1節では，1990年代半ばの世界銀行の年金分野における戦略，第2節では，世界銀行によるハンガリー年金制度改革に対する評価，第3節で小括として，世界銀行の年金戦略の変化が検討される。

　第7章では，年金分野におけるEUとハンガリーとの関係が整理される。ハンガリーの年金制度改革に関する先行諸研究において，EU加盟国となったことによる影響があまり着目されていないこと等を主たる動機として，第1に，年金分野におけるEUの政策調整の過程がどのように進んでいるのか，第2に，ハンガリーの年金制度がEUからいかなる影響を受

けており，また今後受けると考えられるかを課題として，EUの年金分野での公式の政策調整の過程（年金OMC）に主に着目して検討される。

　最後に終章においては，各章で明らかになったことを整理して示すとともに，全体の議論を通じて明らかになった含意を示す。

第1章
ハンガリーにおける移行の「社会的コスト」

　1989年の一連の社会主義体制の崩壊（「東欧革命」）以降，旧ソ連・東欧の国々は市場経済化という大きな課題に取り組んだ。IMF・世界銀行の新自由主義的なイデオロギー（いわゆる「ワシントン・コンセンサス」）の下で経済システムの急速な改革が進んだ結果，また旧東側諸国という輸出市場の崩壊や世界規模での不景気の影響も加わって，移行経済諸国の実体経済は急速に収縮した。序-第2表でみたように，ハンガリーにおいても1991年から1992年にかけて工業・農業生産の低下や大規模な失業の発生，激しいインフレなど厳しい不況に見舞われた（「体制転換不況」）。

　この不況の影響は，経済のみならず，市場経済化という手探りの改革プロセス全体に大きな影響を与えた。すなわち，政治的には政府与党への支持減少，改革の継続への反発，ナショナリズム的な言説により政治的求心力を保持しようとする試みなどが現れた。社会的にも，大量の雇用の喪失や失業の急増，激しいインフレによる賃金や種々の社会給付の減価に，それらに伴う貧困の拡大，所得格差の増加，期待余命の低下（死亡率の上昇），疾病率の上昇などの，いわゆる移行（ないし体制転換）の「社会的コスト」が顕在化し，その救済のための社会政策・社会保障制度による対症療法的な施策の必要性を喚起した。その結果，1990年代前半は，将来的な社会政策・社会保障デザインに基づく改革ではなく，現状の喫緊の問題に対応するための制度の累次の改訂や，制度の弾力的な運用など特例的と言

える対応が行われた。この時期の対応は主として財政面においてその後の制度改革にも大きな影響を与えた。

　他方で，この体制転換不況が底打ちしプラス成長に転じた後の1990年代半ば前後からは，当初のようにマクロ経済の安定化，自由化，民営化中心ではなく，市場を支える諸制度とその改革が注目されるようになった。社会政策・社会保障制度の改革もまた，この時期ごろから，過去そして現在の福祉国家がどのようなものであり，将来はどのようなものであるべきなのかという議論が活発に論じられるようになってきた。この議論もまた，1990年代後半以降の制度改革に影響を与えている。

　この旧東欧諸国における福祉国家の再構築，社会政策・社会保障改革の議論は，しばしば経済領域において指摘されるIMF・世界銀行などによる新自由主義的な言説の影響のみならず，とくにその視角において，1980年代以降に大きく展開・深化を続ける西側諸国における福祉国家論・社会保障論の大きな影響，ないしはそれらとの類似点を指摘できるであろう。無論，移行経済諸国には，これらの国々が社会主義国であったがゆえの論点や，経済の発展水準に応じた論点などが存在しており，西側諸国，とくにEU加盟国を中心とする西欧諸国における議論がそのまま行われた訳ではない。しかし，年金制度改革の議論の枠組み，積極的な労働市場政策・選別的な社会給付への政策シフト，「福祉国家」から「福祉社会」への議論など，西側諸国において1990年代に注目された論点の殆どは，若干のタイム・ラグを伴うことはあっても，体制転換諸国でも重要な論点となってきた。

　本章と次章では，第3章でハンガリーの1998年の年金制度改革について論じる前に，その改革の背景を形作っている，以上に述べた2つの側面について検討する。すなわち，本章では，第1の側面として，市場経済化のプロセスがもたらした移行の「社会的コスト」がどのようなものであったのか，なかでも貧困の拡大ならびに失業（もしくは雇用の減少）問題を掘り下げて論じる。どのような集団に属する人々の間に失業・貧困が浸透しており，本来彼らを保護すべき社会保障制度のどの部分が機能不全であっ

たのかを考察する。

　第2章では，もう一つの側面として，1990年代半ば前後のハンガリーにおいて展開された，福祉国家の再構築や社会政策の改革についての学問的論争，ならびにハンガリーの年金制度改革の雛形となった，1990年代半ばの世界銀行の年金制度モデルについて検討する。

　本章の構成は，以下のとおりである。第1節において移行の社会的コストの定義について確認した後，第2節において，このコストの中でも代表的なものである貧困の拡大について検討する。第3節では，失業（雇用の減少）問題について論じる。

1　移行の「社会的コスト」

　体制転換に伴う失業や貧困の拡大，生活水準の悪化などは，総じて移行（もしくは転換）の「社会的コスト」と呼ばれるようになった。統一された定義の存在する用語ではないが，たとえばエルマン（Ellman, 2000）は，貧困の拡大，雇用の減少，失業の増加，格差の拡大，公的サービスの悪化と供給の分極化，疾病の拡大，出生率の低下，死亡率の増加，人口減少，犯罪の増加，汚職の増加，（旧ソ連や旧ユーゴスラヴィアで見られたような）様々な紛争，を挙げている[1]。本章で直接とりあげることの出来る範囲はそれほど広くはないが，概念としては，システムの移行に伴って発生した社会的な負の影響を広範に指すものであると定義して論じる。

　この「社会的コスト」をより厳密に捉えるならば，計画経済から市場経済へシステムが変わったことに伴い，ある現象にとっての正常状態が変化することによって生まれるネガティブな影響と，システムの移行という動

---

[1] 堀林（1997）においては，貧困，生活水準の悪化，過剰死（体制転換の苦境における栄養状態の悪化や疾病，アルコール依存などによる寿命の短縮や死亡率の上昇など）の発生などに代表される「社会的犠牲」の意味を表す用語として使用されている。またサムエリは，「社会的コスト」を「システムの転換に伴う負の現象」であるとしている（Szamuely, 1996, p.55）。Ellmanはまた，これらの「社会的コスト」の対価を支払っている社会経済集団として，労働者，公務員（予算より給与を受けている教師，医師，警察官等），地方居住者，子供，難民，女性，ロマ，（平均寿命低下などに関して）男性，（ソ連崩壊に関して）ロシア人，（インフレに関して）貯蓄者，を挙げている（Ellman, 2000）。

態的・過渡的なプロセスにおける一時的なショックとしてのネガティブな影響とに区別して考える必要性があるだろう。失業を例に挙げて説明すると，過剰雇用が常態化していた計画経済の下では受動的失業という現象は存在しなかった（とみなされている）。市場経済への移行開始後に失業率にして二桁を超える規模の失業が発生したが，この失業は，市場経済システムの常態として存在する正常な水準の失業と，システムの移行という過渡期的なプロセスのショックにより一時的に発生した失業とを分離して考え得るということである。しかし，本書では，議論の煩雑化を避けるため，また総体としての移行のネガティブな影響を移行の「社会的コスト」とみなして議論を進めても大きく議論が変わる訳ではないため，先行研究で用いられている定義を踏襲し，とくにこの区別を行わないこととして議論を進める。

　このような社会的コストは，ハンガリーを含む中東欧諸国では相対的に軽微であったが，南東欧や旧ソ連の国々では深刻な問題となった。とくに後者においては，公式経済では稼得できない，もしくは不十分な所得しか得られない人々が増加し，それらの人々は，法規範も社会的セーフティー・ネットもない社会的ネットワークやインフォーマル・セクター[2]にその活路を求めた。また一方で，旧体制のエリートなど極少数の人々は，国内・国際経済の間を媒介するという役割から利益をあげている。Mikhalev（2003）は，移行過程こそは平和的なものであったが，多くの国において，移行は社会のまさに基本構造の分解に導く革命的な本質をもっていたと指摘している。さらに，第三世界のような経済構造のパターンへ進化する可能性を持つこのような二重経済の形成が，社会的に統合された社会の発展の重大な障害となっていると主張している。

　それでは，次節からは，とくに貧困と失業の問題をとりあげて，1990年代前半から半ばにかけて，移行の「社会的コスト」がどのような社会階層・年齢・性・エスニシティの人々に多く賦課されていたか，換言すれ

2）本書では，行政的な保護や規制を受けず，公式統計にも把握されない経済活動部門と定義する。

ば，どのような集団に属する人々が，体制転換不況の影響をうけ失業もしくは貧困に陥っていたのか，また社会政策・社会保障による保護を必要としていたのかを見ていこう。

2 貧困問題の拡大

　ハンガリーにおいて，貧困問題は体制転換を機に新たに発生した問題ではない。全人口が900万人程度であった1930年代において「300万人の貧困者の国」と形容されるなど，大戦間期のハンガリーは相対的に低開発な農業国であった。さらに第二次世界大戦による国土の荒廃によって，貧困はハンガリー社会全体に広まった。だが，まもなく成立した国家社会主義体制のイデオロギー的な統制によって貧困問題はタブーとされたため，その研究は進まなかった。その後，1962年から中央統計局（Központi Statisztikai Hivatal, KSH）によって5年毎に家計所得調査が行われるようになったが，公の場での貧困問題への言及の禁止は1981年まで継続された[3]。

　社会主義体制下における貧困者数・貧困率については，統計局によって算出されていた貧困基準（最低生存水準, subsistence minimum）が厳密には時系列的に比較可能なものではないため，その正確な変動を示すことは出来ない。しかし統計局によれば，1967年の2度目の調査以降1980年代末まで，地方居住者，高齢者，ロマの人々を中心にほぼ一貫して約100万人（人口の約10％に相当）の人々が，一人あたり所得でこの貧困基準を割り込んでいたとされている[4]。

　市場経済への移行開始後，貧困の拡大が顕在化するにつれて，貧困問題への言及はもはや制限されることはなくなり，貧困問題は政治的な中心課題の一つとなった。第1-1表はハンガリー家計パネル調査のデータに基づいて算出された，平均所得の50％，所得中央値の50％，第1五分位（すなわち下位20％）の3つの貧困基準による貧困率と貧困ギャップ率を示したものである。前述した最低生存水準という貧困基準については，算出さ

---

3) Andorka, 1997, p.75.
4) *Ibid.*, pp.75-76.

第 1-1 表 ハンガリーにおける貧困の拡大と深化（単位：%）

貧困率[1]（%）	貧困基準		
	平均の50%	中央値の50%	第1五分位[2]
1992	12.8	10.2	20.0
1993	10.4	6.6	20.0
1994	12.1	7.3	20.0
1995	15.8	9.0	20.0
1996	18.9	12.7	20.0
1997	17.8	12.4	20.0
貧困ギャップ率[3]（%）	平均の50%	中央値の50%	第1五分位
1992	33.2	31.3	30.9
1993	26.5	27.0	25.0
1994	26.3	26.7	26.2
1995	29.0	33.4	27.9
1996	29.8	29.9	31.2
1997	31.1	32.6	30.8

注）1．貧困基準以下の人数を人口全体で除した数。
　　2．この貧困基準では第1五分位（下位20%）に所属することを貧困とみなしているため，自動的に貧困率は20%となる。
　　3．貧困基準以下の人の所得が，平均でどの程度，それぞれの基準から足りていないかを示している。貧困基準以下の人数を p，一人あたり所得を yi，貧困基準を k とすれば，貧困ギャップ率 I は $I = 1/p \times \sum_{i=1,p} ((k-yi)/k)$ で求められる。
出所）Kolosi, Tóth and Vukovich（eds.）, 1999, p.300.

れる貧困率が30%を超えるようになり，統計局が1995年に基準自体を放棄したため表には未掲載である。この表に拠れば，ハンガリーでは貧困の拡大ほどには貧困の深化が進んでいるとはいえないと言える[5]。ただし，この表で使用されている貧困基準の実質価値そのものが著しく減少しており，その減少比率が実質賃金・所得の減少比率を大きく上回っていることには留意すべきである[6]。

中東欧諸国における貧困拡大の要因として，Adam（1999）は実質所得の低下と所得格差の拡大を挙げている[7]。実質賃金や実質所得は，インフォーマル・セクターの問題や，旧体制下では価格統制により抑制されて

5）よりサンプル数の多い1993年の家計調査（HBS）に基づいた研究（Grootaert, 1997）においても，ほぼ同趣旨の見解が示されている。
6）1992年を100とすると，1997年の実質賃金の価値は90であったが，表に挙げた各貧困基準の実質価値は，それぞれ78，77，69であった。
7）Adam, 1999, p.156.

いた光熱・食料価格の急騰，無料であった教育や医療に対する支出の発生などから，正確な生活水準（可処分所得）の変化を表す変数とはいえない。だが，それでも有用な説明変数の一つであることには間違いない。ハンガリーにおける平均実質賃金・平均実質所得は，1989年の水準を100とした場合，体制転換の開始（1989年）から1993年にかけて減少したあと1994年に一度90台を回復するも，1995年から1996年にかけて再び落ち込み，それぞれ75.2，86.1と最低水準を記録している。他方，所得格差の拡大は，所得分布を調べることにより明らかにされる。第1－2表は，一人あたりの家計平均所得を所得の低い順に10の階層に分割したものである。この最低所得階層（表の第01十分位）に対する最高所得階層（表の第10十分位）の所得は，旧体制下においても1982年の3.8倍から1987年の4.6倍へと拡大してきたが，体制転換開始後は拡大の速度が上がり1994年には7.3倍となった。

第1－2表●家計構成員一人あたり平均家計所得の分布

	構成員一人あたり家計所得 (月額，単位HUF)				1995/1992	
	1992	1993	1994	1995	名目(%)	実質(%)*
（所得：低）						
第01十分位	3,734	4,554	4,500	6,295	168.6	89.8
第02十分位	5,836	6,894	7,264	9,208	157.8	84.1
第03十分位	6,782	8,047	8,873	10,865	160.2	85.4
第04十分位	7,533	8,947	10,031	12,311	163.4	87.1
第05十分位	8,257	9,735	11,073	13,647	165.3	88.1
第06十分位	9,060	10,749	12,234	15,070	166.3	88.6
第07十分位	10,147	12,048	13,694	16,994	167.5	89.2
第08十分位	11,722	13,769	15,933	19,758	168.6	89.8
第09十分位	14,571	16,915	19,806	25,161	172.7	92.0
第10十分位	24,937	28,812	33,920	45,705	183.3	97.6
（所得：高）						
平均所得	10,258	12,045	13,739	17,491	170.2	90.7
第01十分位／平均所得	0.364	0.378	0.335	0.360		
第10十分位／平均所得	2.430	2.392	2.469	2.613		
第10十分位／第01十分位	6.678	6.327	7.374	7.261		

注）物価水準：1995/1992年＝187.7
出所）Kolosi, Tóth and Vukovich（eds.）, 1999, p.52.

しかし，ここでの課題は総量としての貧困の拡大ではなく，市場移行期のハンガリーにおいてどのような集団に貧困が浸透しているか，つまり，どのような社会階層・年齢・性別・エスニシティに属する人々が主に貧困状態に陥っているかを明らかにすることである。サンプル数の少なさへの留意は必要だが，引き続き Andorka（1997）に基づく形でハンガリー家計パネル調査のデータ（1992年から1994年）をより詳しくみていこう。第1－3表は1994年における年齢・社会階層・エスニシティ別の貧困率を示している。貧困の判定には，四つの貧困基準のうち前二者については換算なしの，後二者については OECD の等価所得比率（equivalent scale）[8]によって大人・子供の別などが換算された上での，家計の一人あたり所得が用いられている。この表からは，以下のことが読み取れる。年齢別の指標においては，高齢者のいる家計が平均以下の低い貧困率を示しているのに対して，若年者が属する家計，とくに乳幼児を持つ家計，さらには中等教育を終えたばかりの若者がいる家計に貧困が拡大していることが分かる。社会階層別では，失業者と専業主婦が属する家計においてとくに貧困率が高く，またその貧困が深刻なこと，さらには育児手当受給者，障害年金受給者，不熟練労働者らが属する家計の貧困率が高いことに留意すべきであろう。エスニシティに関しては，ロマの非ロマに対する貧困率の高さ，貧困の深さが極めて顕著である。アンドルカ（Andorka Rudolf）は，このような状況について，ハンガリーにおいて貧困に陥るリスクが高い要因には，不熟練労働者や農民，小さな町や村の住民などの「伝統的な貧困」，通常の職業キャリアや学業の終了から退職まで連続して就業していないもの，子供と子供を持つ家族などの「新しい貧困」，ロマの「民族的な貧困」の3

8）家計内の人数の増加とともに家計のニーズは増加するが，規模の経済性により比例的には増えない。様々なタイプの家計（人数や大人・子供の別）におけるニーズや状態を把握するために用いられるのがこの等価所得比率である。ここでは，家計内の一人目の大人に1.0，二人目以降の大人には0.7，子供には一人あたり0.5の係数を掛ける「(old) OECD Scale（ないしOxford Scale）」と呼ばれる比率が用いられている。等価所得比率にはこの他に，ユーロスタットが1990年代に採用した「OECD-modified Scale」（一人目の大人に1.0，二人目以降の大人には0.5，子供には一人あたり0.3を適用する），OECD が近年用いている「Square Root Scale」（家計の大きさの平方根を用いる）などがある。OECD, "What are Equivalence Scales?"（http://www.oecd.org/dataoecd/61/52/35411111.pdf, 2009/11/20アクセス）

第 1-3 表●グループ別貧困率（1994年）

	最低生存水準以下	第1五分位に所属	平均所得の50%以下	最低年金額以下	
年齢別グループ		単位（％）			人数
0-2才	54.5	38.1	22.8	15.0	144
3-6才	41.8	29.2	11.7	6.8	312
7-14才	42.3	31.4	16.4	9.5	642
15-19才	41.5	29.9	15.9	10.5	447
20-29才	34.5	18.8	9.5	4.7	794
30-39才	36.4	24.7	13.4	8.1	796
40-49才	31.3	18.4	9.3	4.4	778
50-59才	28.3	13.8	11.3	7.5	668
60-69才	16.1	7.6	7.4	3.7	711
70才以上	16.7	10.2	9.1	4.9	587
社会階層					
経営者	7.4	5.7	2.8	1.9	143
専門職	10.6	2.1	1.0	1.0	240
管理職	5.8	2.2	0.0	0.0	121
聖職者	19.6	8.1	4.2	3.2	382
自営業	32.6	22.3	13.8	7.2	168
熟練労働者	24.8	11.6	4.0	1.0	529
不熟練労働者	34.6	19.4	7.1	2.3	527
農業	39.5	26.0	11.7	3.6	116
失業者	55.5	37.6	26.6	17.9	226
育児手当受給者	51.7	33.5	17.2	11.1	186
老齢年金受給者	15.9	8.5	6.7	3.7	1165
障害年金受給者	48.7	24.8	13.8	6.5	261
遺族年金受給者	33.7	14.0	9.2	8.1	148
専業主婦	56.4	44.6	31.8	22.8	103
その他の成人被扶養者	53.7	37.5	28.2	16.9	207
学生	36.5	25.1	9.6	4.7	346
民族					
非ロマ	28.4	16.3	8.5	4.2	5743
ロマ	86.7	73.0	56.1	43.3	277
合計	31.8	20.0	11.6	6.7	5877

出所）Andorka, 1997, p.93

種類があると指摘した[9]。

　第1-3表で示される貧困の分布における傾向は，第1-4表によって，より強く鮮明に浮かび上がる。この表は，1992年から1994年の3度の調査

9）Andorka, *op. cit.*, 1997, p.81.

第1-4表 グループ別貧困の頻度（1992-1994年，貧困基準：第1五分位）

	3年とも貧困	2年間貧困	1年のみ貧困	貧困なし	合計
年齢グループ		単位（％）			
0-2才	17.2	20.4	11.5	51.0	100.0
3-6才	12.7	15.2	25.0	47.1	100.0
7-14才	13.0	15.1	16.5	55.5	100.0
15-19才	11.8	12.5	19.9	55.8	100.0
20-29才	7.6	10.7	19.2	62.5	100.0
30-39才	8.1	10.6	18.5	62.9	100.0
40-49才	6.2	9.6	16.2	68.0	100.0
50-59才	4.6	6.8	11.1	77.4	100.0
60-69才	2.0	3.7	12.2	82.1	100.0
70才以上	2.2	5.7	17.8	74.3	100.0
社会階層					
経営者	2.0	2.1	6.1	89.8	100.0
専門職	0.0	0.0	9.3	90.7	100.0
管理職	0.0	1.1	12.9	86.0	100.0
聖職者	1.3	3.7	15.3	79.8	100.0
自営業	6.3	7.1	26.7	59.9	100.0
熟練労働者	2.8	6.6	15.7	74.9	100.0
不熟練労働者	4.5	11.1	20.8	63.6	100.0
農業従事者	5.5	21.0	16.7	56.7	100.0
失業者	18.6	14.8	19.7	46.9	100.0
育児手当受給者	12.5	18.5	23.2	45.8	100.0
老齢年金受給者	1.5	3.4	13.1	82.0	100.0
障害年金受給者	11.4	16.4	14.9	57.4	100.0
遺族年金受給者	5.3	9.2	25.4	60.1	100.0
専業主婦	21.9	19.8	18.4	39.9	100.0
その他の成人被扶養者	16.4	22.3	14.2	47.1	100.0
学生	9.2	8.5	20.1	62.1	100.0
民族					
非ロマ民族	4.2	7.2	16.7	71.9	100.0
ロマ民族	48.3	25.3	6.8	19.6	100.0
合計	7.1	9.6	16.7	66.6	100.0

出所）Andorka, 1997, p.98.

時点において，一人あたり家計所得が基準（下位20％）を下回っていた回数ごとに家計を分類することによって，貧困の頻度・長期化の程度を明らかにしている。この表では乳幼児・失業者・専業主婦・ロマなど，相対的に高い貧困率を記録している集団が属する家計において，貧困が長期化す

る可能性が高いことが示されており、とくにロマの貧困の長期化傾向は他に比べて突出している。

　これらの集団において貧困率が高く、長期化する要因としては家族給付、失業給付の受給資格の厳格化、給付額の実質削減などが挙げられるだろう。また、この分析において注意すべきは、失業者、障害年金受給者、遺族年金受給者が属する家計における貧困の拡大・深化に比べて、老齢年金受給者が属する家計における貧困率・貧困の長期化傾向の双方がかなり顕著に軽微であることである。つまり、少なくとも移行初期の数年間においては、年金受給者層に絶対的な貧困が蔓延したという議論は否定されるのである。この要因としては、体制転換初期に導入されたスライド制や給付の乗率の上限撤廃などのいくらかの対症療法的・特例的な改革によって、第1-5表で見るように他の社会給付を実施する制度と比較して年金給付の実質価値が維持されたことが挙げられる。ただし、1992年に実施された（1991年法制化）の給付算定方式の変更で老齢年金受給権の新規取得者の年金額が抑制された。この表からはその影響は殆ど読み取れないが、1990年代の半ば以降、それらの人々における貧困拡大が問題となったことには留意が必要である。

3　失業（雇用減少）問題

　体制転換不況による倒産、更には民営化に伴うリストラなどを主要因と

第1-5表●所得維持諸政策による給付の実質価値の変化
（1992-1996年、1992年 =100）

	1992	1993	1994	1995	1996
家族手当	100.0	96.8	82.7	59.3	45.2
失業給付	100.0	99.6	74.4	55.5	42.2
年金	100.0	101.8	104.2	94.2	87.3
扶助	100.0	99.3	93.4	85.4	78.7
合計	100.0	100.5	96.5	83.1	74.2
参考：所得	100.0	93.6	96.8	93.0	92.3

出所）Kolosi, Tóth and Vukovich（eds.), 1999, p.297.

して，ハンガリーの失業問題は1991年に一気に顕在化した。失業者，もしくは失業リスクが高い人々を労働市場から撤退させることを目的とした種々の政策がとられたため，失業率は見かけ上はやや抑えられてはいる。それでも EBRD の統計によれば，そのピーク時には11.9％（年末値，1993年）にものぼった[10]。この，失業もしくは雇用機会の減少という負の影響は，どのような社会階層，年齢集団などによって主に吸収されてきたのであろうか。ここでは，この点について明らかにしたい。そのためには失業率のほかにも労働力率，就業率なども考慮に入れる必要がある。

失業率は経済の好調に引っ張られる形で1997年から2002年にかけて，かなりの程度改善した（序-第2表，序-第3表参照）。しかし，ここでは1990年代半ばに着手された抜本的な社会保障制度改革の一因である移行の「社会的コスト」の考量を目的としているという観点から，1997年までを検討の対象とする。

第1-6表，第1-7表，第1-8表は，それぞれ1992年から1997年の年齢別・性別の労働力率，就業率，失業率を示している。年齢別に見た場合，とくに24才以下の若い世代と60才以上の高齢者世代において，失業率の上昇以上に労働力率と就業率が減少していることが明らかとなる。その一方で，勤労世代（30-54才）においては高い労働力率が維持されているにもかかわらず，失業率が相対的に低いことが分かる。性別の視点から見た場合，女性の失業率は60才以上の階層を除けばほぼ一貫して男性よりも低い数値を示している。しかし，それは労働力率の激減によって達成されている見かけ上の数値であることが理解される。また年齢別の分析によって示される傾向は，性別の視点を加えることでよりその傾向が明確になる。つまり，男性以上に女性において，若い世代と60才以上の高齢者世代の労働市場への参加の低下が著しいということである。

さらに，教育水準別の失業率格差（第1-9表）も非常に顕著な現象である。教育水準（最終学歴）の低さと失業リスクの高さとが密接に結びついており，このことは積極的労働市場政策の活用や教育への積極的な人的資

---

10) http://www.ebrd.com/country/sector/econo/stats/sei.xls. 2007/09/27アクセス。

第1-6表●性別および年齢階層別，労働力率（1992-1997年，単位：％）

参加率（男性）	1992	1993	1994	1995	1996	1997
15-19才	24.4	21.7	20.5	19.4	17.6	16.5
20-24才	81.0	79.2	75.1	74.9	72.9	69.5
25-29才	92.7	91.6	91.5	91.3	90.7	90.4
30-39才	93.4	91.9	90.5	90.7	90.8	89.3
40-54才	86.3	83.7	82.8	82.1	81.2	80.5
55-59才	52.0	47.8	44.1	44.9	46.1	44.2
60-74才	13.5	10.6	9.0	8.0	6.2	5.8
総計（15-74才）	66.7	64.0	62.4	61.7	61.1	60.4
15-59才	76.9	74.4	72.8	72.3	71.8	70.8

参加率（女性）	1992	1993	1994	1995	1996	1997
15-19才	21.5	19.8	17.6	14.1	12.9	11.8
20-24才	60.6	57.4	56.5	53.4	49.3	49.2
25-29才	62.1	59.8	59.7	54.3	53.5	52.9
30-39才	79.9	77.8	75.0	71.9	71.1	69.3
40-54才	77.3	75.3	72.5	71.2	71.4	70.2
55-59才	19.3	16.8	13.8	14.7	15.5	16.2
60-74才	7.9	5.8	5.0	3.4	3.5	3.0
総計（15-74才）	51.0	48.5	46.3	43.8	43.4	42.8
15-59才	62.0	59.6	57.2	54.7	54.1	53.3

参加率（合計）	1992	1993	1994	1995	1996	1997
15-19才	23.0	20.8	19.1	16.8	15.3	14.2
20-24才	71.1	68.5	66.1	64.4	61.3	59.7
25-29才	77.6	76.0	75.7	73.0	72.4	71.9
30-39才	86.6	84.9	82.8	81.3	81.0	79.4
40-54才	81.7	79.4	77.5	76.5	76.2	75.2
55-59才	34.3	30.9	27.4	28.2	29.2	28.7
60-74才	10.3	7.9	6.7	5.3	4.6	4.2
総計（15-74才）	58.6	56.0	54.0	52.4	51.8	51.2
15-59才	69.4	66.9	64.9	63.4	62.8	62.0

注）徴兵期間中のものは，雇用されているものとみなす。
出所）The World Bank, 1999, pp.196-198. より作成。

源への投資を奨励する議論[11]の前提ともなっている。

　失業は，旧体制下では公式にはその存在すら否定されていた。そのハンガリーにおいて二桁の失業率が記録されるようになったことは，「失業の

11）例えば Ferge, 1997a, pp.299-321などを参照。

第1-7表　性別および年齢階層別，就業率（1992-1997年，単位：%）

就業率（男性）	1992	1993	1994	1995	1996	1997
15-19才	17.5	13.9	13.9	12.9	12.1	11.8
20-24才	67.9	63.7	61.5	62.3	61.5	59.5
25-29才	81.7	79.9	80.9	81.3	80.9	81.8
30-39才	84.0	80.8	80.8	80.9	91.7	81.6
40-54才	79.2	74.8	75.1	74.7	74.3	74.6
55-59才	48.7	43.6	40.9	42.3	43.1	40.9
60-74才	13.0	9.9	8.4	7.6	6.0	5.5
総計（15-74才）	59.6	55.6	55.1	54.7	54.5	54.6
15-59才	68.5	64.4	64.2	64.0	64.1	64.0

就業率（女性）	1992	1993	1994	1995	1996	1997
15-19才	16.0	13.8	12.9	10.2	9.2	8.4
20-24才	54.0	49.7	49.2	47.2	43.0	43.8
25-29才	55.0	51.9	53.1	49.0	47.2	48.4
30-39才	73.1	70.1	68.0	65.5	65.4	64.0
40-54才	72.3	69.9	67.7	66.7	66.7	66.2
55-59才	18.2	15.2	13.2	13.8	14.8	15.4
60-74才	7.5	5.0	4.2	3.2	3.2	2.8
総計（15-74才）	46.6	43.5	41.9	40.0	39.6	39.5
15-59才	56.5	53.5	51.9	49.9	49.3	49.2

就業率（男女計）	1992	1993	1994	1995	1996	1997
15-19才	16.8	13.9	13.4	11.6	10.7	10.1
20-24才	61.1	56.9	55.6	54.9	52.4	52.0
25-29才	68.5	66.1	67.1	65.3	64.2	65.3
30-39才	78.5	75.5	74.4	73.2	73.6	72.8
40-54才	75.6	72.3	71.3	70.6	70.4	70.3
55-59才	32.2	28.1	25.7	26.6	27.4	26.8
60-74才	9.8	7.1	6.0	5.0	4.4	3.9
総計（15-74才）	52.8	49.3	48.2	47.0	46.7	46.7
15-59才	62.4	58.9	58.0	56.9	56.6	56.5

注）　徴兵期間中のものは，雇用されているものとみなす。
出所）　The World Bank, 1999, pp.196-198. より作成。

欧州化」と形容された。だが，旧体制下では恒常的な労働需要過剰のもとで女性も含め非常に高い水準の労働市場への参加が達成されていたことを考慮すると，単なる「欧州化」以上の悪化であるということも可能であろう。

第 1 章
ハンガリーにおける移行の「社会的コスト」

第 1-8 表 性別および年齢階層別，失業率（1992-1997年，単位：％）

失業率（男性）	1992	1993	1994	1995	1996	1997
15-19才	28.2	35.8	32.2	33.3	31.5	28.4
20-24才	16.2	19.6	18.2	16.8	15.7	14.3
25-29才	11.8	12.8	11.6	11.0	10.9	8.5
30-39才	10.1	12.1	10.8	10.7	10.0	8.7
40-54才	8.3	10.7	9.3	8.9	8.5	7.4
55-59才	6.4	8.7	7.1	5.9	6.6	7.3
60-74才	4.0	7.0	7.1	4.5	3.4	5.1
総計（15-74才）	10.7	13.2	11.8	11.3	10.7	9.5
15-59才	10.9	13.4	11.9	11.5	10.8	9.6
失業率（女性）	1992	1993	1994	1995	1996	1997
15-19才	25.4	30.3	26.8	28.0	28.8	29.3
20-24才	10.9	13.3	12.8	11.7	12.8	11.0
25-29才	11.4	13.3	10.9	9.7	11.9	8.5
30-39才	8.5	9.9	9.4	9.0	8.0	7.7
40-54才	6.5	7.2	6.5	6.3	6.7	5.8
55-59才	5.7	9.3	4.4	5.5	4.8	4.8
60-74才	4.9	14.2	14.9	6.1	7.9	7.7
総計（15-74才）	8.7	10.4	9.4	8.7	8.8	7.8
15-59才	8.9	10.3	9.3	8.7	8.9	7.8
失業率（男女計）	1992	1993	1994	1995	1996	1997
15-19才	27.0	33.3	29.8	31.1	30.4	28.8
20-24才	14.0	17.0	16.0	14.7	14.5	13.0
25-29才	11.7	13.0	11.3	10.6	11.3	9.1
30-39才	9.3	11.1	10.1	9.9	9.1	8.2
40-54才	7.4	9.0	8.0	7.7	7.6	6.6
55-59才	6.2	8.9	6.4	5.8	6.1	6.6
60-74才	4.3	10.1	10.5	5.1	5.4	6.2
総計（15-74才）	9.8	11.9	10.7	10.2	9.9	8.7
15-59才	10.0	12.0	10.7	10.3	10.0	8.8

注）徴兵期間中のものは，雇用されているものとみなす。
出所）The World Bank, 1999, pp.196-198. より作成。

　労働力率の低下は，経済的に非活動的な人々（inactive）が増加していることを端的に示している。この経済的に非活動的な人々の急増は，社会保障制度の財政的持続可能性を脅かす重大な要因となっている。第 1-10 表は，生産活動年齢に属する人々について，男女別にその就業・非就業の状

第 1-9 表　教育水準別，失業率（1992-1997年，%）

	1992	1993	1994	1995	1996	1997
初等教育未修了	17.5	27.4	25.4	26.2	31.5	31.0
初等教育	13.9	16.4	15.6	15.2	14.6	14.2
職業学校	11.6	14.4	12.7	12.3	11.7	10.1
特別職業学校	12.0	13.2	12.3	10.4	12.0	7.9
中等教育（普通科）	7.1	9.2	7.9	7.4	7.7	6.3
中等教育（職業教育）	7.0	8.7	7.7	6.8	6.9	5.6
単科大学	2.8	3.6	3.6	3.6	3.0	2.1
総合大学	2.5	2.2	2.2	2.0	2.4	1.3
合計	9.9	12.1	10.9	10.3	10.0	8.8

注）徴兵期間中のものは，雇用されているものとみなす。
出所）World Bank, 1999, pp.196-198. より作成。

第 1-10 表　男女別，生産年齢人口の就業・非就業状態の内訳
（単位1,000人，1989-1997年）

男性（15-59才）	1989.1.1	1994.1.1	1996.1.1	1997.1.1
就業者	2,609.7	2,030.2	2,050.1	2,054.0
就業者以外	519.6	1,129.1	1,114.5	1,113.5
失業者	8.7	376.1	285.3	275.4
育児休業中	1.2	2.2	4.6	2.0
学生	231.8	289.9	304.2	313.8
年金受給者	161.4	219.3	243.7	259.6
その他，非活動	116.5	241.6	276.7	262.7
生産年齢人口合計	3129.3	3159.3	3164.6	3167.5
就業者以外／生産年齢人口（%）	16.6	35.7	35.2	35.1
女性（15-54（55）才）*	1989.1.1	1994.1.1	1996.1.1	1997.1.1
就業者	2,152.9	1,678.5	1,582.5	1,589.6
就業者以外	686.8	1,233.8	1,333.6	1,387.7
失業者	5.5	256.0	210.6	202.1
育児休業中	239.8	252.4	226.0	245.1
育児支援金受給による休業中	N.A.	24.1	44.6	48.1
学生	218.8	287.8	301.1	317.4
年金受給者	81.3	151.2	160.7	149.4
その他，非活動	141.4	262.3	390.6	425.6
生産年齢人口合計	2839.7	2912.3	2916.1	2977.3
就業者以外／生産年齢人口（%）	24.2	42.4	45.7	46.6

注）1997年1月1日より，女性の退職年齢は56才に引き上げられた。
出所）Frey, 1998, p.5 より作成。

態の内訳を示したものである。体制転換前（1989年）の水準と比較すると，男女共に非就業状態にある者の数の規模の倍増，学生数・失業者数の増加が読み取れる。学生数の増加は，より多くの若者が労働市場に参加することをせずに，長期にわたって教育課程に留まるようになったことを示している。また，家族給付制度とも関連の深い問題として，専業主婦を含む女性における「その他，非活動」の項目に属する人の急増とその規模，更には出生数が低下局面にあるにもかかわらず，育児休業（育児支援金制度を含む）取得者が増加していることもまた重要である。この表は，生産年齢に属する人々のみに限定されたものであるため，相対的に男性に多く見られる年金受給者の増加にも注意を要する。さらに，年金受給者の就業状況においても，大量の雇用の減少による大きな変化が起きている。1990年には年金受給者の16.9％にあたる43万2,000人が就業し，追加的な所得を得ていたが，1996年には4.2％に過ぎない12万9,000人にまで，就業者数が減少していたことが指摘されている[12]。

4 小括

　貧困および失業（雇用の減少）の拡大についてのこれまでの分析は，以下のようにまとめることができよう。失業の分析からは，若年層と女性，そして退職年齢直前の世代に位置する人々，およびロマの人々が労働市場から退出した（もしくは参入を見合わせた）ことによって，顕在化する失業者の数以上の，雇用減少による巨大な負の影響が吸収されている，ということを確認した。さらに，貧困問題も考慮に入れた際により重要となるのは，体制転換以前においては貧困層を構成していた一つの中心階層であった老齢年金受給者層においてではなく，雇用喪失の緩衝材の役割を果たしている集団とほぼ同じ集団に属する人々において貧困が拡大し，その貧困が次第に深刻化・長期化しつつあるということである。

　この「新しい型の貧困」[13]の増加という分析結果は，1990年代半ばにお

---

[12] Müller, 1999, p.71.
[13] Cichonらは若年者，勤労世代の貧困を「新しい型の貧困」とした（Cichon, et al., 1997, p. 9）。

第 1 -11表　ハンガリーにおける社会支出（対 GDP 比率，1988-1995年）

	1988	1989	1990	1991	1992	1993	1994	1995
価格補助金	3.1	2.6	1.8	0.8	0.7	0.6	0.6	0.6
健康・医療	5.2	5.7	6.5	7.6	7.2	7.6	7.1	6.4
教育・文化	6.1	7.0	8.2	9.3	8.5	9.3	9.9	8.5
住宅	2.8	3.5	3.6	2.5	1.2	1.1	0.8	1.2
失業	0.0	0.0	0.1	0.7	1.6	1.7	1.2	0.9
年金	9.1	9.1	9.7	11.3	10.4	10.5	10.3	9.5
社会扶助	0.3	0.3	0.2	0.9	1.0	1.8	1.8	1.7
家族支援（育児手当・家族手当など）	3.4	4.0	4.0	4.6	4.1	4.1	3.5	2.7
疾病	1.2	1.2	1.2	1.3	1.0	1.0	0.9	0.7
合計	31.1	33.4	35.2	39.9	35.6	37.6	36.2	32.2

出所）Szivós and Tóth, 1998, p. 6 .

いて，これらの集団をその給付の対象としている諸制度，つまり失業給付制度，家族給付制度，社会扶助制度などの機能不全をも示している。第1-5表で見たように，これらの諸制度，とくに失業給付と家族給付の諸制度による給付の実質価値が著しく減少しており，所得保障の制度としての役割を果たせていない。体制転換の開始後，貧困化防止の観点から行われるべき特例的・即時的な対処は，これらの制度に関しては十分にとられていなかったということができるだろう。

　また一方で，老齢年金の受給者に限れば，彼らが受け取る給付の実質価値の下落は実質賃金の下落よりも緩やかであり，旧体制下においては貧困の温床の一つであった年金受給者の立場は相対的には向上した。賃金スライド制の導入（1992年），給付額を算定する際の乗率の累積上限の撤廃（1993年）など，この集団の貧困化防止を目的とした年金制度における対症療法的・特例的な対応は，新規の受給権取得者の給付額が抑えられたという例外はあるものの，ある程度の効果をあげていたと言える。この「年金受給者が特別貧困リスクの高い集団ではなかった」という点は，第3章・第4章で年金制度，およびその周辺に位置する社会政策・社会保障の諸制度の改革を見ていくうえで，その前提としてとくに留意しておくべき

点である。

　1990年代前半から半ばにかけての，社会政策・社会保障制度の対症療法的な改革による，本章でみたような移行の「社会的コスト」を未然に防ぐ，ないしは軽減するための対策は，年金受給者における貧困率が抑制されたように部分的には効果を示した。しかし，その一方で，後のハンガリー経済・社会にとっての主として財政的制約となった。また，次章で検討する社会政策に関する論争の前提の一つともなった。第1-11表は，体制転換直前から1990年代半ばまでの，ハンガリーの各種社会支出の対GDP比の変遷を示したものである。価格補助金，住宅関連手当といった，社会主義国で特徴的であった社会支出が政治体制の転換を経て減少しているのに対し，失業・年金など他の社会支出が体制転換不況の1990年から1993年にかけて増加しており，またGDPそのものの減少もあって，対GDP比でみる社会支出を大きく押し上げた。このGDPに占める社会支出の規模も，1990年代後半の社会政策の見直しの中でひとつの大きな論点として議論されていくこととなった。

第2章
ハンガリーにおける社会政策論争

　第1章では，1998年の年金制度改革の背景となった2つの側面のうち，市場経済への移行のプロセスがもたらした移行の「社会的コスト」について論じた。本章では，第2の側面として，その理論的背景と言える，1990年代半ば前後のハンガリーにおいて展開された福祉国家の再編や社会政策の改革についての学問的論争について検討する。

　前半では，将来を見据えた社会政策・社会保障制度の改革に着手されるようになった際，ハンガリーで福祉国家の再編や社会政策の改革についてどのような学問的論争があり，それは西側諸国における議論とどのように対比され得るのかについて論じる。具体的には，コルナイ（Kornai János）による体制転換諸国の福祉セクター改革についての議論を軸に，ハンガリーにおける社会政策論争のなかでしばしば対置されるフェルゲの議論と対比させながら論述する。その際，このハンガリーにおける議論が，西側諸国における福祉国家改革の議論の中では，どのように位置付けられ得るかも検討する。すなわち，1990年代までの西側諸国における福祉国家の展開，さらに1990年代の西側の福祉国家改革の議論において一つの体系化されたモデルとして提示された，ギデンズ（Anthony Giddens）の「第三の道」のプログラムにおける福祉部門の改革の議論についても触れ，その相違点などを明らかにする。

　本章の構成は，以下のとおりである。第1節において，まず比較対象と

なる西側での福祉国家論の展開とギデンズの議論についてレビューを行う。そして，第2節においてハンガリーにおける社会政策論争として，コルナイとフェルゲの社会政策・社会保障制度の改革に関する議論を比較検討する。第3節において，ハンガリーにおける「第三の道」的な福祉国家の可能性など本章のまとめと含意を提示する。

1 | 危機から再編へ：西側諸国における福祉国家論の展開

1.1 福祉国家の黄金時代

　第二次世界大戦後，西欧諸国はアメリカの援助のもと，急速な戦後復興と高い経済成長を成し遂げた。各国は市場経済システムを採用しながらも，所得再分配政策や産業政策など種々の政策・制度によって国家が市場メカニズムへ介入を行った。例えば，ドイツはビスマルク時代に由来する社会保険制度を軸とし，「社会的市場経済」の名のもと，市場経済であることを明確に謳いつつも市場への国家の介入を是とするある種の混合経済を志向した。またイギリスは，ベヴァレッジ報告に基づき社会権としての福祉という考えを基本として普遍主義的な公的な福祉制度（基礎年金や医療制度）に，所得比例的な年金など個人・企業による制度を組み合わせた制度を発展させた。そしてスウェーデンは，社会民主労働党政権のもとで，累進課税による高度な所得再分配メカニズムを組み込んだ普遍主義的かつ高水準の社会サービス・社会保障制度を確立していった。このように，それぞれの国において社会政策の対象となる範囲や供給システム（経路・形態），そして提供されるサービスの水準は大きく異なってはいた。しかし，社会支出を増やし，完全雇用とインフレの抑制とを両立させつつ各国が高い経済成長を持続させていた1960年代までは，そのような差違にはあまり注目されてはいなかった（メリアン，2001；富永，2001）。その一因としては，高度経済成長の時代においては，先進資本主義諸国は，その出自や経路の違いこそあれ，最終的には高度な福祉国家に収斂するという考え方が影響力をもっていたことが挙げられる。このような見方は，政府の社会保障支出や高齢化の水準などマクロ指標からの国際比較分析[1]に大

きく影響を受けていた。各国の制度的差異に着目した分析は，ティトマスによる福祉国家の類型化の研究[2]などがあるも，一般的なものではなかった。

　しかし1970年代後半，オイルショックを経て，西側諸国の経済は停滞の時代を迎える。多くの国において高い経済成長は終焉し，一転して高水準の失業，そしてインフレ，財政赤字が問題となった。元来，市場に存在する「市場の失敗」に対し，財政政策を中心とする需要側の政策によって対応するケインズ経済学は，これらの問題に対して有効な処方箋を打ち出すことができなかった。また福祉国家の諸制度を支える高度な税負担が経済の活力を奪うものとして新自由主義者らの批判を招いたこともあって，ケインズ経済学は一部の国では支持を失った。新自由主義勢力の台頭とともに1980年前後に成立したイギリスのサッチャー政権，アメリカのレーガン政権は，マネタリズムやサプライサイドの経済学に基づき，経済を市場へと委ね「小さな政府」を目指すことを標榜した。これら諸国では，福祉支出を含む政府による市場への介入は，「政府の失敗」として批判の対象となった。

　このような「福祉国家の危機」，もしくは「危機以後」[3]の時代には，福祉国家は削減・解体されるべきものか，それとも維持（および強化）されるべきものかという，ともすれば二分法的な対立軸に還元されがちな議論が展開されていくこととなった。

　この時期における福祉国家のあり方は，その国によって大きく異なっている。ミシュラ（1995）は，アメリカ・イギリスにおける新保守主義政権の帰結として，アメリカにおいては失業が減ったがそれは新保守主義的な経済政策によってではなく，多大な軍事費の支出によって達成されたものであり[4]，その代償として財政赤字が拡大したこと，イギリスにおいてはより厳格にマネタリスト的な政策が進められたために失業が急増し，第一

1）代表的な文献として，ウィレンスキー（1984）など。
2）ティトマス（1981）では社会福祉政策のモデルとして，残余的福祉モデル，制度的産業業績達成モデル，制度的再分配モデルの三つのモデルが挙げられている。
3）ミシュラ（1995）では，英米での新保守主義政権の成立以後は「危機以後」と表現している。

次サッチャー内閣においては逆に社会支出が増大したこと,そして両国において普遍主義的な社会サービスの削減が提案・実践されることはめったになかったことを挙げている。しかし,両国がおこなった政策の長期的な戦略として,原理としての完全雇用の放棄,普遍主義的サービスと選別的なサービスとの分離,そして選別的な分野における給付水準の侵食は決して看過できず,また租税政策も考慮に入れれば福祉国家の時代の前提と実践からはっきりと離脱していることを強調している。一方で,スウェーデンなどでは社会民主主義コーポラティズムとも称される対応がとられた。スウェーデンにおいては福祉国家における基本的な前提条件と制度とを維持するために,生産と分配との調和,経済的厚生と社会的福祉との調和が図られた。同国では,公的な雇用の創出や補助金による企業のリストラクチュアリング支援などにより,公的支出が増大したものの,完全雇用を犠牲にすることなしに不況を切り抜けることが出来た。また,普遍主義的な社会サービスも,基本的最低生活水準を守る施策も大きく削減されることはなかった。ミシュラは,このようにコーポラティズム制度が福祉国家の維持に寄与していることを認めた一方で,コーポラティズムの柱とも言える集団的賃金交渉と秩序ある労使関係の弱体化を指摘している(ミシュラ,1995)。

　このような1970年代後半から1980年代にかけての危機は,引き続きミシュラの言葉を借りれば「危機以前の福祉国家をケインズ的要素と,ベヴァレッジ的要素の結合と見るならば,危機の主たる被害はケインズ的基盤に生じた。これとは対照的に,ベヴァレッジ的基盤,すなわち貧困に対する主要防御ラインであり,ナショナル・ミニマムの標準を維持する手段としての,普遍主義的で包括的な社会サービスは,右からの圧迫に毅然として立ち向かい,屈しなかった」(ミシュラ,1995,p.138)のであるが,危機はまた,主として社会民主主義者らの間で福祉国家の生成の要因や正当性の研究が深化する要因ともなった。そしてこの流れのなかから,エスピン＝アンデルセンに代表される比較福祉レジーム論など,各国における福

---

4)ミシュラはこれを,「軍拡的ケインズ主義政策」と表現している(ミシュラ,1995)。

祉国家の制度的な差違を前提とし，社会支出の規模などのマクロ的な指標のみならず，福祉がどのような主体（国家・市場・家族）によって供給されているかにも注目した新しい分析が行われるようになった。

1.2 ギデンズの「第三の道」

1989年から始まった，一連の東側諸国における共産主義体制の崩壊によって，東西両陣営の体制間競争という側面における，社会保障の水準の改善・向上の必要性は失われた（Ferge, 1996, p.27）。また，この時期は，あたかも計画経済に対して市場経済が全面的な優位性を持つかのような風潮が支配するなかで[5]，社会民主主義は，大衆の支持を得るための新しい取組みを行う必要性に迫られていた。このような見直しの中から生まれてくるのが，ドイツの新中道（Neue Mitte）であり，オランダにおけるワークフェアの試みであり，イギリスのブレア政権における「第三の道」である。

「第三の道」というのは，様々な時代において，様々な立場から様々な用法で用いられてきた用語であり概念である。たとえば経済システム論や社会主義経済論においては市場経済でも計画経済でもない自主管理モデル（市場社会主義）の試みに対して，またスウェーデンの社会民主労働党の戦略を表す言葉としても使用された。本節においてとり上げる，1990年代のイギリスで用いられた「第三の道」は，国家に過度の期待を寄せる旧左翼でも市場に全てを委ねる新自由主義でもない，双方の長所を取り入れ再生された新しい社会民主主義，という意味である。ただ，その旗手とされるブレアとそのブレーンであるギデンズとの間にもその主張・立場には若干の違いがあり，住沢（2002）が指摘するように，ブレアはややプラグマティックな立場から，ギデンズは自己の近代化に関する議論を背景にしてその主張を構築している。ギデンズの『第三の道』（ギデンズ，1999）では，ごく簡潔な形でその主張するところが提示されているが，そこに至る

---

[5] 例えばフクヤマ（1992）。しかし，このような議論と前後して，資本主義内での多様性を問う議論（アルベール，1992［原著1991］など）もまた萌芽していることには留意の必要性があるだろう。

までの詳細な過程は展開されていない。そのため，本章ではまず，ギデンズがより詳細に，近代化論と社会民主主義の再生とを関連付けて議論している1994年の著作『左派右派を越えて』における論述を紹介することによって，彼の議論の前提を確認することとする。

ギデンズ『左派右派を越えて』（ギデンズ，2002。原著1994）においては，彼が主張する「ラディカルな政治の未来像」がかなり詳細に提示されている。同著作，そして『第三の道』において，まず注目すべき重要な前提はギデンズの現実認識である。人類は，不確実性を減じるべく知識を進歩させ，社会生活条件や自然界へ介入を行ってきた。その介入は，かえってますます多くの新たな不確実性を生み出している。ギデンズは，現在の世界は旧来とはそのリスクの源泉や範囲の異なる，この「造り出された不確実性」に満ちた「暴走する世界」である，という認識を前提としている（ギデンズ，2002，p.14）。

ギデンズによれば，この新たな「造り出された不確実性」は3つの要素の発達によって増加している。すなわち，1）いくつかの過程の複雑な混成であり，対立や分裂，そして新たなかたちの階層分化をも生み出す，本来的には経済現象でない「グローバル化」，2）依然として強力な影響作用を持ちながらも，影響力をもつ伝統が変遷し，新たなものが作られ，その位置付けが変わっていく社会秩序である「ポスト伝統的社会秩序」の出現，そして3）人々の認識と実際の行為とが社会的に再帰的な影響を与えていく度合いの増加をしめす「社会的再帰性の広がり」，である（同上書，p.15）。そして現在，政策が対処すべきリスクの源泉や範囲は，この造り出された不確実性によって変化してきており，旧来の改善策ではこれらに対応することができなくなっているため，新たな改善策として，右派でも左派でもない「ラディカルな政治」の必要性を強調している（第2－1表参照）。

福祉国家に関する論述も，基本的にはこの前提に沿った形で展開されている。もともと福祉国家は今日とは明らかに異なる社会的条件のもとで，造り出されたリスクよりも外在的リスクに対処するために「階級的妥協」

第2-1表●古典的な社会民主主義と新自由主義，および「第三の道」

古典的社会民主主義 (旧左派)	サッチャリズム，新自由主義 (新右派)	第三の道プログラム (ラディカルな中道)
社会生活や経済生活への広範な国家の関与	できるだけ小さな政府	新しい民主主義国家（民主主義の民主化，敵不在の国家）
市民社会よりも国家が優位	自律的な市民社会	アクティブな市民社会
集産主義（collectivism）	伝統的なナショナリズム	民主的家族 (伝統的家族の崩壊)
ケインズ主義的需要管理とコーポラティズム	道徳的権威主義と強力な経済的個人主義	
市場の役割は限定的，すなわち混合経済あるいは社会的経済	市場原理主義	新しい混合経済
完全雇用	他の市場並みに労働市場の需給をバランスさせる	全ての集団を包摂する社会
強固な平等主義	不平等の容認	包摂としての平等
完璧な福祉国家，すなわち「ゆりかごから墓場まで」市民を保護	セイフティーネット（安全網）としての福祉国家	社会的投資国家 ポジティブ・ウェルフェア (人的資本への投資)
単線的な近代化	単線的な近代化	
環境保全への無関心	環境保全への無関心	
国際主義	国際秩序についての現実主義的理解	コスモポリタン国家
二極対立の世界を前提に据える	二極対立の世界を前提に据える	コスモポリタン民主主義

出所）住沢，2002，331ページ。
原出所）ギデンズ，1999，26-27ページおよび123ページ。

ないし「階級的決着」として形成されたものである（同上書，p.31）。そのため，旧来のいわゆる福祉国家（型の政策）とマクロ経済的計画化は，社会的再帰性が強まった世界ではうまく作動しない。ギデンズはこのような認識から，旧来の福祉国家の問題点として，1）それが伝統的なジェンダーの役割という暗黙的に了解されたモデルと結びついたものであり，ジェンダー的な問題の温床であったこと，2）福祉国家の官僚制組織は，あらゆる場所の官僚組織と同様に融通を欠き，非人格的になる傾向があったこと，3）新自由主義の論者が批判するように，現実として福祉依存という現象が存在していること，などを挙げている。ギデンズは，このよう

な問題への対処,および「造りだされたリスク」に対応するためには,福祉政策は,社会連帯の再構築[6]にも配慮した,「自立的を高めるエンパワーメント」でなければならないとしている(同上書,p.32)。そのためには,「建設的福祉」(原著では positive welfare。『第三の道』における「ポジティブ・ウェルフェア」と同じ)という考え方にそった福祉の再構築を考えるべきであると主張しているのである。

1.3 「第三の道」における福祉政策改革とその後の展開

「第三の道」の概念はブレア(2000),ギデンズ(1999;2003),ブレア=シュレーダー(2000)などで展開されているが,ここでとりあげるのは,ギデンズ(1999)における諸提案のうちの,福祉国家の改革に関する部分である。

旧来の古典的な社会民主主義は,経済的な安全保障と富の再分配に主たる関心をもっている。一方,新自由主義は,競争力の強化と富の創出に最大の力点をおく。これらを両立させることが第三の道の政治がめざす目的である,とギデンズは主張している。

ギデンズは福祉国家の改革案における最も重要な概念として,効率を重視する新自由主義者が要求する「機会の平等」でもなく,旧来の社会民主主義者が重視した国家の介入・再分配による「結果の平等」でもない平等の概念を導入している。すなわち,「第三の道」の政治においては,人々が社会に包摂[7](inclusion)されている状態を平等とし,また逆に(社会的に)排除(exclusion)されている状態を不平等とみなすと定義し[8],この排除への対策こそが最も重要であるとしている。

---

6) ギデンズが再構築しようとしている「社会連帯」が,主に旧来の左派が使用する「高度な所得再分配に基づいて社会の凝集性を守る」という意味での社会連帯とは若干ニュアンスが異なることには注意を要する。ギデンズにとって,社会連帯の再構築は「《自立的と相互依存性を両立させる》問題として理解すべき」(ギデンズ,2002,p.26)問題であり,また相対的に前者の役割を重視している。
7) ギデンズ(1999)では包含と訳されているが,本書では近年定着したと思われる「包摂」を inclusion の訳語として用いる。
8) ただしブレア(2000)においては,重視する価値観として「機会の平等」が挙げられている。

ギデンズにとっての包摂とは,「社会の構成員が, …（中略）…市民としての権利義務・政治的な権利・義務を尊重すること」であり,「機会を与えること, そして公共空間に参加する権利を保障すること」を意味している（ギデンズ, 1999, pp.173-174）。一方, 排除には, 1）社会の最下層部にいる人たちの一部に見られる, 社会が提供する雇用・医療・福祉等の機会にありつけないという社会の最下層における非自発的なものと, 2）最上層に位置する富裕なエリート層が, 質的な問題がある公的な保険・教育システム等を自ら忌避し, 納税を含む社会的・経済的な責任から逃れるという自発的なものとの二種類が存在している（ギデンズ, 1999 ; 2003）。最上層における自発的な排除は, 公共空間や社会連帯を脅かすのみならず, 最下層の排除を誘発するため, これらの双方の排除への対策が必要とされる。

　その具体的な対策として, ギデンズは人的資本への投資を重視する。高水準の失業率は, 高額の失業手当を無期限に受け取り可能なこと, 下層労働者の教育水準が低いこと, そしてその結果としての排除に起因している。ギデンズはこのような考え方にたち, 個人を依存型の社会保障制度から脱却させるべく, 労働による賃金稼得, 個人の必要に応じた技能への投資に重点を置いている[9]。より具体的には, 税制改革による労働へのインセンティブの励起や, 最低賃金制の導入, 子育てとの両立支援など「働くための環境整備」（越智, 2004, p.112）が骨子となっている。

　ギデンズは, 福祉国家の改革が, セーフティー・ネットを残すだけに終わってはならないとしている。ほとんどの国民を利する——すなわち包摂する——福祉制度のみが, 市民社会の倫理観にかなうとし（ギデンズ, 1999, p.181）, 福祉国家を技術進歩, 社会的排除, 片親家庭の増加などに起因する新しいリスクに対応させる必要性を強調している。ギデンズによれば, 新しい福祉国家はたんに社会的公正の基準を満たすのみならず, ラ

---

9) この, 福祉の諸給付を労働・再商品化と結びつけるという「働くための福祉（welfare to work）」（ブレア, 2000）と称される主張は,「第三の道」の全体的なアプローチのキーワードの一つとなっている。だが, 少なくともギデンズ（1999）のなかで, このキーワードそのものが明確に用いられている箇所はないように思われる。

イフスタイルの主体的な選択を認めたうえで，それを制度化し，環境保全との整合性に配慮し，主体的な選択に伴うリスクを管理しなければならないのである。

そのような原則を満たすものとして挙げられているのが，ポジティブ・ウェルフェア社会において，人的資本への投資などを積極的に行う「社会的投資国家」である。ポジティブ・ウェルフェア社会とは，かつてベヴァレッジがその著名な報告書において挙げた「病気，無知，怠惰」などのネガティブな要素に福祉国家が対症療法的に対応するのではなく，それらのネガティブな要素を「健康，（一生涯にわたる）教育，イニシアティブ」などポジティブなものに置き換えるべく，企業など非政府組織（NGO）と国家とが連携して行動する社会のことである。このポジティブ・ウェルフェア社会において，国家は人的資本への投資すなわち教育を重視して福祉の供給を続けるが，補完性原理に基づいた個人と NGO もまた，富を創造する中心として大きな役割を果たす必要がある，と主張している（ギデンズ，1999）。

このような，ギデンズが第三の道で提示した改革のプログラムは，左派・右派の双方から批判を受けた。とりわけ左派からは，ギデンズの議論は，公正を重視する旧左派と効率を重視する右派の折衷，もしくは新自由主義的な政策を左派が採用する上でのレトリックに過ぎないというカリニコスによる批判（カリニコス，2003）など，厳しい批判が展開されている。

また一方で，エスピン＝アンデルセンなどの比較福祉レジーム論を援用して，西欧諸国の政策を「第三の道」の亜種として類型化する試み（「多様な第三の道」。メルケル，2001参照）など，ギデンズの議論を肯定的に評価したうえで，さらに拡張する試みもみられる。ただ，このような場合においても，人的資本への積極的な投資など，ギデンズの主張を構成する諸要素の多くは既に大陸欧州諸国において幅広く実践されているという認識が広範になされており，ギデンズの議論内容そのものに新奇性があるという評価は少ない。

さらに，ブレア政権が実際に実行した改革が，ギデンズの主張する福祉

国家改革の提言に沿って具体的な成果を挙げているかという点にも，やや疑問が残る。たとえば年金制度改革においては，ブレア政権は，1998年末のグリーンペーパーに基づき，2001年に新たな私的年金（ステークホルダー年金）の導入，2002年からは新たな公的年金制度を導入している。越智（2004）は，この改革を「国家による供給を低所得者に限定し，その他の人々には国家による支援はあるものの私的年金による老後の保障に委ねようとする……（中略）……ニューレイバーの『第三の道』論の年金分野における具体的表現である」（越智，2004，p.117）としている。しかし，包摂をもって平等とするという側面から考えると，越智が正しく指摘しているように，低所得者向けの資産調査による最低保障は申請されにくく，また私的年金も中所得者の場合には運用に関わるコストが大きいなど，幾つかの重要な問題が存在しており，ギデンズの提言通りの成果を挙げたとは言い難い。

2 時期尚早の福祉国家：旧東側諸国における福祉国家の展開と体制転換

旧社会主義諸国は，戦後，計画経済体制下において，西側諸国とは異なる特徴をもつ福祉システムを発展させた。無論，西欧諸国における福祉国家が多様であるのと同様に，旧社会主義体制下における福祉システムも，主としてそれぞれの国の歴史的な条件に根ざした多様な特徴を備えている。とくにハンガリーなど中東欧諸国においては，第二次大戦後の社会主義化によりそれ以前の制度が全てスクラップされたわけではなく，以前より存在していた年金制度等が改革を受けた上で残存するなど，公式な制度に一定の継続性が認められる。しかし，社会サービスの供給が国家もしくは国有企業を供給者として普遍的・包括的に行われていた，という点に関しては旧ソ連・東欧の旧社会主義国において共通していたということができるだろう。年金・家族給付・医療など主な社会サービスは，一定期間の雇用をその給付の条件としている事例が多かったが，旧社会主義国においては労働需要が恒常的に過剰な状態にあり，事実上，完全雇用と言える状況が達成されていたため，普遍的であったという形容がなされることが多

い。寛大な受給資格に基づく年金給付，無料もしくは低価格の医療サービス，家族手当など種々の所得保障制度，補助金を通じた日常必需品や住宅の低価格供給（光熱費含む），基本的に無料の教育制度，などがその特徴として挙げられる（柳原・林，2002）。

しかし，旧体制下における福祉国家のあり方はまた，多くの欠点を指摘されている。すなわち，1）社会政策上の意思決定が中央集権的な機構により担われ，市民の意思決定への参加が殆ど無かったこと，2）一部の党エリートなど，特権的なサービスを享受する層が存在したこと，3）（対象分野・世代・地域間で）社会サービスの資源配分に大きな偏りが存在したこと，4）サービスの質が低く，かつ非効率であったこと，5）社会サービスを選択する自由が個人には無かったこと，などである（Adam, 1999; Ferge, 1997a）。ハンガリーにおける家族関連給付のように，社会サービスの供給が社会主義体制への批判を緩和する目的をも含んでいたために，寛大なものとなっていた事例も存在するが，年金制度・医療保険制度など主要な諸制度においては，経済が停滞した1980年代には，その給付水準の下落やサービス供給水準の悪化と，改革の必要性が認識されるようになっていた。

しかし，旧体制の下で抜本的な改革が着手されるより以前に，また一部の国では経済改革の流れの中で，これら諸国は社会主義体制の崩壊と民主主義，市場経済への移行の開始に直面した。その結果，「社会的コスト」が顕在化し，主に対症療法的な社会政策の改革によりそれへの対応が行われた（しかし十分ではなかった）のは，すでに第1章で論じた通りである。

1990年代半ば以降，ハンガリーにおいて社会保障制度（もしくは社会セクター）改革の議論が活発に行われるようになった背景には，大きく分けて以下の3つの側面を指摘できるであろう（柳原，2000）。第1に，初期の緊縮財政政策や体制転換不況の影響によって，旧体制から継承した社会保障制度の維持が財政的に困難になったという側面。第2に，大量失業，貧困の増加，生活水準の悪化など，移行の「社会的コスト」が顕在化するにつれて旧来の社会保障制度ではもはや十分に市民の生活を保障することが

できなくなったという側面。そして第3に，中東欧諸国におけるこれら社会セクター改革の議論と，福祉国家と称される西側の先進諸国において1990年代に入って盛んに議論されるようになった福祉国家見直し（もしくは再構築）のそれとの間には，密接な関連があるという側面である。市場経済化のプロセスの当初から中東欧諸国やバルト諸国の一部は，西側の専門家やIMF，世界銀行に代表される国際機関によって自らの経済改革モデルの実験場として利用された。それと同じようにこの社会セクターの領域においても，中東欧諸国の経験は，類似した人口学的・制度的な問題の対処に迫られている西側諸国にとって，意義のある示唆をもたらし得る重要なテストケースの一つとして取り扱われている[10]。

　ここでは，無論，議論の全てを総括することはできず，2人の論者をとりあげるのみだが，1990年代半ばからのハンガリーで行われた社会政策の改革に関する議論がどのような特徴と視野の限界を有するものであったか，さらに第1節で確認した西側の福祉国家論の展開の中への位置づけ，ギデンズの議論との比較検討などを試みる。

　ハンガリーの経済学者コルナイは，旧社会主義国における移行と国家の役割について財政問題との関連で論じた1992年の論文の中で，ハンガリーの新しい民主主義のシステムは，いまだに体制転換前の社会主義的な「大きい政府」を受け継いでいると指摘した。コルナイは，財政問題の根幹として1）非効率な行政支出，2）赤字企業への補助と失業給付，3）民間セクターへの課税が不十分であること，4）福祉関連支出の増大，の4点を挙げ，それぞれについてその問題点などの指摘を行った（Kornai, 1992）。

　なかでも福祉への支出については，それが予算を硬直化させている，もっとも大きい支出項目の一つという位置付けをしたうえで，やや詳細に議論を展開している。1990年前後のハンガリーでは，社会保障費の対GDP比率が継続的に上昇しており，同水準の経済発展の国よりも相対的にその支出水準は高い（第2-2表参照）。コルナイは，経済の発展水準と福祉サービスの水準との間には，一般的に緊密な正の相関があるとし，経

---

10) 例えば，Deacon, Hulse and Stubbs（1997）などを参照。

第 2-2 表　社会保険料と社会移転の国際比較（対 GDP 比，単位：%）

	OECD の低所得国[1] （1986年）	OECD の福祉国家[2] （1986年）	ハンガリー （1989年）
社会保険料の合計 （使用者と被用者）	8.3	12.0	15.2
社会支出の合計	21.0	31.0	25.4[3]

注）1　ギリシャ，アイルランド，ポルトガル，スペイン，トルコの平均。
　　2　ベルギー，デンマーク，フィンランド，フランス，オランダ，ノルウェー，スウェーデンの平均。
　　3　OECD の定義による。住宅・消費者補助金を含まない。
出所）Kornai, 1992, p.15.

済成長こそが福祉サービスの水準を決定する際の（唯一ではないが）決定的な要素であると主張した。この意味で，ハンガリーは経済の発展水準に比べて寛大な福祉サービスを提供している，つまりは経済能力以上の分不相応の福祉支出を行っている—過度の消費を行っている—として，「ハンガリーの福祉国家は"時期尚早に"（prematurely）産まれた」(Kornai, 1992, p.15) と議論した。そしてその上で，有権者が望む程度まで国家の福祉関連支出の比率を引き下げること，すなわち，経済力に見合った福祉サービスの適正化を求めたのである。

　コルナイが主張する社会保障改革の方向性は，1990年代半ば頃までの諸著作の中ではほぼ一貫している。基本的には福祉支出の削減（適正化），そしてこの分野における国家の役割の制限，中でも 1) そのサービスを必要とする人々のみを対象とする「必要原則」の導入，2) 社会保障の分野における非効率な国家独占の見直し，3) 個人の責任に基づく制度構築，の 3 点に要約されるだろう。

　第 1 に「必要原則」の導入であるが，これについてコルナイは「必要原則で強調していることは，可能ならば，国家は必要としない人々に（社会保障）給付をすることを控えるべきだということである」(Kornai, 1995, p.17) と述べ，無制限な給付は将来世代への大きな負担となると警告した。

　第 2 に，社会保障の分野における国家独占の見直しについて，コルナイは，この分野における排他的な国家（もしくは国家に準ずる組織）による独

占が経済的効率性をまったくもって欠くものであり、また個人に選択の自由を与えないという点においても望ましくなく、見直されるべきであるとしている。そして独占を排除する処方箋として、非営利組織や営利企業のこの分野への参入を許し、国家（もしくは準国家）セクターと相互補完かつ競争できる部門を創り出すべきだと主張した（Ibid., p.18）。

　第3の個人の責任に基づく制度の構築については、コルナイは「個人の為に決断をするのは国家ではない」（Kornai, 1996, p.67）として、個人が自己責任に基づいて行動することの出来る制度の構築を主張している。そしてその際における国家の役割として、個人が失敗した際に最低限の救済を行う（完全な救済はインセンティブ低下の問題をもたらすため、行ってはならないと彼は主張している）、非国家の任意加入の保障制度の枠組みとそれらを監査する制度を作ることを挙げた（Ibid., p.69）。

　コルナイはまた体制転換完了後の国家（final state）の望ましい姿であるとして、1）国家が市民の権利としての最低保障を行うこと、2）それ以外のサービスは被保険者とそれらの使用者が支払う保険料で賄われること（保険原理に基づく連帯）、3）私的保険や、市場での直接購買を通じて個人が利用できるサービスがあること、の3点を挙げている（Kornai, 1992, p.17）。

　このように、コルナイの主張は一貫してこの分野における国家の関与の削減を主張するものであったが、このような議論を行っていた当時においても、コルナイ自身には福祉国家を完全に否定する意図はなかった、という点には留意が必要である。コルナイは明確に「私は福祉国家を20世紀文明化における偉大な業績の一つと思っているし、遺されるべき価値がある成果であると思っている」と述べている（Kornai, 1995, p.17）。コルナイが改革を求めるのは行き過ぎた福祉支出が投資、技術革新、起業などに対するインセンティブを下げ、個人の選択の自由や経済成長を阻害する、という見解をもっているためである。事実、コルナイは失業保険給付の大幅な増額、受給資格条件の緩和などを強く主張している（Kornai, 1992）。また、その見解は、単純な福祉国家批判ではなく、経済の規模（GDP水準）が縮

小していた当時の経済状況に鑑み，また社会的セーフティー・ネットを維持した上での，国家の福祉への関与の適正化の推進を求めるものであった。ここには1970年代前半までの西側における福祉国家の収斂論における，経済発展水準と福祉水準との連関という，シンプルな福祉国家観と類似したコルナイの福祉国家観が伺えるといえよう。

このようなコルナイの福祉支出削減の議論は，フェルゲら主に社会政策の専門家から反論を受け，論争となった。フェルゲは，教育やヘルスケア，社会保障が公的な任務であるのは，1）重大な「市場の失敗」が存在すること，2）基本的な給付・サービスへの公平なアクセスの保証に対しては広範な政治的コンセンサスが存在すること，3）社会的統合や，格差の軽減を達成するためにも，普遍的・強制的な給付が必要であること，などから当然であるとした。その上で，この分野における必要以上の国家の撤退および市場原理の導入は，社会的分断や弱者の排除など社会に重大な悪影響を及ぼすとして，社会支出の削減に強い反対の姿勢を示した。フェルゲは，国家と市民の双方が市民の社会福祉に積極的に関わっていくという，北欧型の社会民主主義的な福祉国家観を念頭においていた。

フェルゲはコルナイの「時期尚早の福祉国家」論の前提となっている，GDP水準と比べて高水準と言えるハンガリーの福祉支出がその経済力に見合わない「過度の消費」を行っているという議論を，それは体制転換後の経済規模の縮小によるものに過ぎないとし，否定した（Ferge, 1995, p.151）。フェルゲは，1989年から1994年にかけて実質所得が約15％の減少したことを示した上で，人口の40％から60％の人々，特にロマ，低所得の年金受給者，複数の子供を抱える家庭の多く，失業者の大多数，教育水準の低い者，不熟練労働者などの生活水準が著しく悪化したことを指摘し，社会保障支出の絶対的な支出額の減少・支出の実質価値の激減に警鐘を鳴らした（Ibid., pp.151-152）。1995年に発表された社会保障削減を含む緊縮政策「ボクロシュ・パッケージ」[11]や給付の選別化に伴い一段と支出が削減されたこともあり，事実，前出の第1-5表でみたように，社会保障の諸給付の実質的価値は1990年代半ばごろまでに大きく減少し，とくに家族給

付・失業給付における減少は著しいものであった。

　フェルゲは，1）多かれ少なかれ統合されていた諸システムの弛緩（貧困層・富裕層間で利用できる社会制度，医療，幼稚園，学校等が分化され，「社会的分断」を作り出す），2）社会政策の予防機能の機能停止，3）社会の統合の悪化（ミーンズ・テストによる給付が拠出に際する不公平感を募らせ，貧困者への充実したサービスに対する反感が増す），などの重大な悪影響をもたらすなどの見解から，社会保障の分野の市場化には一貫して強い反対の姿勢を示した（Ibid., p.148）。

　フェルゲのこのような社会保障に対する見解の根底には，近代以降の歴史（主に西欧）において国家が果たしてきた役割への肯定的・好意的な評価がある。フェルゲは，国家の役割の増大は歴史的な趨勢であり，近代国家にとって社会保障を行うことは「市場の失敗」を回避する為にもごく当然のことである，と主張している（Ferge, 1998）。

　また，この意味において，共産主義政権が行った普遍主義的な社会政策に対しても，戦前の著しい貧困や社会的分断の緩和に役立ったとしてその効果を肯定的に評価している。しかし，その一方で，その非民主主義的な構造と機能については，国家社会主義による社会政策の「原罪」であるとの強い批判を加えている（Ferge, 1995, p.150）。

　フェルゲは社会政策の分野における国家の役割，そして社会政策それ自体の役割について，急激な低下（つまりは市場化）を求めてはいない。フェルゲが求めるのは，国民を社会政策の策定に深く関わらせる社会政策の民主化であり，ドイツ，スウェーデンなどの福祉国家で目指されているとされる市場の社会化である。このようなフェルゲの議論もまた，西側におけ

11）ボクロシュ・パッケージについては序章参照。ボクロシュ・パッケージについても両者の議論は対照的であった。コルナイは，パッケージを必要かつ不可避なものと判断して支持を明確に表明した（Kornai, 1995, p.11）。これに対しフェルゲは，ハンガリーが抱える国内外の累積債務の減少には賃金を含む国内消費，行政もしくは福祉再分配にかかる費用を抑制するしかないとパッケージにある程度の理解を示しながらも，1）社会保障の分野には重大な「市場の失敗」がある，2）社会の公平性の達成に重要である，3）普遍的，強制的な給付は社会連帯をもたらし不公平を減ずる，などの理由から安易な社会保障の削減を行うべきではないと主張した（Ferge, 1995, pp.144-147）。

る議論に位置付けるとすれば，ギデンズが批判の矛先を向ける，旧左派の議論との共通点が多いことを指摘できるだろう。

1990年代のハンガリーにおけるコルナイとフェルゲによるこの論争における論点は，このように1980年代以降の「福祉国家の危機」の際に西側で展開された議論における論点と高い類似性がみられる。一方で，この論争からは，ハンガリーが移行プロセスの最中にあったがための特殊性，ないしは1980年代以降の西側での議論の蓄積を踏まえた新たな要素は，あまり顕著ではない。

次に，このコルナイとフェルゲの議論を，「連帯」という一つのキーワードを軸に，前節で確認したギデンズの議論と対比させてみよう。ギデンズ，コルナイ，そしてフェルゲの主張が基づいている「連帯」観は，以下のように整理できよう。

ギデンズは，社会連帯の重要性を主張しつつも，それは能動的な信頼と対話型の民主制に基づき再構築されるべきものであって，決して「利己的な市場の周辺で社会的凝集性を守ることとみなすべきではない。経済の分野も含め，社会生活のさまざまな領域で《自立性と相互依存性を両立させる》問題として理解すべきである」（ギデンズ，2002，p.26）と主張しており，その「自立性と相互依存性の両立」において，前者を重視する姿勢をみせている。

コルナイもまた，1997年の著作（Kornai, 1997a）において，改革が満たすべき原理の一つとして「連帯」を挙げたが，その意味するところは「保険原理に基づく」連帯であった。すなわち，厳密に公平に計算されたリスクを公正なルールに基づいてプールするというものであり，ギデンズ同様に，旧左派が求めたような社会的統合の手段としての高度な再分配機構を用いる「連帯」ではない。ただ，ギデンズとは，そもそものリスクが計算可能であるかという点において，大きく認識が異なっており，ここにギデンズとの明確な差違を認めることができる。

フェルゲにとっての「連帯」はまさに社会統合の手段であり，必ずしも明確なルールに乗っているとは限らない政治・市民社会によって決定され

るものである。ギデンズが批判している旧左派の「連帯」の考え方に一番近いものと言えるであろう。

3 小括

　第1章で確認した「社会的コスト」の顕在化による社会サービスへの需要の高まりとそれへの対応による「財政的制約」，その相反する2つの要因と，さらには移行初期の混乱期がひとまず終わったことにより，社会政策のあり方に関する論争が展開された。西側においてオイルショック後に展開された議論と平行してみる限り，そこには移行プロセスの特殊性はあまり看取されない。西側の1980年代の議論ないしそれ以前のシンプルな福祉国家の捉え方との類似点が強く見受けられる。

　1990年代後半に移行経済諸国の多くにおいて取り組まれた福祉国家の改革は，1）世界銀行の影響を受けた，部分的な民営化を含む年金制度改革，2）ミーンズ・テスト（資力調査）の導入による，普遍的な給付から選別的な給付中心への給付の枠組みの変化，3）受給資格の厳格化，実質給付額の引き下げ，給付期間の短縮などを通じて行われた種々の所得保障制度における給付の削減，などであった（柳原・林，2002, p.63）。このように，現実にとられた改革の方向性とその内容だけを見る限り，1990年代における改革は，それが実際にコルナイの提案に基づいて行われた物ではないにせよ，コルナイが当時提示した枠組みに近い物が多くの国でとりいれられたと評することが可能である。ただし，その制度改革そのものが，デザイン段階で改革の意図と異なる要素が持ち込まれている，意図された通りに執行されていない，もしくは十分な効果をあげていないという点は指摘しておく必要があるだろう[12]。

　コルナイやフェルゲが提示したものが，どこまで現実の移行経済諸国における当時の福祉国家改革の方針となったのか，そしてこれからの改革の展望となり得ると考えられるだろうか。フェルゲに関しては，その「連

---
12) たとえば，ハンガリーの年金制度に関して，柳原（2003）及び本書第3章を参照のこと。

帯」観を満たす福祉国家の実現可能性は低いといわざるを得ないだろう。グローバリゼーションの進展により，多国籍企業の投資の誘致ならびに外資の導入がその経済成長に重要な役割を果たしている移行経済諸国においては，各国が法人税率・社会保険料率の切り下げ競争を展開している状況であり，再分配を重視するフェルゲ的な「連帯」を維持するだけの高水準の拠出を企業に課すことは困難である。

　コルナイに関しては，現実にとられた改革の方向性とその内容的には，コルナイの提示したものに非常に近しい物が多くの国でとりいれられているのは事実である。しかし，それは政治的・経済的な制約によるものであり，ハンガリーにおいてさえ，コルナイの提案が反映された結果であると評することは難しい。また，「造り出された不確実性」により，現代の世界がますます不確実性を増しているというギデンズの指摘を考慮するならば，コルナイの主張する「リスク計算された保険原理に基づく連帯」がどこまで実行可能であるのかということに関しては疑義を挟む余地が残っている。

　またコルナイのこのような「連帯」観は，その後変化した。健康保険制度を題材に福祉国家改革を論じた論文（Kornai, 1999）においては，コルナイは「連帯」はモラル的な義務であり，ヘルスケアの分野においては全ての人々に最低限の医療への平等なアクセスを認めるべき（特定の平等主義）であるとしており，それまでの諸著作における「連帯」概念とニュアンスが異なる主張を行った。また，同じく健康保険制度改革に関する近年の論文（Kornai, 2008）においては，一定の条件のもとで民間の保険者の参入も認める提案を行っている[13]が，市民全てが被保険者となること，基本的な医療サービスは公的・民間双方の保険者が責任をもって保障すること，などを前提としたうえでの民間の参入を求めている。健康保険・医療という

---

13) 詳細は Kornai (2008) を参照。民間の保険者が参入する際の最低限の必要条件としては，1) 保険者がリスクの高いグループを差別する可能性の排除，2)「基本的なサービス」の枠組みのもとで，被保険者がどのようなサービスを受けることができるのかを明確にする，3) 透明性と質の高い監視と（保険者間の）比較による競争条件の整備，4) 保険者への苦情窓口となる組織ないし組織ネットワークの整備，の4条件が挙げられている。

対象の特殊性もあるにせよ,現在のコルナイの福祉国家や連帯に対する見方は,1990年代半ばのものとは若干異なっていることには留意が必要であろう。

　ギデンズについても,その提示された主要な価値観ではなく,提示された改革案の構成要素となる政策については,多くの国で実際の政策としてとりいれられている。しかし,「第三の道」でギデンズが展開した福祉国家に関する主張の内容は,もとより新奇性に乏しく,既に多くの大陸欧州諸国で近年実行されていたものに類似している。旧社会主義諸国では,積極的な労働市場政策など,ギデンズの「第三の道」で提示されているような政策は多くとりいれられているが,明確にギデンズ＝ブレア流の「第三の道」やシュレーダーの「新中道」を標榜した政権は,ハンガリーのジュルチャーニ政権（在任期間：2004年9月〜2009年4月）が挙げられる程度であり,その影響は顕著には認められない。しかし,一定の社会理論によって裏付けられた一つのパッケージとして体系化して提起したこと,そして大陸諸国にもたらされた影響（「多様な第三の道」の議論）は看過できず,社会保障・福祉国家のあり方の質的な議論としては,検討する価値は残っているといえよう。

　2004年5月と2007年1月の第5次拡大においてEU加盟を果たした10か国の中東欧・バルト・南東欧の国々,さらには今後EUへの拡大を目指すバルカン諸国などにおいて,今後,この「第三の道」で示された社会民主主義の方向性が顕在化し影響を持つ可能性はまだ残されているかもしれない。これら,EU加盟を目指した国々は,EUの制度・基準に適合的な制度への改革を進めてきた。EU加盟はこれら諸国にとって改革を進める上での「アンカー」であり,政権が左派・右派の間で交代してもその政策が大きくは転換しない,もしくは逆に左派政権が福祉給付削減を含む緊縮的な政策を伴う経済改革を進めるなど,EU加盟を所与の前提として改革が進行し,それが逆流しないという意味において一定の政治的な安定性をこれら諸国にもたらしていた。しかし,EUへ加盟しその「アンカー」が失われたことに加え,EU加盟が期待されていたほどの生活水準の向上をも

たらなかったという不満感の高まりなどもあり，いくつかの中東欧諸国・バルト諸国では，近年，ポピュリズム政権や民族主義を掲げる勢力が台頭するなど，政治的な不確実性が増すこととなった[14]。このような事態の中で，ハンガリーのジュルチャーニ政権のように，緊縮政策など伝統的な左派の政策ではないとされる政策を行ってきた左派政党が「第三の道」的な方針を掲げる可能性は今なお否定できない[15]。

　移行経済諸国では，どのような福祉国家を構築するのかという，根本的な議論が十分になされないままに，それぞれの制度が抱える問題に対して対症療法的に，ないしは IMF・世界銀行や EU など国外のアクターが推奨・要求するままに個別の改革が行われてきた。多くの国が EU を加盟国となった今もなお，多国籍企業誘致などの経済的な側面も考慮したうえで，その「連帯」の原理も含めた福祉国家・社会保障制度のあり方を議論していく必要があるだろう。

---

14) ハンガリーは残念ながらまさにその典型例であり，2010年の選挙で政権についたフィデス政権にはポピュリズムの傾向が認められるうえ，同様に初めて国会に議席を得たヨッビクは反ユダヤ人・反ロマを掲げる極右民族主義政党である。
15) 筆者はジュルチャーニ政権成立（2004年9月）以前に執筆した，本章第2-3節の初出である柳原（2005，2004年6月脱稿）において，この可能性を指摘していた。

第3章

ハンガリーの年金制度改革
1998年改革の実行とそこからの逸脱

　人は，社会生活を営む上で様々な不確実性に直面している。これらの不確実性に備えて，そのリスクを国家が保険原理を用いて社会的に分散，もしくは人々に共有させる仕組みが社会保険である。老齢年金，障害年金，遺族年金などによって構成されることが多い年金制度は，単なる強制貯蓄，もしくは無軌道な再分配機構ではなく，本質的にはそれぞれ，長生きすることによって資産を使い尽くしてしまうリスク，障害を持つことによって働くことができなくなるリスク，配偶者の死亡によって生活が困難になるリスクに対する所得保障を行う社会保険である。

　ハンガリーの年金制度改革に大きな影響をもたらした世界銀行の報告書 *Averting the Old Age Crisis* では，年金制度が有している機能として，貯蓄（saving），所得再分配（redistribution），保険（insurance）の3つを挙げている（The World Bank, 1994a, p.14）。

　貯蓄機能が個人の生涯にわたる（現役時代と高齢者になったあととの）所得変動の軽減，所得再分配機能が個人間における生涯所得の格差の軽減，そして個人が社会生活を営む上で直面している種々のリスクを国家が社会に分散することによって，個人をリスクから保護し所得保障を行う機能を保険機能が，それぞれ担っている。公的年金制度が賦課方式（Pay As You Go, PAYG）によって運営されている場合には，この3つの機能が単独の制度によって担われていることになる。

年金制度はまた，一国の経済システムにおいても重要なウェイトをもつ制度であるといえよう。それは，国家規模で所得再分配を行う大規模なシステムであり，その改編は市民の消費性向や中央政府の財政に直接的な影響を与えうるばかりか，資本市場や景気循環の動向，ひいては経済成長率にまで間接的な影響を与えうる。多くの国においてヘルスケアを担う制度と並んで毎年の社会支出の大きな部分をしめる重要な制度であり，さらに現役世代と退職世代とを繋ぐという制度の性格上，長期にわたり一国の経済・財政ならびに人々の経済生活に影響を及ぼす制度でもある。そのプレゼンスの大きさゆえ，近年，多くの先進国は長期にわたって財政的に持続可能かつ安定的な年金制度を構築するべく，年金制度改革を実施している。

　このような年金制度の重要性は，市場経済への移行プロセスにあったハンガリーにおいても疑うべくもない。むしろ，経済・社会の変化が相対的に激しい時期であったからこそ，年金制度からの給付以外に稼得手段をもたない場合が多い年金受給者らの生活の保護に死活的な意味をもった。この点において，移行プロセスにおける年金制度の重要性はむしろ平時より大きいとも言えるだろう。実際に，第1章で見たように，他の社会集団と比べると，年金受給者層は体制転換不況の時期に相対的に貧困から守られた層であり，年金諸制度が大きな役割を果たしていた（第1-3表，第1-4表，第1-5表参照）。

　ハンガリーでは1989年の政治体制の転換以降，累次にわたって年金制度の改革が行われてきているが，本章では，その中でも最も重要な改革と位置づけられうる，制度の部分的民営化・積立方式の部分的導入を含む1998年の年金制度改革に主に着目する（1997年法制化，1998年初より実施）。この1998年の改革は，導入直後の1998年5月の国会の総選挙によりフィデス主導の中道右派政権への政権交代が起きたことにより，計画通りには実施されずに制度修正が施された。2002年に社会党・自由民主連合の中道左派・リベラルの連立政権が返り咲いた後も，年金制度は累次にわたり制度修正されているが，本章ではこの1998年の改革と，フィデス政権下での制

度修正とに着目し，それぞれが，1）年金制度の財政的な持続可能性，2）制度参加へのインセンティブおよび制度の透明性，3）種々の主体間における公平性，の3点に着目した場合，どのような特徴と問題点を有し，どのように位置付けられうるのか明らかにすることを目的とする。

　本章においてこの3つの視点から分析を行うのは，それが1998年の年金制度改革に至るまでの年金制度が抱えていた問題点のうち，とくに筆者がそれらを重要と考えるためである。すなわち，1）受給者の急増等による公的年金財政の悪化，2）所得の過小申告やインフォーマル・セクターでの就労により，年金制度の空洞化を防ぐ必要があったこと，3）職業，賃金カーブ，年齢，退職年，性別などにより年金受給額や待遇に大きな差異が出るという格差が存在したこと，から，とくにこれらの点に着目して分析を行う。

　その際，初めに述べたような年金制度の機能の別や，年齢・性別などの諸要因の違いによる年金制度上の取り扱いの不公平性，さらには年金制度が担うべき所得保障の二つの側面，つまり，現在の高齢者を対象とする，保険原理に基づかない所得再分配を伴う貧困対策としての側面（短期的，もしくは特例的側面）と，将来の高齢者への退職後の所得保障，およびライフサイクル決定要因としての側面（長期的側面）の区別にも留意しつつ議論を進める。

　本章の構成は以下の通りである。第1節において，1990年代半ばごろまでの年金制度につき概観する。第2節では，1998年の改革およびフィデス主導政権への政権交代後の制度修正につき述べる。第3節では，この2つの時期の修正を上述の3つの視点から分析し，その特徴や問題点を明らかにする。そして第4節では本章の含意を示す。

1 ｜ 1990年代半ばごろまでのハンガリーの年金制度

1.1　年金制度の成立〜社会主義体制崩壊まで：希薄な保険原理[1]

　ハンガリーの年金制度は，オーストリア＝ハンガリー二重帝国時代の1912年に導入された公務員向け年金制度がその端緒であるが，当初は恩給

として国家予算から支弁される給付であり,社会保険ではなかった[2]。しかし1928年,都市居住の労働者(ホワイトカラーとブルーカラーの双方)を対象とした保険原理に基づく疾病・事故保障(遺族・障害年金等を含む)に老齢年金が付加されることが決定され,翌1929年の年初から強制加入の社会保険として施行された(使用者負担。保険料は最大で日当の3.5%)。退職年齢は男女とも65才(1944年に60才への引き下げ),均一給付部分と所得比例給付部分からなる確定給付型の,職域別編成を特徴とするドイツ・オーストリア型の社会保険制度の影響を強く受けた制度であった。制度は集団的積立(collective fully-funded)方式で運営されており,1944年から1946年までは株式・国債・不動産により積立金の運用が行われていたが,第二次世界大戦後のハイパー・インフレーションによって積立金の価値は激減した[3]。1938年の第12号法により,自営農民を含む農業労働者が制度に参加

第3-1表 ハンガリーの年金システムの特徴(1991年改革前)

退職年齢	男性60才,女性55才
最低限必要な加入期間	10年間
所得の定義	最近5年間で,最も高かった3年間の総賃金の平均額(インフレ調整なし)
評価所得の定義 (逓減的な所得評価法)	一月あたり所得で 10,000フォリントまで　　　　　　100%を評価所得に算入 10,001～12,000フォリントの部分　90%を評価所得に算入 12,001～14,000フォリントの部分　80%を評価所得に算入 14,001～16,000フォリントの部分　70%を評価所得に算入 16,001フォリント以上の部分　　　60%を評価所得に算入
評価所得に対する年金額 (乗率:accrual ratio) 制度加入期間が	10年　　　　　　33% 11年～25年　　33% + 年2% 26年～32年　　63% + 年1% 33年以上　　　70% + 年0.5%
年金の最高額	評価所得の75%
年金の最低額	最低平均賃金の約70%

出所)Hancock and Pudney, 1997, p.402.

1) 社会主義体制崩壊までの年金制度の記述は,田中編(1997),Müller(1999),Simonovits(2009)による説明をもとにしている。
2) ハンガリーにおける社会保険の端緒は,1891年第14号法により導入された労働者向けの疾病・医療保障である(田中編,1997)。

することができるようになったが（零細・女性は排除），同年時点の被保険者率は主として工場労働者の約31％にとどまっていた。

　社会主義政権の成立後，1949年に制度は大きく改革された。第1に，ハイパー・インフレーションによる積立金の実質的な喪失により，制度は賦課方式へ移行された。確定給付型であることは変わらなかったが，この移行により，拠出と給付との直接の結びつきはなくなった。第2に，ブルーカラー・ホワイトカラー・公務員毎の職域別の枠組みが撤廃（普遍化）された。また，国営農業の労働者がこの際に年金制度によってカバーされることになった。第3に，年金制度の一般会計への編入が行われた。翌1950年には制度の自治管理も廃止され，年金制度はハンガリー勤労者党（共産党）の意思伝達機関である労働組合中央会議（SZOT）により管理されることとなった。このような変更は，社会主義的なイデオロギーに裏打ちされた改革であった。

　1950年代から1960年代にかけて，制度はより大きな，そして広範囲をカバーするものとなっていく。1954年には被用者にも年金保険料が導入（3％，それまでは使用者のみ4％）され[4]，女性の退職年齢が55才へ引き下げられた。1961年には，農業集団化の実質的な完了と並行して，農業共同体に所属する労働者も年金制度へ加入することができるようになった。これによって，制度によりカバーされる被保険者の比率は，1950年の47.3％から1965年の96.6％へと飛躍的に向上した（Müller, 1999, p.61）。

　1975年には，「全ての階層へ全ての点において同一条件の年金を」というスローガンのもとに制度が統合・標準化された。これにより，社会主義体制の崩壊後に継承されたものとほぼ同じ姿となった。しかし，この制度は（明確なルールを伴う）スライド制の仕組みを備えておらず，年金の引き上げは不十分かつ散発的であり（Augsztinovics, 2002），1970年代後半の経済状況の悪化によって給付の実質価値が低下した。また年金の引き上げ幅には上限・下限が設けられたため，2年目以降の年金給付額は裁定時の年

3）Müller, 1999, p.60.
4）その後，1970年には被用者保険料に累進的な保険料率（3％～10％）が導入された。

金額(さらには退職前の所得と制度加入期間)との関連を失い,とくに中・高額の年金受給者の給付の実質価値が削減された(Simonovits, 2009)。さらに,最低年金についても,インフレ水準に沿って調整されていたが,その額は当時の最低生存水準(第1章参照)にも満たなかった。このように,社会主義体制末期における年金制度は,連帯の名のもとに負担を年金受給者に押し付けるものであった(Gedeon, 2001; Müller, 1999)。しかし,それにもかかわらず,補助を受け価格統制された基本的な財と(医療を含む)サービスの価格を考慮に入れれば,社会主義時代の年金生活者の状況は受容可能なものであった(Simonovits, 2009)といえる。年金制度改革の必要性に関しては,1980年代半ばから専門家の間ではすでにコンセンサスがあった[5]。しかし,具体的な改革に着手されるより先に,ハンガリーは政治体制の転換を迎えることとなる。

1.2　1992年の年金制度改革:保険原理の復活

　政治体制の転換後,市場経済化のプロセスの最初期には,マクロ安定化など経済分野の改革が優先されたこともあり,長期的に持続可能な制度の構築を視野にいれた,年金制度の抜本的な改革は喫緊の中心的な課題とはされなかった。1990年から1994年まで政権を担当した民主フォーラム主導の中道右派政権においては,1991年に1)の普遍的な市民権としての均一給付の年金(非拠出制,税を財源とする国庫負担),2)生涯所得と保険料拠出に基づく(所得比例的な)賦課方式の年金保険,3)任意の補完的保険(個人年金),の性質の異なる3つの制度の並存により,保険原理と連帯原理との分離や透明性確保を視野に入れた制度改革案が国会で決議された(第60号決議)。しかし,任意加入の積立方式による個人年金の枠組みが1994年に導入されたのみに止まり,「国家が社会サービス供給にどの程度関与するか」という点に関して明確なビジョンを備えた,中長期的に存続し得る抜本的な改革が実施されることはなかった(柳原, 2002)。

　この時期の改革は,社会主義時代に失われていた社会保険としての体裁

---

5) 例えば Ferge (1999), p.231を参照。

の復活と，体制転換に伴う厳しい不況によるショックへの対症療法的な対応が主体であったと言えよう。1991年に法制化，1992年に施行された改革を中心に，主として以下の3つの点について変更がなされた[6]。

第1に，年金保険基金[7]（以下 PIF）と健康保険基金[8]（以下 HIF）が一般会計から独立し[9]，社会主義時代に国家財政と一体となっていたために失われていた社会保険制度としての体裁が復活された。それと同時に，若年層向けの障害年金の健康保険基金への移管，農民年金の国家予算への移管など，これまで混在していた社会保障制度を構成する諸プログラムの責任・所掌の整理がこの時の制度改革の一環として実施された。

第2に，年金支出の急増の抑制を目的として年金額の算定方法の変更が実施された。通常，新規に（老齢）年金受給資格を得た人の年金額は，制度に加入していた期間（年数）と評価期間内の平均所得額との関数によって決定される。1991年の年金法においては，この関数の前半部分，つまり加入年数に関して逓減性を持つ給付の乗率（accrual rate）の体系[10]を残存させる一方で，後半部分，つまり所得の評価を非常に低く設定した。この結果，新規年金受給資格の取得者の多くは，たとえ20年以上保険料を納めていても（20年未満の場合，部分年金により置換）評価上の所得額がとても低いために，算出される年金額が最低年金額（最低賃金の約70％）を下回り，それによって置換されることとなった[11]。

第3に，市民の社会的ニーズに応えるため，賃金スライド制の導入が行われた。旧社会主義体制から継承した年金制度はルールに基づくスライド制を持っていなかったために，体制転換開始後の急激なインフレーションで給付の実質的価値が下落していた。そこで，ネットの平均賃金の伸び率

6）この項は，柳原（2000）を再構築した。
7）Nyugdíjbiztosítási Alap。英語では Pension Insurance Fund。
8）Egészségbiztosítási Alap。英語では Health Insurance Fund。
9）より正確には，社会保険基金（SIF）を経由してから，PIF，HIF に分離。
10）最低限の制度加入期間（10年）に対して固定の33％。追加的な15年の加入に対して年2％，さらにそこから7年間は年1％，33年以上の加入に対しては年0.5％と，給付の算定に利用される乗率は漸進的に減少していく（上限75％）。このため，制度へ長期間加入するインセンティブが小さいとされる。第3-2図も参照せよ。
11）Simonovits（1999），p.214.

に従ったスライド制がハンガリーの年金受給者の2年目以降の年金額設定に際して導入されることとなった。これは年金受給者の生活保障を強化した一方で，1990年代半ば以降の実質賃金の急増に伴って，急速に年金財政を圧迫する要因の一つとなった。

さらにこの政権は，市場経済への移行の開始後の厳しい経済不況のショックを軽減するために各種の社会保障制度を対症療法的に改革し，またそれらを特例的・柔軟に活用した。年金制度もまた，失業者への早期退職制度および老齢プレ年金（old-age pre pension）制度の活用の奨励，障害年金制度の弾力的な運用などにより，積極的にこの失業や高齢者の貧困への対応に利用された。

また1993年には，後に「第3の柱」と呼称される，任意加入の個人年金（積立方式）の導入が決定され，1994年に導入されている。この部分には使用者・被用者ともに拠出可能であるが，その双方にかなり寛大な条件の税控除が付与された。使用者にとっては，被用者に直接賃金を支払うよりも第3の柱を経由して支払う方がかなりコストの節約になるという奇妙な状況が発生したために（Simonovits, 1999, p.220），とくに使用者によって一種の課税回避（tax evasion）の手段として用いられた。

1.3 1990年代半ば時点での年金制度が抱えていた問題点

以上のような1990年前半の改革，および制度の弾力的運用によって，年金制度の抜本的な改革が議論となり始めた1990年代半ばにおいて，ハンガリーの年金制度はどのような特徴を有していたのであろうか。Cangianoら（1998）は，1990年代半ばの移行経済諸国一般の年金制度について，1）高水準の成熟度，2）低い退職年齢，3）高い給付水準，4）将来，人口学的なショックとその結果としての財政不均衡の増大が予想されること，5）高水準の保険料率と，拠出と給付との関係の弱さ，6）強い世代内・世代間格差の存在，が特徴として見られると指摘している（Cangiano, Cottarelli and Cubeddu, 1998）。ここでは，これらの諸点を本章冒頭で示した3つの視点，すなわち1）年金制度の財政的な持続可能性，2）制度参加へ

のインセンティブおよび制度の透明性，3）種々の主体間における公平性，に整理したうえで，ハンガリーのケースについて，これらの特徴を整理する。

1.3.1 財政的持続可能性

まず，制度の財政的持続可能性に関する，相互に関連するいくつかの点から確認していこう。第1に，この時期のハンガリーにおいては，年金制度の成熟度（system dependency rate）が非常に高水準にあったうえ，さらに上昇基調にあり制度の持続可能性に深刻な問題を抱えていたことにある。年金制度の成熟度とは，年金受給者数を保険料拠出者数で除算して求められる数値である。すなわち，年金受給者数に対して制度へ保険料を拠出する者の人数が少なかったことである。ハンガリーの公的年金制度は第二次世界大戦後から徐々に成熟しており（第3-2表参照），1990年時点で既に，

第3-2表● ハンガリーの年金システムの成熟過程（単位，％）

年	年金受給者／就業者[1]	年金受給者／受給開始年齢以上の人口[2]	60才以上人口／20-59才人口[3]	平均年金額／平均賃金額[4]
1950	12.9	39	21.2	21.5
1955	—	38	—	24.9
1960	15.2	43	25.9	32.4
1965	—	59	—	32.3
1970	26.4	56	32.2	34.4
1975	—	71	—	42.2
1980	35.8	83	30.6	55.5
1985	40.8	93	—	56.2
1990	46.1	105	35.9	66.1
1991	39.5	—	—	64.4
1992	58.5	—	—	58.0
1993	66.7	—	—	57.4
1994	71.8	—	—	60.8
1995	74.8	130	36.0	61.0
1996	78.1	—	—	57.9

注） 1　成熟度（system dependency rate）。就業者＝被用者＋自営業者
　　 2　受給年齢＝男60才，女55才
　　 3　高齢者成熟度（old-age dependency rate）
　　 4　年金給付水準（replacement rate）
出所）Palasios and Rocha, 1998より作成

その成熟度は46.1％にまで上昇していた。1990年代に入って成熟度は一時的な減少を見せるが，その後は急速な年金受給者の増加によって1991年の39.5％から1996年の78.1％まで急上昇し，1995年には高齢者（この場合は60才以上）の人口を現役世代（20-59才）の人口で除算した数値（高齢者成熟度，old-age dependency rate）の2倍を超えるという異常な事態となった。

このような急激な成熟度の上昇は，高齢者成熟度との乖離にもあるように，人口の高齢化の影響が主な原因ではない。第3-2表から読み取れるように，1990年から1990年代半ばにかけて高齢者の比率そのものはそれほど変わっておらず，一方で，年金受給開始年齢以上の人口数に対する年金受給者の比率が100％を超えて急拡大している。これは，体制転換不況によって顕在化・急増する失業の社会的影響および名目上の失業率を軽減するため，政府が早期退職制度の利用の奨励や，障害年金受給資格の積極的

第3-3表 ● 新規年金受給者[1]数（単位，人）

年	雇用政策上の目的による年金付与[2]	老齢年金	障害年金・労災年金	リハビリ給付	合計
1990	27008	84038	61326	−	172372
1991	43654	83196	66338	−	193188
1992	48124	68914	64418	−	181456
1993	43988	59195	62745	−	165928
1994	41628	48224	62418	−	152270
1995	34404	47292	61009	−	142705
1996	44320	43550	61957	−	149827
1997	42735	41570	55400	−	139705
1998	16990	33203	49280	−	99473
1999	3673	38067	48022	−	89762
2000	3574	41577	54196	−	99347
2001	3997	43165	58765	−	105927
2002	3477	51427	53214	−	108118
2003	4366	47239	52062	−	103667
2004	4120	65886	45966	−	115972
2005	3830	77425	42877	−	124132
2006	3300	78923	39211	−	121434
2007	8210	98553	34386	−	11149
2008	9712	70073	26272	2246	108303

注）1 自らの権利として受給が決定したもの（遺族年金などを除く）
　　2 早期退職年金，プレ年金，炭鉱労働者向け年金を含む
出所）KSH, *Szociális statisztikai évkönyv* 1995および2008より作成

付与といった年金制度の弾力的運用を実施したことによって，退職年齢以下の人々の間に年金受給が広がったことを示している。たとえば1990年から1995年にかけて，退職年齢以下の障害年金受給者数は，23万2,617人から33万2,332人とほぼ10万人（人口の約 1 ％）増加した。第 3 – 3 表は新規に年金受給を開始した人数の推移をしめしたものである。1991年から1996年の時期，早期退職制度など雇用政策上の目的による年金の付与が毎年 4 万人以上，障害年金もその後の堅調な経済成長を記録した時期（1997-2006年）と比べれば明らかに多い毎年 6 万人前後が受給資格を新たに認定されている。退職年齢以上も含む年金制度全体では受給者が同時期に40万人以上増加し，300万人を超えた。これらの施策が当時の高齢者の保護に重要な役割を果たした一方で年金制度の持続可能性に大きな打撃を与えていたことは明らかである。

　その結果，年金受給者の急激な増加および深刻な保険料負担者数（正規の労働市場への就業者数）の減少が起こったのである（第 3 – 4 表参照）。チェコなどの例外はあるが，制度および障害年金制度の弾力的な運用は中東欧諸国のほぼ全体で見られた現象であり，ハンガリーでもこれらの結

第 3 – 4 表 ● 年金受給者と保険料拠出者数（年平均伸び率）

	年金受給者		保険料拠出者数[1]	
ブルガリア	2.4	(1990–93)	-9.8	(1990–93)
チェコ	1.8	(1990–93)	0.6	(1993–96)
マケドニア	……	……	-6.9	(1994–96)
ハンガリー	3.1	(1989–95)	-5.3	(1989–96)
ポーランド	4.4	(1991–96)	-1.6	(1990–96)
ルーマニア	7.4	(1990–96)	……	……
スロヴェニア	3.7	(1990–96)	-2.4	(1990–96)
ラトヴィア	3.0	(1990–96)	-17.7	(1991–93)
カザフスタン	3.6	(1992–96)	-8.5	(1993–97)
ロシア	1.9	(1992–96)	-2.2	(1991–96)
ウクライナ	1.6	(1990–96)	-2.9	(1990–96)

注） 1　チェコ，ハンガリー，マケドニア，ポーランド，ロシア，ウクライナは就業者数。
出所）Cangiano, Cottarelli and Cubeddu, 1998, p. 8.

第 3-5 表　移行期ハンガリーにおける公的年金財政（対 GDP 比率，％）[1]

	1991	1992	1993	1994	1995	1996
保険料収入	11.0	10.4	10.1	9.7	8.9	8.5
うち年金保険基金	n.a	8.9	8.7	8.3	7.6	7.3
年金支出[2]	10.5	10.4	10.4	11.4	10.5	9.7
うち年金保険基金	n.a	8.6	8.5	8.8	8.9	7.4
うち健康保険基金	n.a	1.2	1.3	1.3	1.2	1.2
うち中央政府予算	n.a	0.6	0.6	1.3	1.3	1.1
名目上の PAYG バランス	0.5	0.0	−0.3	−1.7	−1.6	−1.2
GDP 伸び率（前年比）	−11.9	−3.1	−0.6	2.9	1.5	1.3

注）　1　GDP 伸び率は対前年比の％表示
　　　2　事務経費は含まず
出所）　*The Economics of Transition*, Vol. 6（1），1998, p.265. および Palasios and Rocha, 1998, p.183 より作成

果，ハンガリーの年金財政は1993年から赤字に転落した（第3-5表参照）のである。パラシオスら（Palacios and Rocha, 1998）は，この年金財政の赤字転落を，「人口学的な影響というよりはハンガリー政府のミス」と分析している[12]。

しかし，年金制度の持続可能性への懸念の背景には，人口学的な問題があったことも確かである。ハンガリーは1980年代初より人口が減少に転じており，また合計特殊出生率もそれまでの概ね1.8以上の水準から1990年以降に急落し，1990年の1.84から1995年には1.57（さらに1999年には1.29）となるなど急激な少子化が発生していた[13]。加えて，ベビーブーム世代の退職という問題が2010年前後に控えていたため，これら人口学的な側面からの長期的な持続可能性の問題が存在しなかった訳ではない。第3-6表は，1990年代半ば時点での過去の人口動態の変化とその後の人口動態予測を示している。適切な退職年齢の引き上げと就業を通じて現役世代の拠出が行われるのであれば，2050年においても1990年代半ば当時の成熟度をはるかに下回る水準にとどまると予想されていたが，高齢化と現役世代に対する高齢者の比率の上昇は，進んでいくことが予想されており，長期的な

12）Palacios and Rocha（1998），p.180.
13）KSH, *Magyar statisztikai évkönyv, 2001*,（2002），p.44。

第3-6表 ハンガリーの人口動態の推移と予測（1970-2050年）

年	若年者比率 （20才未満）	高齢者比率 （64才以上）	高齢者成熟度[1]
1970	28.3	13.1	22.4
1980	26.3	15.6	26.9
1990	26.2	15.8	27.2
2000	23.6	14.6	23.6
2010	21.1	15.6	24.6
2020	20.2	18.5	30.2
2030	20.2	20.1	33.7
2040	19.2	22.5	38.6
2050	18.9	26.2	47.7

注）第2-2表とは高齢者の閾値が違うことに注意。
　　1．100×高齢比率／（100－若年者比率－高齢者比率）
出所）Simonovits（2009), p.10
元出所）Central Statistical Office, *Yearbook*, 1996, Table. 5 , pp.44-45 and Hablicsek,
　　　L. "Aging and Diminishing Population: Demographic Scenarios 1997-2050"
　　　(in Hungarian), *Demográfia*, 42, p.405

制度改革を考える上での重要な要素となっていたことは疑うべくもない。

　第2に，退職年齢の低さが挙げられる。1996年の年金法によって段階的引き上げが決定される以前のハンガリーにおける退職年齢（男性60才，女性55才）は，他の移行諸国や欧米諸国に比べても相対的に低い部類に入っていた。

　第3に，相対的に高い給付水準である。旧社会主義時代の遺産として，ハンガリーの（老齢）年金給付水準は1990年時点で平均ネット賃金の66％と高く，第3-7表からも読み取れるように，移行経済諸国の中でも他の中東欧諸国とともに高い水準にあった[14]。市場経済化開始後，この高い支給水準は既に年金を受給している人々の既得権益として残存することとなり[15]，（特に年金受給者間における）格差を拡大させる大きな原因の一つとなっている。

14) 参考までに先進諸国における老齢年金の平均給付水準（93年，日本は94年）を列挙すると，ドイツ31％（全受給者平均），スウェーデン57.6％（基礎年金（夫婦）＋付加年金），イギリス43％（基礎年金（夫婦）＋付加年金），アメリカ48％（夫婦），日本43％である（平成11年度版厚生白書，1999，448ページ）。
15) 新規受給者については，1992年の改革により給付額が抑制された。

第3-7表 移行諸国における平均賃金に対する平均年金額の比率(実質、単位：%、1987-94年)[1]

	1987	1988	1989	1990	1991	1992	1993	1994	1987-89	1990-92
アルメニア	44	45	41	45	47	35	37	—	43.3	42.2
アゼルバイジャン	49	49	49	52	43	41	37	27	48.6	45.4
ベラルーシ	38	36	37	40	32	28	35	54	37.1	33.6
ブルガリア	44	43	43	39	42	33	28	30	43.1	38.0
チェコ	56	57	64	62	57	52	46	44	58.6	56.6
エストニア	41	38	36	33	25	47	34	21	38.5	34.8
グルジア	42	40	43	48	77	—	—	—	41.9	62.5
ハンガリー	55	64	65	66	64	62	63	61	61.3	64.3
カザフスタン	38	36	38	38	42	46	35	19	37.3	42.4
キルギス	41	39	45	46	75	51	45	45	41.5	57.0
ラトヴィア	40	38	37	29	27	37	31	38	38.1	31.1
リトアニア	36	34	35	39	33	36	44	32	34.9	35.7
モルドヴァ	39	44	44	41	49	36	38	34	42.5	42.1
ポーランド	51	45	43	57	65	63	64	66	46.1	61.9
ルーマニア	32	33	34	36	35	34	34	33	32.9	35.1
ロシア	37	36	33	34	48	27	35	36	35.4	36.1
スロヴァキア	43	45	46	48	51	46	36	—	44.7	48.3
スロヴェニア	55	54	56	85	74	77	75	75	52.9	78.7
タジキスタン	45	43	43	48	49	38	78	—	43.9	44.9
トルクメニスタン	40	39	39	42	46	43	—	28	39.6	43.4
ウクライナ	40	38	39	42	44	33	46	35	38.7	39.6
ウズベキスタン	41	39	46	45	84	60	29	34	42.0	63.2

注） 1　家計調査より作成
出所）Cangiano, Cottarelli and Cubeddu (1998), p.15.
原出所）Milanovic, *Income, inequality, and poverty during the transition from planned to market economy*, 1998, The World Bank.

またこのほかにも、財政的持続可能性については、ハンガリーの高水準の社会保険料率が、労働コストを押し上げ、直接投資の誘致の阻害要因となるという見解から、常に引き下げを要請する圧力にさらされていたことなども指摘できよう。

1.3.2　制度参加へのインセンティブおよび制度の透明性

この点については、拠出と給付との関係の弱さ、高水準の保険料率など、年金制度に保険料を拠出するインセンティブを弱める要素がいくつかあったことを挙げられるであろう。賦課方式の年金制度の場合、現役世代の保険料負担の多寡は、将来彼らが受けとる年金の給付水準とは直接関係を持たない。インフォーマル・セクターへの逃避が先進諸国と比べて比較

的容易であった移行経済諸国においては，この拠出と給付との関係の弱さは公的年金制度への不信を生むとともに，直接的に正規の労働市場での労働に対するディスインセンティブとなる。加えて，ハンガリーのケースにおいては，逓減的な給付の乗率の体系もまた，年金制度へ長期にわたって加入するインセンティブを減らす効果をもっていた（注10参照）。さらに，ハンガリーの年金制度の保険料率は1992年時点で総賃金の30.5％（使用者24.5％ 被用者6％）であり，医療保険，失業保険の保険料もあわせると，総賃金の実に60％という高水準の保険料率であった。このため，行政側の所得の捕捉・保険料の回収能力の整備が遅れていたこともあって，賃金の一部のみを申告し残りを無申告で被用者の直接手渡すなどの手段で，使用者・被用者の双方に保険料の納付を一部または全額免れようとする行為が発生した[16]。それによって保険料収入の低下が，更に拠出と給付の関係を弱めてしまう，という悪循環を生み出していたのである。

1.3.3　種々の主体間における公平性

1990年代前半の制度の弾力的運用，社会主義時代の経済停滞や体制転換不況による給付の実質価値の低下，市場経済化開始後の制度変更は，多くの主体間において年金制度における取り扱い上の格差を生み出したか，もしくは強化した。退職年齢や雇用喪失の影響の違いによる男女格差，退職時期や加入期間，従前所得の違いによる受給者間格差，世代間格差などの格差が挙げられるが，なかでも，1992年の給付額算定方式の変更と給付への賃金スライドの導入とは，退職時期が1年異なるだけで給付が大きく異なるという事態を強化した（第3－8表）。これは，評価所得の算出ベースがそれまでの「退職前5年のうちの所得の高い3年の平均」から「1988年以降の全期間」に変更されたことにより1992年以降に退職した人々への給付が抑えられたこと，および賃金スライド制度の導入により実質賃金上昇の影響を受けるようになるなどしたためである。これらの結果として，給付の最低額と最高額の格差を減少した。これは長期拠出者や従前所得の高

---

[16] Simonovits（1999），p.215。シモノヴィチはまた，このような保険料未払いの最も驚愕した事例として，ハンガリー国鉄で使用者の保険料未払いがあったことを紹介している。

第3-8表　退職年によるハンガリーの年金給付の分類

退職時期	年金生活者全体に占める割合	対平均年金額比率
−1970	2.2	95.7
1971-1975	4.8	99.6
1976-1980	11.4	98.6
1981-1985	17.7	101.8
1986-1989	18.1	105.8
1990	7.9	113.2
1991	8.3	98.1
1992	6.8	94.0
1993	6.7	93.3
1994	6.2	90.4
1995	6.8	93.9
1996	2.9	97.0

出所）Simonovits（2009），p. 9．

かった者の犠牲の上に最も貧しい年金受給者を重視したため（Augusztinovics, et al., 2002, p.34）であり，貧困緩和に寄与したとはいえるものの，従前所得に対して適切な所得を保障するという年金制度の保険としての側面を重視するならば，拠出に対する給付の不公平性が存在したともいえる。また，賦課方式で運営される年金制度には，現役世代から高齢者世代への世代間所得再分配の要素が本来的に含まれており，移行諸国を問わず先進諸国でも世代間格差の問題として強く認識されその取扱いが議論されていたが，ハンガリーの場合においても年金制度には強い世代間所得再分配の要素が含まれているとされ，（インフォーマル・セクターへの逃避がより容易な）若年世代の正規の労働市場への就業を阻害する要因の一つとして議論を呼んでいた。すなわち，ハンガリーの賦課方式の制度は，一般的に広く知られている世代間格差と，1年の退職年の違いでも影響を受ける制度変化や経済状況による世代間格差との，二重の意味での世代間格差の問題を抱えていたのである。

体制転換不況という特殊要因があるにせよ，これらの相互に関連する問

題点は，主に過度の「連帯」に帰することができよう。ハンガリーの場合には「被用者と使用者が拠出する社会保険料は（中略）第一義的に再分配税である」(Kornai, 1999, p.108) というコルナイの指摘は，少なくとも年金制度に関しては正鵠を射たものであったように思われる。1990年代半ばにおけるハンガリーの年金制度には，これらのような様々な構造的な問題が含まれていた。そのため，長期的に存続可能な，被保険者全体の信頼に足るシステムを構築するためには，世代間所得再分配の仕組みや規模の見直し，年金制度への加入ならびに正規の労働市場への就業に対する様々なディスインセンティブの排除など，抜本的な改革が必要であったのである。

2 | 1998年の年金制度改革とフィデス主導政権による制度修正

2.1　1998年の改革

　1990年代半ばから，移行経済諸国では年金制度改革をめぐる議論が主題の一つとなった。Lavigne (1998) はその要因として移行経済諸国における退職年齢の低さ，高齢化の進展，インフレによる退職者間での貧困の拡大を挙げた。しかし，ハンガリーでは初期の対症療法的な制度改革により，退職した人々は相対的に所得が保持された集団の一つであった[17]。ハンガリーで年金制度改革に関する議論が過熱した要因は，世界銀行の知的援助を受けた財務省により，部分的民営化と積立方式の部分的導入を骨子とする改革が希求されたためであった。

　1990年代に入って社会的な分野への関心を深めた世界銀行は，1994年の政策研究報告書 *Averting the Old Age Crisis* において，年金制度など高齢者を対象とする諸プログラムが，社会的セーフティー・ネットとしての機能だけではなく，同時に経済成長の手段ともなることが望ましいと主張した。そのうえで，制度の部分的民営化・積立方式の導入を骨子とする年金制度モデル（第3-9表参照）を提示した (The World Bank, 1994a)。このモ

---

17) ただし，ほかの社会経済集団とのインフォーマル・セクターにおける稼得能力の格差には留意する必要があるだろう。

第3-9表 各主体による年金制度改革のモデルと実際に導入された制度

1991年第60号決議	①普遍的な市民権としての均一給付の年金（非拠出制，税を財源とする国庫負担） ②生涯所得と保険料拠出に基づく賦課方式の年金保険 ③任意の補完的保険（個人年金）
世界銀行（1994）の改革モデル	①規模を縮小して所得再分配の機能に特化し，高齢者の最低保障を担う賦課方式による税を財源とする公的部分 ②貯蓄の機能を担う，民間年金ファンドにより運用される，強制加入の積立方式部分 ③追加的な保障を望む人々を対象とする，任意加入の積立方式部分
財務省案	①賦課方式による，所得再分配機能を担う年金。保険料は使用者負担。平均賃金の25％程度 ②民間年金ファンドにより運用される，積立方式の確定拠出年金。保険料は被用者負担。賦課方式部分の50％程度の民営化 ③任意加入の積立方式部分 ＋資産調査に基づく，税を財源とする社会扶助
厚生省案	①賦課方式による，所得比例の公的年金。ドイツ型のポイント・システムを導入し，拠出と給付との関連性を改善する。給付水準は平均純賃金の60％程度を想定 ②任意加入の積立方式部分 ＋資産調査に基づく所得税を財源とする最低限の所得保障（年金制度外）
PIFの自治管理主体案	①普遍的な市民権としての最低保障。非拠出制で，累進所得税を財源。平均賃金の30％程度の最低年金 ②賦課方式による，所得比例の公的年金。ドイツ型のポイント・システムを導入。保険料は労使双方が負担 ③任意加入の積立方式部分。役割は限定的 ※①～③の合計で，退職直前の所得の75％程度を想定
実際に1998年から導入された制度	①賦課方式による公的年金部分。使用者負担＋被用者負担。旧来の公的年金部分を変数的な改革のうえ，4分の3の規模に縮小 ②民間年金ファンドにより運営・運用される，強制加入の積立方式部分。保険料は被用者負担 ③追加的な保障を望む人々を対象とする，任意加入の積立方式部分 ＋資産調査に基づく，税を財源とする社会扶助

出所）Ministry of Social and Family（2000），The World Bank（1994a），および Palacios and Rocha（1998），Orenstein（2000），Müller（1999）などから筆者作成。

デルは，長所と短所の異なる3つの柱を並立させることにより（multi-pillar system），個人と年金制度自体のリスク分散の改善を図ること，および制度の透明性，信頼・インセンティブ構造における問題など，従来の公的な賦課方式の制度が持つ欠点の改善を意図していた。

この報告書は発表以来,とくに公的年金制度の部分的民営化に関して多様な批判[18]にさらされたが,世界銀行の知的支援を受けた財務省の主導によって,このモデルを雛型とした制度改革が図られたハンガリーにおいても,この部分的民営化と積立方式の導入の是非こそが議論の主題となった。なかには,世界銀行のモデルが南米での年金改革を基礎としているという観点から,欧州の伝統にはそぐわないとする意見も存した[19]。

ハンガリーでは,財務省,厚生省,PIFなどがそれぞれの年金改革案を提示していた(第3-9表)。この主要な3者は,制度の部分的民営化・積立方式の部分的導入という点では対立していたが,程度の差こそあれ,再分配の規模の縮小,給付の大部分を拠出に関連づけること,最低保障を行うこと,の3点にはコンセンサスが存在していた。

1996年4月,大規模な部分的民営化を主張する財務省と,部分的民営化に反対する厚生省との対立が,民営化規模の3分の1への削減と最低限必要な制度加入期間の引き下げで妥協・解決した。このことによって議論の状況は一変した。労働市場の歪みの是正,資本市場の発展,投資・経済成長の誘発が見込めるとの理由から,制度の部分的民営化は正当化され,以後は両省の合同案をもとに合意形成が進められた[20]。

結果として1997年7月に法制化され,1998年初の導入が決定した新しい制度は,旧来の賦課方式の公的年金部分(第1の柱)への保険料の一部を,民間の年金ファンドにより運用される強制加入の積立方式部分(第2の柱)へと振り向けることにより,部分的民営化を行うものであった。この2つの柱に,既に導入されていた任意加入の積立方式による個人年金部分(第3の柱)をあわせ,世銀が提言したモデルと同様の3本の柱からなる制度を形成することとなった(第3-9表。以下,「混合型の(年金)制

---

18) なかでもOrszag and Stiglitz (2001) は,この報告書に対し包括的な批判を展開した。第6章参照。
19) たとえばFerge (1999) など。Palacios and Rocha (1998) はこのような見解について,欧州における年金制度の多様性に関する知識・認識不足の露呈と批判している。
20) 合意形成過程,そして法制化過程においても,改革案にはさらにいくつかの変更が加えられた。詳しくはFerge (1999) やOrenstein (2000) を参照のこと。

度」ないし「新制度」)。また，賦課方式から積立方式への移行のコスト，いわゆる「二重の負担」を抑制するという観点から，現役世代の全てにこの新しい混合型の制度への参加は求めず，国家が運営する賦課方式の年金制度（社会保障基金）のみに保険料を拠出する従来のシステム（旧制度）も

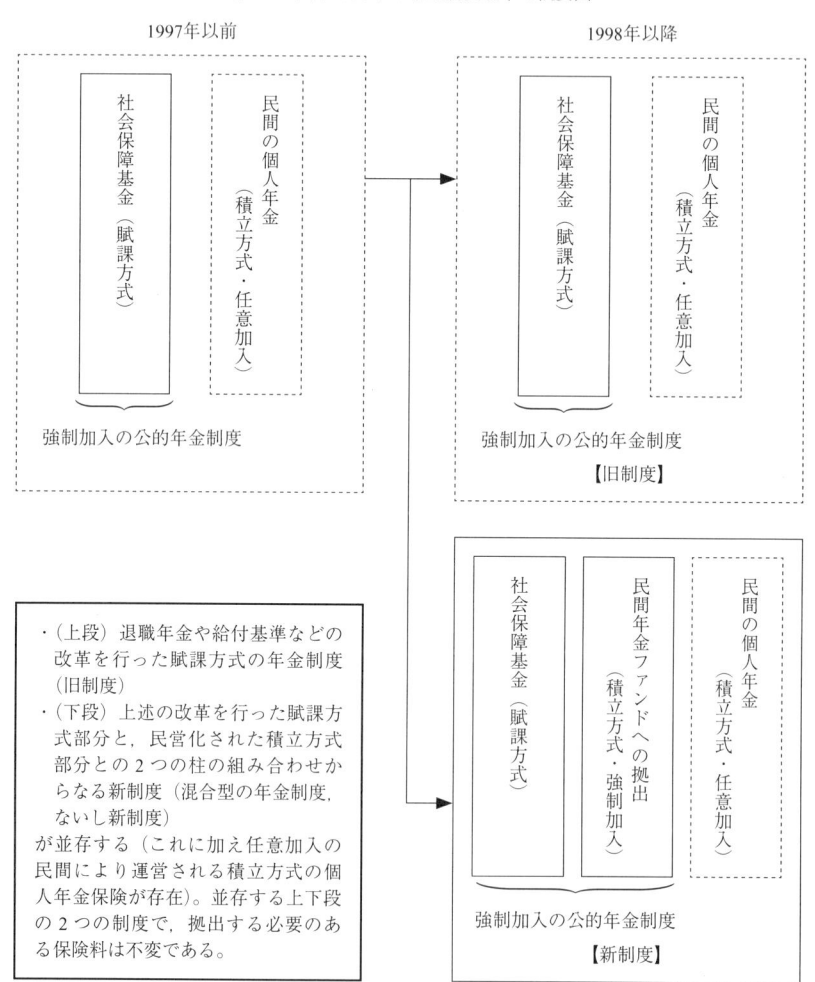

第3-1図　1998年の年金制度改革の概要図

1997年以前

- 社会保障基金（賦課方式）
- 民間の個人年金（積立方式・任意加入）

強制加入の公的年金制度

1998年以降

- 社会保障基金（賦課方式）
- 民間の個人年金（積立方式・任意加入）

強制加入の公的年金制度　【旧制度】

- ・（上段）退職年金や給付基準などの改革を行った賦課方式の年金制度（旧制度）
- ・（下段）上述の改革を行った賦課方式部分と，民営化された積立方式部分との2つの柱の組み合わせからなる新制度（混合型の年金制度，ないし新制度）

が並存する（これに加え任意加入の民間により運営される積立方式の個人年金保険が存在）。並存する上下段の2つの制度で，拠出する必要のある保険料は不変である。

- 社会保障基金（賦課方式）
- 民間年金ファンドへの拠出（積立方式・強制加入）
- 民間の個人年金（積立方式・任意加入）

強制加入の公的年金制度　【新制度】

出所）筆者作成

過渡期には残存するような仕組みをとった（第3-1図参照）。

一連の改革は，単に年金制度の財政的な存続を目指したものであるだけではなく，上述した構造的問題の改革，さらには年金制度を経済成長の手段としても活用することを狙ったものでもあった。

以下では，新制度に加入しない人々が属する，"改革された"賦課方式の年金制度に触れたあと，新しい混合型の年金制度を構成する3つの柱を簡単に見ていくことにする[21]。

1）"改革された"賦課方式の年金制度（旧制度）

混合型の年金制度による新制度に全ての人々が移行する訳ではないので[22]，旧来の賦課方式による年金制度も改革された上で残存する。1996年の法改正で決定済みの退職年齢の62才への引き上げ，スライド方式の変更（賃金スライドから物価上昇率の50％と賃金上昇率の50％を反映させる「スイス方式」のスライド制へ。2001年より）以外に，労使間の保険料比率の段階的是正（社会保障基金への保険料を総賃金の31％とし，うち22％を使用者，9％を被用者の負担とした）や制度加入期間に比例的な給付の乗率（1.65％／年）の導入（2013年），年金額算定時に所得を換算する際の計算式に存在する逓減性の排除（2013年初までに完了），最低年金および部分年金のミーンズ・テストによる給付への移行（2009年までに完了）などが施行，もしくは施行されることとなった。

2）混合型の年金制度

制度の急激な移行による財政負担の増大や「二重の負担」の問題を回避するため，賦課方式の公的年金部分（第1の柱）は新制度においても，上記の旧制度と同じ改革を受けたうえで，支配的な柱として残存することとなった。ただし，保険料率はグロス賃金の23％（使用者22％，被用者1％）であり，2013年に導入される制度加入期間に比例的な給付の乗率は，制度加入期間1年あたり1.22％[23]である。

---

21) より詳細には，Palacios and Rocha（1998）およびSimonovits（1999）を参照のこと。
22) 1998年7月までに正規の労働市場に参入していた者は，新制度へ移るかどうかを選択することができた。2012年までに退職する人には，新制度へ移るインセンティブは賦与されておらず，旧制度に残留する方が有利になるとの試算であった。

1998年1月1日から導入された，積立方式による強制加入の私的年金部分（第2の柱）は，新しく開設されることとなった民営の年金ファンド（private pension fund）に被用者が保険料を積み立て，運用され蓄積された資産を退職時に受け取り，その資産を生涯給付の年金型金融商品を購入するための資金とするというものである（金融商品の購入を行わず一括で受け取ることも可能）。各個人は複数開設される年金ファンドを自由に選択でき[24]，その保険料はグロス賃金の8％である[25]。

　また，民営の年金ファンド[26]は資本市場へ投資することを奨励されており，その長期投資がハンガリーの資本市場の発展に貢献すると期待されていた。

　任意加入の積立方式による個人年金部分（第3の柱）は，老後への備えをより充実させたい人々の要求を満たすことを目的として，既に1993年に法制化，1994年に施行されていたものである。第2の柱と同様に，資本市場の発展に貢献することも期待されている。年額20万フォリントまでの保険料拠出には50％の税控除が受けられる[27]。

23) この制度加入期間に対して比例的な単一の給付の乗率は，年金額の算定のさい，過去の制度加入期間に対しても適用されることとなった。そのため，給付の乗率における逓減性が排除され，人々には長期間システムに加入するインセンティブが与えられる。なお，この第1の柱における給付の乗率は，単純に旧制度との保険料率比に基づいて算出されている（1.22≒23/31×1.65）。
24) ファンドを選択しなかった者は，県レベルの自治体が運営する公的なファンドに加入することとなる。また，ファンドは一定のルールのもとで移ることができる（Palacios and Rocha, 1998, p.197）。
25) 2000年より。1998年の保険料は6％で，毎年1％ずつ引き上げられる予定であった。同時に労使間の保険料負担の是正が行われる。1998年の被用者の保険料は7％で，差分の1％は第1の柱の保険料となる。第1の柱と合わせた保険料が2000年より31％（使用者22％，被用者9％）になるのは旧年金制度と同様であった（Palacios and Rocha, 1998, p.196; Simonovits, 1999, p.218）。
26) 新制度に移籍した人々が，新制度に移ったことによる不利益を被らないよう，2種類の加入者保護の仕組みがとられている。第1には，新制度に移籍した人々に第1の柱から支払われる年金額の25％以上の生涯給付の年金受給権を附与することによる，一定水準の年金額の保証（第1の柱による給付と合わせると，旧制度に残存した場合の年金額の約93％となる）である。そして，第2に，民間年金ファンドの運用成績による格差を防ぐために設けられた，運用率基準（benchmark，国の監査機関によって設定される）の140％以上の運用率を達成したファンドから90％以下の運用率しか達成できなかったファンドへの資金移転の制度であった（Palacios and Rocha, 1998, p.198）。
27) Simonovits（1999），p.220．

一連の改革の結果，2013年以降に退職する人にとっては，新しい年金制度への移動は旧制度に残存するよりも合理的となるとされた。また，十分な年金権を得ることができなかった高齢者の救済のために，一般財源によってファイナンスされるミーンズ・テストに基づく所得保障が年金システムの枠外で導入される（通称，「第0の柱」）など，一定の救済策も考慮されていた。

2.2　世銀モデルとの相違

　このように，ハンガリーは世界銀行が推奨する混合型の年金制度をとりいれたのであるが，ハンガリーで導入された制度は，世界銀行の「雛型」とはかなり様相を異にしている。改革では，部分的民営化と並行する形で1996年から先行して導入されていた退職年齢の引き上げ（男女とも62才へ。2009年初に完了）とスライド方式の変更に加え，所得評価上の逓減性の段階的排除（2013年初までに完了），制度加入期間に対して比例的な給付の乗率の体系の導入（2013年から），積立部分からの給付への課税（2013年から）など変数的な改革も決定されたが，新制度には，このほかにも留意すべき特徴が大別して3点挙げられる。

　第1に，部分的民営化の規模の抑制である。賦課方式による公的年金は税を財源とする最低保障にとどめるべきとする世界銀行の雛型に対して，ハンガリーでは部分的民営化の規模が全体の約4分の1に抑制された。その結果，保険料を財源とする，賦課方式による公的部分が依然として支配的な位置を維持することになった。

　第2には，変数的改革を施した上での旧制度の残存である。賦課方式から積立方式への移行時に生ずる「二重の負担（公的部分の赤字）」を軽減するため，世界銀行からの融資を受け入れた以外にも，制度の移行期に新旧二つの制度を並存させ，新制度への移籍者を限定することによって，公的部分にかかる負担の軽減を試みている[28]。

---

28) ただし，2つの制度が並存する際の管理費用が軽視されており，負担の軽減に繋がるとは限らないという指摘も改革の実施当初から存在した。Simonovits（1999）を参照のこと。

第3には，弱者対策・加入者保護の仕組みの導入である。積立方式導入による，保険原理に基づかない所得再分配の規模の縮小は，十分な年金権を確立できていない一部の高齢者や退職間近な人々を貧困に陥れる可能性がある。そのため，2009年までの間，ミーンズ・テストのうえで最低保障を行う特別な社会扶助が導入された。また，加入年数に対して比例的な給付の乗率の体系の導入を2013年からとし，それまではインフレによる損失の補償を目的とする過渡期的な乗率の体系を導入するなどの特例的な施策がとられた。さらに，新制度への移籍者を保護する仕組みとして，旧制度に残留した場合の約93％にあたる年金額の国家による保証が導入された。

　改革のプロセスと「3本の柱からなるシステム」という外観については，「(1998年の) 年金制度改革は完全に世界銀行の影響下によるものであった」(Ferge and Juhász, 2004) という指摘のように，世界銀行の影響を強く受けたものであったことは間違いない。しかし，依然として賦課方式による第1の柱が支配的な位置を占め，再分配機構が導入当初は維持されたことに加え（意図しない富者への再分配をも含む），第2の柱にも様々な形で再分配機能が入り込んだために，制度全体における再分配機能と貯蓄機能の分離もできず，結果として，柱ごとに有する機能を分化し，透明化を図ることができなかったこと，世界銀行のモデルにはなかった最低保障のための「第0の柱」の導入など，年金制度がもつ機能にまで着目すれば，このような法制化過程における改革案の修正によって，ハンガリーの1998年の改革は世界銀行のモデルが目指したものとはその性質において相当に異なるものであった，すなわち，外形については世界銀行の混合型の年金制度であったが，その理念においては世界銀行のモデルを導入したとはいえない，と言えるものであった。

2.3　フィデス主導政権による年金制度の修正

　新制度が導入されたばかりの1998年春の総選挙において，この改革に反対していたフィデスが主導する中道右派政権が成立した。これにより年金改革はそのプラン通りには実行されなかった。同政権による重要な制度変

更は，以下の3つに分類され得る[29]。

第1に，制度への政府の影響力の強化を意図した行政組織上の変更である。政府は，社会党系労組の影響力が強いPIFの自治管理組織を廃止し，PIFを財務省の監督下に移管した。また，保険料の徴収も，PIFから徴税機関である税務庁（APEH）へと移管された。

第2に，公的年金部分の赤字を抑制するための，部分的民営化を逆行させる重大な制度修正である。現役世代の新制度への移籍により生じる公的部分の赤字は中央政府の財政から補填されるが，移籍者が予想以上に多かったため，公的部分には予想以上の赤字が発生した。このため，政府は，新制度から旧制度（変数的な改革を行ったもの）への再移籍期限の二度にわたる延長（2002年末まで）や，強制であった新規労働市場参加者に対する新制度への参加を任意とするなど，新制度への参加者を減らし，旧制度への加入者を増やす諸修正を行った。また，1999年に7％，2000年に8％と引き上げる予定であった積立方式部分への被用者保険料を6％で凍結し，本来ならば民間年金ファンドへ振り向けるべき1％の保険料を公的年金財政へ充てた。さらに1996年の年金法が定める以上のスライド額の抑制も行われた[30]。

そして第3に，使用者保険料率の削減である。1998年には総賃金の24％だった使用者保険料率は，2002年には予定されていた引き下げ率以上の18％まで引き下げられた（第3-10表参照）。

また，2002年の選挙により社会党などが政権に復帰したため実施はされなかったが，このフィデス主導の政権は，2003年からの公的年金部分へのNDC方式の導入や，両親への所得移転（仕送り）を所得税から控除する制度の導入などを検討していた。この政権による制度変更について，フェルゲは「社会政策が通常にもまして，潜在的投票者（この場合中流層）を勝

---

29) Fidesz主導政権による制度変更については，Ministry of Social and Family Affairs (2000)，Simonovits (2002)，Augusztinovics et al. (2002)，*Budapest Business Journal* 電子版（http://bbjonline.hu/）の1998年10月から2002年9月末までの記事を参考にしている。

30) 法律では18.4％の引き上げが定められていたが，政府は上限25.5％，下限11％という付帯条件を付けた月額3,500HUFの引き上げを実施した（平均引き上げ幅は14.2％）。

第3-10表　年金保険料の変遷（総賃金に占める保険料の割合）

	使用者負担	被用者負担	上段：第1の柱へ 下段：第2の柱へ
1990	〈健康保険と合わせて，使用者43％，被用者10％〉		
1991	〈健康保険と合わせて，使用者43％，被用者10％〉		
1992	24.5％	6％	
1993	24.5％	6％	
1994	24.5％	6％	
1995	24.5％	6％	
1996	24.5％	6％	
1997	24％	6％	
1998	24％	7％	1％ / 6％
1999	22％（23％）	8％	2％（1％） / 6％（7％）
2000	22％（22％）	8％（9％）	2％（1％） / 6％（8％）
2001	20％（22％）	8％（9％）	2％（1％） / 6％（8％）
2002	18％（22％）	8％（9％）	2％（1％） / 6％（8％）
2003	18％（22％）	8.5％（9％）	1.5％（1％） / 7％（8％）
2004	18％（22％）	8.5％（9％）	0.5％（1％） / 8％
2005	18％（22％）	8.5％（9％）	0.5％（1％） / 8％
2006	18％（22％）	8.5％（9％）	0.5％（1％） / 8％
2007	21％（22％）	8.5％（9％）	0.5％（1％） / 8％
2008	24％	9.5％	1.5％ / 8％

注）カッコ内の数値は，1998年の改革で当初規定されていた保険料率。
出所）財務省より手交された資料に加筆。

ち取るための政治的用具として用いられ」（Ferge, 2001, p.109）たものであったと評した。また，積立方式部分への保険料凍結については，それが年金制度への信頼に対する脅威であるとして，スケジュール通りの保険料引き上げへの回帰が世界銀行やEU，OECDなどによって勧告された（The

World Bank, 1999; European Commission, 2000; OECD, 2000)。

3 | 1998年の年金制度改革およびその後の制度修正の特性及び問題点

本節では，前節でみた1998年の改革とその後のフィデス主導政権による制度修正を，本章で着目する3つの視点から検討する。また，第1節末で整理した，1998年の改革以前に存在していた問題点が改善されたかについても触れる。

3.1 年金制度の財政的な持続可能性

1998年の改革は，変数的な修正の多くが段階的もしくは2010年前後の実施であり，また部分的民営化に伴う公的部分の保険料収入の低下は一般財政より補填されるため，年金財政に限っていえば制度の持続可能性への即時的かつ重大な影響はない[31]。1990年代半ばに問題であった給付水準と制度の成熟度に影響を及ぼしたのは，年金制度改革よりもむしろ経済状況であった。平均実質賃金の55％前後まで低下していた給付水準は，実質賃金の伸びに伴い再び60％を伺う水準にまで上昇しており，年金支出の対GDP比もその後上昇した。一方，制度の成熟度は，1998年以降の就業者数増に伴う保険料拠出者の増加と，人口学的要因と退職年齢引き上げによる年金受給者数の減少により，依然として高水準ながら顕著に改善した（第3-11表）。

1998年から2000年の3年間に限っていえば，両時期における制度改革は，総体としてみれば，公的年金部分の財政に大きな悪影響をもたらさなかった（年金支出の2％以下の赤字）が，その負担の配分は大きく変化した。新制度が導入された1998年は，合意形成過程での妥協により組み込まれた遺族年金への追加的支出，および退職年齢前の障害年金給付のHIF

---

31) ただし，この一般財政から年金財政への補填は，EUの安定・成長協定上により課された財政赤字基準達成における大きな阻害要因となった。この補填分は，基準達成への欧州委員会からの圧力により，2006年に緊縮政策を採らざるを得なくなった要因の一つである（第6章）。また，財政赤字基準達成を前提とした際に他の政策を行う財政的な余地を著しく狭めるものであったため，2010年，フィデス政権は第2の柱の実質的な廃止を実施した。

第3-11表　年金受給者数，年金給付額

	1998	1999	2000	2001	2002	2003	2004	2005
年金受給者数1 (年平均，単位：千人)	3,157.0	3,141.0	3,103.0	3,084.0	3,070.0	3,056.0	3,041.4	3,036.1
対人口比（単位：％）	30.8	30.7	30.4	30.3	30.2	30.2	30.1	30.1
平均給付額 (名目，フォリント／月)	26,105	29,639	32,986	38,374	44,446	50,428	56,244	62,978
対平均純賃金（単位：％）	57.8	59.2	59.1	59.1	57.3	56.8	60.0	61.1
実質引き上げ率（単位：％）	21.6	14.2	11.2	15.7	15.6	13.1	9.6	9.5
最低年金額 (単位：フォリント／月)	13,700	15,350	16,600	18,310	20,100	21,800	23,200	24,700
就業者数（15-64才）	3676.2	3786.3	3832.0	3849.8	3850.3	3897.2	3874.7	3878.6
制度の成熟度 (年金受給者／保険料拠出者)	85.9%	83.0%	81.0%	80.1%	79.7%	78.4%	78.5%	78.3%

注）1．老齢年金およびそのほか年金形態の給付を含む。
出所）KSH, *Szociális statisztikai évkönyv* 2001および2008より筆者作成（就業者数除く）。
　　就業者数：統計局ウェブサイト（http://www.ksh.hu/）。

からPIFへの移管による支出増を，スライド方式変更，被用者保険料率の1％分の引き上げという年金受給者・現役世代の双方への負担により補填していた。対して，フィデス主導政権の発足後の1999年と2000年には，法定のスケジュールに反したスライド額の更なる抑制と被用者保険料率の引き上げにより，2％分の使用者保険料率の引き下げ分の赤字が相殺されている。フィデス政権は2001年と2002年にも1997年に法制化された計画以上に使用者保険料率を下げている。使用者負担の軽減は労働コストを引き下げるが，この引き下げには十分な財政的な裏づけがなく，公的年金の長期的な持続可能性を脅かすうえに，現役世代・将来世代の負担を増加させるものであった。さらに，新規労働市場参加者に対する新制度参加義務の撤廃は，費用の嵩む2つの制度の並存状態をより長期間継続させるため，制度の持続可能性に不確実性をもたらすものであった。

　一方，積立方式部分の持続可能性もその初期には確保されなかった[32]。

32）第2の柱の持続可能性には，新たな問題が発生している。それについては，第4章において述べる。

民間年金ファンドの導入決定に伴い合計60の年金ファンドが設立された[33]が，少数のファンドに加入者と資産の集中が進んだ[34]結果，2000年末時点で年金ファンドは25にまで減少した。金融監督庁（PSZÁF）の報告書によれば，2000年における年金ファンドの保険料収入の総額は800億HUFであったが，ファンド間の加入者獲得競争のために買収コストやマーケティング費用が嵩むなど，ファンド従業員の賃金，役員報酬，コンサルタント料，PSZÁFへ納める保証料や監督料などを合わせた費用が保険料収入の約6％（総額50億HUF）にものぼり，一部の年金ファンドでは設立母体や支援者から支援を受けるなど安定した経営を初期には築くことができなかった。また，保険料資産の運用も十分な成果を上げなかった。年金ファンドの投資対象は，国内株式市場の低迷や国外への投資規制が存在したため，国債に大きく偏重した（2000年には投資の77.7％）。この国債への投資対象の偏重や間接費用の膨張，さらには民間年金ファンドへ振り向けられる保険料引き上げの凍結などのため，保険料拠出に対する収益率は1998年から2000年の平均で年率7.1％[35]と，この期間の平均インフレ率11.2％を下回る低調な運用結果となった。

3.2 制度参加へのインセンティブおよび制度の透明性

1990年代半ばに制度へ長期間加入するインセンティブを損なっていた要因の一つである拠出と給付との関係性が脆弱であることは，1998年の改革において，積立方式の部分的導入などによって将来的には改善されることとなったが，積立方式部分の規模が全体の約4分の1であるなど，依然として制度全体における再分配の要素は強い。また，もう一つの要因である給付の乗率についても，比例的な体系となり，制度に長期間加入するインセンティブが発生するのは2013年からであり，2009年までの必要加入期間

---

33) 制度上は，年金基金は加入者である被保険者自身により所有されるNPOである。
34) 銀行・保険会社などの金融機関が設立した上位5つの年金基金に加入者の約9割，資産の約8割が集中した。
35) Augusztinovics et al.（2002）における推計。Matits（2001）の推計では7.7％（Simonovits, 2002, p.15）。

が15年で据え置かれたこともあって、2013年までに退職する世代に対しては、すでに33年間以上の長期にわたり保険料を拠出した場合に特例的な給付の乗率を適用する措置がとられたものの（第3-2図参照）、既に長期間制度に加入している者がより長く拠出するインセンティブを与えるのみであり、どちらの要因においても、制度参加へのインセンティブの改善は短期的には非常に限定的である。さらに、早期退職による年金給付額の増減額も保険数理的に中立でなく、早期退職へのインセンティブも完全には除去されていなかった。

旧制度からの移籍期限である1999年8月末時点で、新制度への加入者は財務省などの予想をはるかに上回って200万人を越え、同年の全就業者（381万人）の半分を上回った。フィデス主導政権は旧制度への再移籍の期限を2002年末まで延長したが、2000年末時点では、実際に再移籍した被保険者の数は32,000人に過ぎない。新制度への移籍者が予想を越えた要因としては、一定割合の年金額の保証や、民間年金ファンドの運用実績格差を

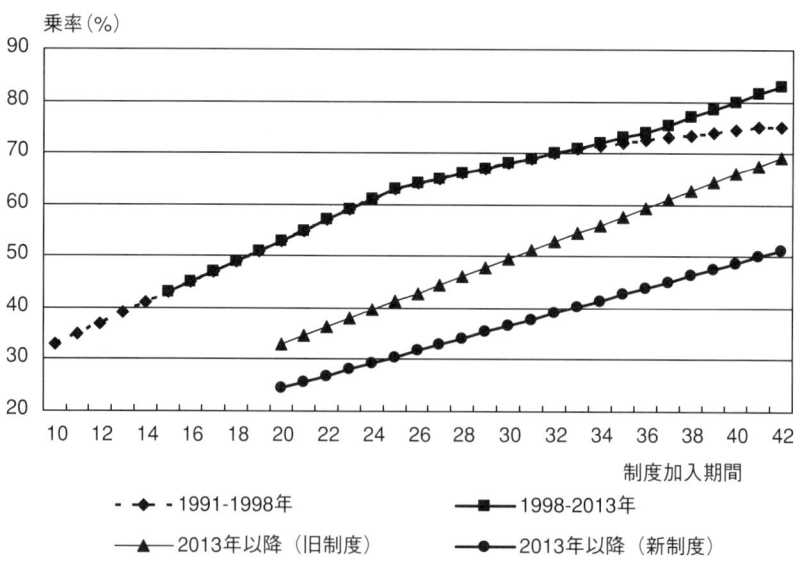

第3-2図　給付の乗率の体系

出所）ONYF（2005）より筆者作成

軽減する仕組みや経営を安定させる準備金の存在など，新制度へ移籍するリスクを軽減する施策が1998年の改革に組み込まれたこと，更には主として金融機関が設立した年金ファンドによる広報戦略が成功したことなどが挙げられるだろう。しかし，このような施策は加入者のリスクを減じる一方で，ファンド内・ファンド間に保険原理に基づかない再分配の要素を持ち込んでおり，積立方式の長所である制度の透明性を部分的に損ねるものであった。

さらに，徴税機関への保険料徴収業務の移管などに見られる，フィデス政権による年金制度への政府の関与の強化は，保険料徴収の改善が期待される一方で，年金制度への政府の介入を容易にし，制度の透明性と制度への信頼を損ねる可能性を増大させた。

3.3 種々の主体における公平性

1990年代半ばに存在した拠出や給付に関する様々な格差は，この2つの時期における制度改革によって，一部は改善されたが，一部は残存もしくは強化された。また，両時期における制度改革は，さらなる格差をもたらしている。

退職年齢の62才への段階的な引き上げは，男女間の年金受給者間格差の改善に枠組みとしては役立つことが期待される。しかし，新たに民間年金ファンド[36]から将来受け取る生涯給付の年金型金融商品における給付額算定に，EUの規定により男女無差別の生命表を用いることが定められたため，男女が同額の拠出を行った場合でも，男女別の生命表を使用した場合に比べて女性への給付額が多くなることが予想されている[37]。新制度への移籍者には女性が多いため，この問題は男女間の公平性の問題に止まらず，民間年金ファンドなどによる将来のサービス供給に大きな不確実性をもたらしている。

---

36) もしくは民間年金ファンドを通じて保険会社など金融機関から購入する。
37) 統計局（1999）と国連（*World Population Aging*, 2000）のデータから男女無差別の生命表が使われた場合の影響を筆者が単純化のうえ筆者が概算したところによれば，男女別のものを使用した場合に比べて，給付額は男性で約18％の減少，女性で約11％の増加となった。

また，世代間格差の問題への影響も看過できない。1998年の改革は，ある現実的な想定のもとでは将来世代の年金負担を大きく減少させることが推測されていた[38]が，フィデス政権による積立方式への部分的移行の逆行は，将来世代への負担を増加させた。

　新しい格差としては，第1に，退職時期の選択による格差が挙げられる。退職年齢の自由化（法定退職年齢を基準に年金額が増減される）により個人は一定の制限のもとで退職時期を自由に決定できるようになったが，その際，より退職を遅くさせるため，退職を先延ばしにした場合については年金給付の増分を保険数理的に中立な水準以上のものに設定した（早期退職の場合の減少分は保険数理的に中立）。健康状態などにより退職年齢以前に退職せざるを得ない人々からみれば，退職を遅らせることができる（だけの所得・資産を有している）人を優遇する，格差が生みだす規定ともいえよう。

　第2に，新制度と旧制度との格差である。2013年以降，新制度の積立部分からの給付は課税されるが，旧制度において新規に得た給付に対する課税の有無は2000年末時点では決まっていない[39]。また，フィデス政権による民間年金ファンドへ振り向けられる被用者保険料の引き上げ凍結は，新制度の加入者にとって，この部分からの期待給付額を減少させるのみならず，公的部分においても新たに支払う1％分の拠出に対応する給付も受けられないため不利なものとなった[40]。一方で，拠出期間中に被保険者が死亡・労働能力を喪失した際の取り扱いでは，なんらの損失なしに旧制度に戻ったうえで障害年金ないし遺族年金を受給できるなど，この点については制度的に新制度の参加者の方がやや有利となっている。

　また，新制度への移籍者と旧制度に残留した人々の内訳にも注目する必

---

38) Gál, Simonovits and Tarcali（2001）による試算，および Palacios and Rocha（1998）による試算など。
39) 2009年1月現在でも，最終的な決定はなされていないが，課税対象となる方向で検討が進んでいる。
40) 新制度と旧制度との間における既定の給付の乗率の比（1.22:1.65）と公的部分への保険料の比（20:26）が乖離した結果，新制度参加者の公的部分における負担が将来の権利よりも多くなっていた（2002年時点）。

要がある。第3-12表は新制度へ移籍した人々の性別・年齢別の人数であるが，これによると，新制度へ移籍するインセンティブを与えられた年齢層においても，移籍していない人々が多数いることが示されている。とくに男性の移籍者の比率（対労働力人口比率）は，50-54才以下の全ての年齢層で少ない。これについてAugusztinovics et al. (2002) は，移籍者と残留した人々に有意な年齢差，教育水準格差，雇用状況の違い，時間的選好の違い，があると指摘している。とくに失業者には，旧制度への残留者が多い。長期失業者比率に顕著な改善が見られないこと，そこにロマなどエスニック・マイノリティの人々が多く含まれることを考慮すれば，今後，積立部分における収益が拡大した場合，このような社会集団に対してなんらかの施策が必要とされる可能性がある[41]。一方，新制度へ移籍すべきでな

第3-12表 新制度への加入者数（1999年）

年齢集団	経済的活動人口（7月～9月）				強制加入の民間年金ファンドのメンバー数（1999年9月30日時点）				対経済的活動人口比	
	男性	女性	合計	比率(%)	男性	女性	合計	比率(%)	基金加入	非加入
15-19	52,500	36,800	89,300	2.2	42,236	42,141	84,377	4.2	94.5	5.5
20-24	315,600	227,300	542,900	13.2	217,389	233,055	450,444	22.3	83.0	17.0
25-29	333,400	207,100	540,500	13.1	225,199	233,360	458,559	22.7	84.8	15.2
30-34	293,700	214,000	507,700	12.3	191,279	198,129	389,408	19.3	76.7	23.3
35-39	267,800	230,400	498,200	12.1	142,053	159,239	301,292	14.9	60.5	39.5
40-44	315,200	329,500	641,100	15.6	104,521	125,863	230,384	11.4	35.9	64.1
45-49	314,600	301,100	615,700	14.9	41,945	51,384	93,329	4.6	15.2	84.8
50-54	229,900	210,300	440,200	10.7	5,650	5,717	11,367	0.6	2.6	97.4
55-59	127,300	55,100	182,400	4.4	1,092	251	1,343	0.1	0.7	99.3
60-64	22,100	15,500	37,600	0.9	55	11	66	0.0	0.2	99.8
65-69	11,300	7,000	18,300	0.4	4	5	9	0.0	0.0	100.0
70-74	3,600	2,600	6,200	0.2	1	0	1	0.0	0.0	100.0
合計	2,287,000	1,833,100	4,120,100	100.0	971,424	1,049,155	2,020,579	100.0	49.0	51.0
男女比	55.5	44.5	100.0		48.1	51.9	100.0			

出所）OECD, 2000, p.167.

第3-13表●年金給付に関する諸指標

	年金支出 （対GDP比）	受給者数 （平均）	一人あたり給付額[2] （月額/Ft）	一人当たり給付額 （対ネット賃金）
1995	9.42	277.2	15,904	61.4
1996	8.76	281.0	17,903	58.6
1997	8.58	284.3	21,482	56.3
1998	9.03	284.7	26,646	59.0
1999	9.05	281.6	30,503	60.9
2000	8.42	278.6	34,077	61.1
2001	8.64	277.2	39,647	61.1
2002	9.19	276.4	46,028	59.3
2003	9.14	275.4	52,360	59.0
2004	9.29	274.1	58,520	62.4
2005	9.78	274.4	65,563	63.6
2006	10.01	274.6	72,039	65.0
2007	10.40	275.4	79,571	69.7

注）1．社会保障基金（年金財政）から支出されるその他給付も含む
　　2．2002年の19,000フォリントの給付金を含まない。しかし，2003年から2007年の「13か月目の年金」については含む
出所）ONYF, 2008, p.22

い条件にもかかわらず移籍した人々の存在も問題である。Rocha and Vittas (2001) は，移籍が有利になる年齢の上限（1999年時点）を，やや控え目な仮定のもとで36才と試算したが，40才代の加入者も多い。民間年金ファンドへの保険料の凍結と，この部分で実質的に収益が上がらない状況が続けば，この閾値はますます下がり，移籍により不利となる人々を多く生むことになる。

そして第3に，積立方式の民間年金ファンド部分における受給者間，基金間の格差である。保険料に比べて規模は小さいが，種々のリスクに備えて複数の準備金および国家の保証基金への積立が行われている。これらは一種の保険として機能しているが，年金制度の保険原理から逸脱した，年金基金内外の再分配の仕組みを内包しており（Augusztinovics, 1999, p.99），退職時期の違いなどにより給付に格差が起きる可能性をもっている。この

41）ただし，2009年現在では第2の柱部分の累積の運用収益がすぐれないため，多くの新参加者について，旧制度に残存した方が有利な状況となっていた。

格差は，連帯原理を重視する論者からは社会連帯の強化として肯定的な評価を受けているが，先にみたように，これを制度の透明性の欠陥とみる見方も存在する[42]。

4　小括

社会党主導政権による1998年の年金制度改革は，長期的な持続可能性と適切な水準の退職後所得保障の確立，さらには資本市場成長への寄与を目的として，部分的民営化という，世界銀行の自由主義的な改革モデルの影響を強く受けた手法を採用した抜本的な改革であったことには間違いない。しかし実際には，1990年代のインフレによる年金受給者の所得水準の悪化や失業問題が強く認識されており，現在の年金受給者に対する大幅な給付切り下げや，受給間近な人々の受給資格の厳格化などは盛り込まれず，ショックを伴う諸変数の修正の多くが10年前後先送りされるなど，改革による犠牲者が改革直後には出ないような相当の配慮が合意形成の過程で改革案に盛り込まれていた。このような配慮により，政府は改革が政治的に受容されやすくすることには成功したが，（本来の目的であったはずの）制度の持続可能性や，透明性，公平性を部分的に損なったのである。とくに，財務省，PIF，厚生省のどの主体の改革案も，保険原理と連帯原理との分離，再分配の規模の縮小を謳っていたにもかかわらず，合意形成の過程でそれらが曖昧になり，結果としてどの改革案よりも再分配の機能を果たす賦課方式部分の規模が大きくなったのは逆説的である[43]。それだけハンガリーにおいては，積立方式の部分的導入，すなわち枠組みの転換のコストが高かったといえよう。

一方，フィデス主導政権による制度修正の多くは，年金制度の持続可能性，および信頼性・透明性，公平性という視点から考えると，問題となる点が多いものであった。とくに保険料率の枠組みの変更，新規労働市場参

42）前者はたとえば Ferge（1999）。後者は Augusztinovics（1999）など。
43）ただし，所得を再評価する際のルールの変更によって，より賃金履歴がそのまま評価所得に反映されるように移行していくため，賦課方式における再分配の要素は2013年にかけて弱くなっていく。

加者の新制度への参加義務の撤廃は,短期的には公的年金財政の改善に寄与するものの,拠出へのインセンティブ,さらには制度の透明性を弱めるものであり,長期的な年金制度の持続可能性に大きな不確実性をもたらした。この変更は,年金制度に対する価値観の違いから,連帯原理を重視して明確に所得再分配を強化したものではなく,部分的民営化によって短期的に発生(顕在化)した年金債務による財政赤字を埋め合わせるために年金制度に政治的に介入し,現役世代の保険料拠出者および年金受給者双方に負担を課すことにより,長期的な持続可能性と現在および将来の高齢者の適切な所得保障との両方に更なるリスクを持ち込んだ修正であったといえる。

1998年の新しい年金制度の導入は,異なる制度の並存によるリスク分散を可能にし,総体としては,中長期的な持続可能性を大きく改善するとされた。しかし,積立方式の部分的導入という枠組みの転換のコストが高かったために,1998年改革の合意形成過程とフィデスへの政権交代によって,制度には多くの未解決の問題や不透明性,格差,さらには不確実性が改善されずに残存し,また新たにもたらされることになってしまった。少なくとも本章で検討した3つの視点からは,このフィデス主導政権までの制度は対処されるべき課題を多く抱える,改革途上の過渡的なものであるといえる。

しかし,これから必要な改革とは,1998年改革における制度の部分的民営化のような,制度の枠組みの転換を必ずしも意味しないだろう。ハンガリーは2004年春にEUへ加盟した。そのEUにおいても2001年6月の欧州理事会で,年金制度の長期的な持続可能性を確保するための三原則に基づいた包括的なアプローチへの必要性が強調される[44]など,男女平等原則など一部の例外を除いて進んでいなかった社会政策分野における共通ルールの模索の動きが2000年代に入ってから活性化している(第7章参照)。

---

44) 1)社会的な目的を満たすだけの年金制度の能力を維持すること,2)財政的な持続可能性を維持すること,3)変遷する社会および個人のニーズに対応できるようにすること,の3つ。European Commission, 2001b, p. 4 参照。

ハンガリーには，1998年の部分民営化を含む年金制度改革を，欧州における伝統的な年金制度からの乖離と捉え批判する議論があるが（たとえばFerge, 1999），EU既存加盟国の年金制度は（大規模な民営化された部分を持つ国もあり）極めて多様であり，そのような批判は妥当とはいえないだろう。EUは，公的年金，企業（もしくはそれに類する主体による）年金，個人年金の三者の合計により，長期的な持続可能性と退職世代への適切な水準の給付とが保障されればよいという考え方を示しており，また実際のハンガリーの年金改革に対しても，フィデス主導政権による強制加入の積立方式（第2の柱）部分への被用者保険料率引上げの凍結に対して「新しい年金制度の持続可能性を危険に晒し将来の財政責任を生み出しかねない」（European Commission, 2001b, p.32）ものであるなどとして1999年から2001年の報告書において一貫して批判していることを除けば，概ね好意的に評価している。

今後，さらにEU内部での政策・制度調整に巻き込まれることが予想されるが，引き続き必要とされるのは，一部の原則的事項の導入を除けば，現在の制度に多く残存する課題に取り組み，それが保険原理と連帯原理とのどちらにより強く依ってたつものであるにしろ，長期的な財政的持続可能性と退職世代への適切な水準の給付，そして公平性と透明性が確保された制度の構築が図られることである。

第4章
年金制度改革と高齢者の所得保障問題

　1998年に、ハンガリーが公的年金制度の部分的民営化ならびに積立方式の部分的導入を骨子とする年金制度改革を実施してから13年が経過している。すでに論じたように、この改革は、積立方式部分（「第2の柱」）の導入によって、公的な賦課方式（PAYG）部分を縮小することによる制度の財政的な持続可能性（sustainability）の改善、未発達であった資本市場の成長ならびに経済成長への寄与、直面するリスクの異なる複数の柱を併存させることによって年金制度全体の持続可能性を改善することなどを目的としていた、世界銀行が当時推奨していた年金制度改革モデルを形の上でとりいれたものであった[1]。ハンガリーはこのタイプの改革を他の旧社会主義国に先駆けて導入したことで、国際的にも注目された。

　しかし、1998年以後も年金制度についての考えの異なる政党間での政権交代が行われたこともあり、選挙キャンペーンや外国企業誘致策として1998年の制度改革の意図を損なうような措置（使用者保険料率の引き下げ・給付の増額）がとられた。また2006年以降は財政赤字を背景として保険料率の引き上げや給付のカット等が行われるなど、年金制度は累次の改革を

---

[1] ただし、それはあくまで外形において世界銀行のモデルを導入したということであり、それぞれの柱が担うべき機能まで検討した場合、そうとはいえない（柳原、2003；本書第3章）。また多くの他の国々でもこの世界銀行が推奨したモデルに基づいた改革が実施されたが、実質的に「世銀モデル」の導入と言えるかについては否定的な指摘がある（西村編、2006、3・6・8章参照）。

受けており安定していない。

　年金制度をめぐる議論もまた，引き続き活発に行われている。ハンガリーの学界においては，1998年の改革以降，1998年改革の検証と，年金制度がその後に直面した時事的な問題などが議論の中心を占めた。しかし，「更なる改革なくしては新年金制度は長期的に財政的に持続可能でない」とするオルバーンとパロタイ（Orbán and Palotai, 2005）の指摘が一般を含めた注目を集め，また「第2の柱」の低い運用実績ならびに運営上の問題などが明らかになるにつれて，近年，再び年金制度の将来像をめぐる議論が注目されはじめている。なかでも，様々な「枠組み」（制度の財政方式や運用方法の組み合わせ）の年金制度改革案とそれらを導入した場合の推計などが提示された「年金および高齢問題に関する円卓会議」による報告書（A Nyugdíj és Időskor Kerekasztal, 2009）は，そのような議論の中でもとくに重要な貢献である。また政治の世界においても，2010年春の国会の総選挙前に「第2の柱の廃止」やNDC方式の導入の計画に関する，当時はまだ野党であったフィデス幹部の発言[2]が大きくとりあげられるなど，年金制度改革はいまなお重大な課題であり続けている。

　本章では，このような制度の将来像にも大きな影響を与え得る，近年の年金制度改革と高齢者の所得保障（貧困）問題との関係をとりあげる。高齢者の所得保障は年金のみによって行われるわけではないが，年金給付は高齢者の所得の大部分を占める重要な給付であり，両者の関係は当然ながら深い。この関係は，いわばこれまでの年金制度および制度改革のパフォーマンスを示しているとも言えよう。1990年代前半から半ばにかけての不況期，年金受給者が他の社会集団より移行の社会的コストから「相対的に保護されていた」社会集団であった，というのはすでに第1章で確認したところである。そのような理解は1990年代半ば以降についても一般的であり，ハンガリーでは年金受給者は貧困問題における焦点でもなかっ

2）2010年1月，フィデスのヴァルガ元財務大臣が*Figyelő*誌のインタビューにおいて，スウェーデンの制度に基づく制度の導入を検討している旨述べ，総選挙直前に年金受給者らの不安を高めることになった。

た。そのため，これまでの年金制度に関する議論においては，「その水準の年金給付で妥当であるか」という点よりも，人口学的問題への対応を含む財政的持続可能性の観点がより注目されている。

本章では，高齢者の所得保障との関係で年金制度を見ることによって，財政的持続可能性・人口学的な観点からの制度改革に関する議論から抜け落ちてしまっている論点ないし事実の発見を目的とする。ただし，制度改革の内容や経緯については，すでに他の章で論じているので，ここではその詳細は論じない。

本章の構成は以下の通りである。第1節においては，ハンガリーの年金制度が高齢者の所得保障にいかなる役割を果たしているのか，年金の受給状況の傾向を確認する。つづく第2節では，第1節で確認した所得水準における高齢者の貧困状況を，高齢者内の年齢や社会グループの違いにおける格差ということにも着目しながら，国際比較可能なデータを援用しつつ確認する。第1節および第2節で検討した高齢者の所得保障・貧困の状況を年金制度と交えて比較するため，第3節では，ハンガリーの年金制度改革の推移について簡単に概観する。第4節では，これらをつきあわせて，高齢者の所得保障という観点からみた場合に年金制度改革の議論において重要となると考えられる論点・問題点の抽出を試みる。ONYFや統計局発行の公式統計，シンクタンクによる家計調査のデータなどを用いて検討する。

1 ハンガリーの高齢者の所得保障

本節では，公式統計と家計調査のデータから，高齢者の年金受給の状況と，所得保障の状況を分析する。

その前に，議論の理解を容易にするために，序章でも紹介したが，過去20年間のハンガリー経済の推移を再度ごく簡単に振り返っておこう。1989年に民主化を達成し，本格的な市場経済化を開始したハンガリー経済は，それまでの社会主義経済システム内の有機的連関（企業間関係など）の崩壊，旧コメコン市場の消滅に加え，世界規模での不景気の影響もあって，

工業生産・農業生産・輸出・投資などが激減し，また激しいインフレも発生して1990年代前半に深刻な不況を経験した。その後，1990年代半ばに実施された緊縮政策の実施の効果や直接投資の大量流入もあって，1997年以降2006年まで，3〜4％台の堅調な経済成長を記録した。2006年秋に財政赤字への対策として大規模な緊縮政策が実施されたこともあり，経済成長は停滞し，その後の世界金融危機の波及により，2009年には大きなマイナス成長となっている（第4-1図）。2010年現在，財政再建の厳しい制約の中で経済成長（および雇用増加）の回復が求められているという，困難な状況にある。

それでは年金受給に関する基本的なデータから見ておこう。第4-1表

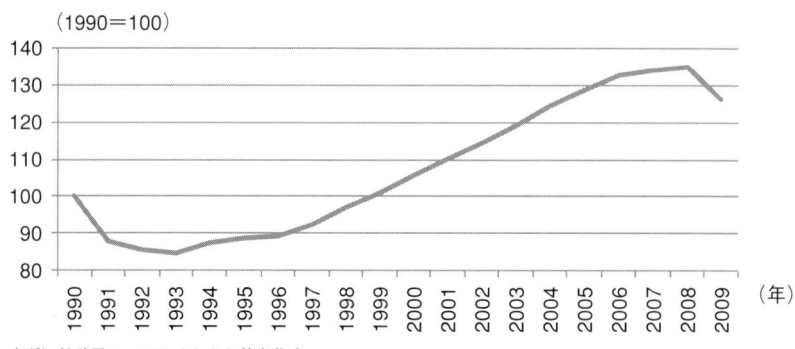

第4-1図 ハンガリーの実質GDPの推移（1990年＝100）

出所）統計局ウェブサイトより筆者作成

第4-1表 年金および年金形態の給付の基本指標

	2000	2002	2003	2004	2005	2006	2007	2008
受給者数（千人）	3,103.5	3,070.0	3,055.9	3,041.4	3,036.1	3,027.9	3,024.9	3,027.3
人口比（％）	30.4	30.2	30.2	30.1	30.1	30.0	30.1	30.2
支出の対GDP比（％）	9.3	10.1	10.0	10.2	10.5	10.6	10.9	11.5
平均ネット賃金比率（％）	59.1	57.3	56.7	60.0	61.1	62.3	66.9	69.1
年金引き上げ率（％）	11.2	15.6	13.1	9.6	9.5	7.6	6.5	7.3
制度の成熟度（年金受給者／保険料拠出者，％）	81.0	79.7	78.4	78.5	78.3	77.5	77.6	78.6

出所）KSH, *Szociális statisztikai évkönyv 2008*, 2009.

は、ハンガリーの年金および年金形態の給付[3]における、基本的な諸指標である。年金並びに年金形態の給付の受給者数は、1990年代前半の体制転換不況への対策期に増加[4]した後は、ほぼ一貫して人口の約3割にあたる、300万人程度の水準で推移している。2008年の年金および年金形態の給付の平均受給者数は約302万7,300人であった。ハンガリーでは高齢者のほとんどが、老齢年金や、障害年金、遺族年金、その他扶助など、各種の年金形態の給付によってカバーされているが、この老齢年金および年金形態の給付の受給者という枠組みで見た場合には、退職年齢以下の障害年金受給者が多く存在すること、また早期退職を選択するものが圧倒的多数にのぼる[5]ことなどにより、老齢年金の標準の受給開始年齢（男女とも62才）以上の人口を大きく上回る数の受給者が存在する。2009年1月1日現在では、62才以上の人口は、男性74万3,557人、女性122万6,488人の合計1,970,045人であり[6]、年金および年金形態の給付の受給者数の約3分の2に過ぎなかった。これら各種給付の主な対象者である高齢者の年齢構成は、第4-2表で確認できる。この表では、60才から64才の層に老齢年金を受給して

第4-2表 60才以上の人口における各年齢層の比率（％）

年齢集団	1960	1970	1980	1990	2007	2008	2009
60-64	35.1	32.7	20.8	29.9	26.0	26.0	26.2
65-69	25.4	27.0	29.9	27.0	22.5	22.7	22.7
70-74	19.2	19.9	22.7	13.7	19.1	18.7	18.4
75-79	12.3	11.6	15.0	16.1	15.7	15.6	15.4
80-	7.9	8.8	11.5	13.3	16.7	17.0	17.3
合計	100	100	100	100	100	100	100

出所）ONYF, *Statistical Almanac* 2009, 2010.

3）老齢年金、遺族年金、障害年金、リハビリ給付など年金請求による給付の他に、労災給付、障害給付、稼得能力が減少した人々への一時扶助、社会扶助などが含まれる。
4）労働市場での再雇用の見込みが少ない現役世代の中でも中・高年齢層の雇用の喪失者を、早期退職年金の付与や障害年金の弾力的適用により、労働市場から退出させた。
5）たとえば2004年には退職し労働市場から引退した者の94％が、法定退職年齢に到達する前に退職を選択していた（Government of the Republic of Hungary, 2006）。
6）KSH, *Magyar Statisztikai évkönyv 2008*, 2009

いない人々をも含んでいることには注意が必要だが，長期的には，人口の高齢化に伴い，高齢者の中でもより年齢の高い層が比率を増している。

次に給付を見ていこう。第4-3表は，主要な年金形態給付の受給者数・平均給付月額を示したものである。2009年1月時点で，年金の形態で給付を行う諸給付における平均給付月額[7]は79,033フォリントである。各種の制度により，また男女間においても受給額に格差があるが，もっとも基本的な老齢年金での平均給付額は，男性104,749フォリント，女性86,357フォリントである。また，平均賃金に対する全体的な給付水準は，第4-2図からわかるように，とくに2003年以降に給付の引き上げにより，また2007年以降は平均賃金の下落により上昇している。過去の年金水準との比較からも，年金形態の給付の給付水準を確認しておこう。第4-4表は，社会主義体制崩壊直後の1990年を基準として，一人当たりの給付（平均給付額）の実質価値と，老齢年金の最低額であり，老齢年金以外の諸給付の水準を決定する基準でもある老齢最低年金の実質価値とを示している。こ

第4-3表　主要年金形態給付の受給者数・給付月額（2009年1月）

	受給者数（人）			平均月額（満額，HUF）		
	男	女	合計	男	女	合計
老齢年金	649,378	1,081,835	1,731,213	104,749	86,357	93,256
障害年金（合計）	389,629	389,501	779,130	77,178	69,152	73,166
退職年齢以上	181,727	174,708	356,435	85,067	77,023	81,124
退職年齢以下	207,902	214,793	422,695	70,283	62,750	66,455
リハビリ給付	1,012	1,063	2,075	69,791	59,360	64,448
炭鉱労働者等早期退職年金	12,202	2	12,204	137,712	118,310	137,709
遺族年金（配偶者）	5,640	134,731	140,371	29,293	57,633	56,494
遺族年金（遺児）	49,771	51,407	101,178	33,549	33,976	33,766
合計	1,207,512	1,823,159	3,030,671	86,918	73,811	79,033

注）省略している給付があるため，合計は一致しない。
出所）KSH, *Szociális statisztikai évkönyv 2008*, 2009.

---

[7]「13か月目の年金」を含まない。「13か月目の年金」とは，公的部門労働者に給付していた1か月分のボーナスを真似て導入された，1か月分のボーナス年金である。1998年改革当時の計画にはないものであったが，2003年（4分の1か月分）より段階的に導入され，2006年から完全導入された。

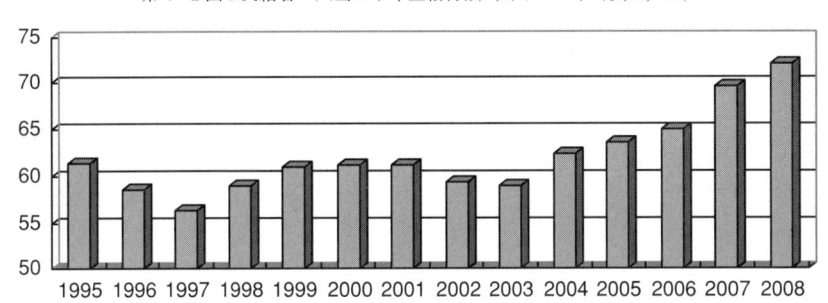

第4-2図●受給者一人当たり年金給付額（対ネット平均賃金，％）

[棒グラフ: 1995年から2008年までの年金給付額の推移]

注）2003年からは「13か月目の年金」を含む。「13か月目の年金」については，注7を参照せよ。
出所）ONYF, *Statistical Yearbook 2008*, 2009より筆者作成。

第4-4表●主要な年金形態の給付の実質価値（1990年＝100）

	1995	2000	2002	2003	2004	2005	2006	2007	2008
一人あたり給付の実質価値	77.5	78.9	92.5	100.2	104.7	113.1	119.4	122.3	127.3
老齢最低年金の実質価値	63.1	61.7	65.0	67.3	67.1	69.0	69.3	67.6	66.9

出所）KSH, *Szociális statisztikai évkönyv 2008*, 2009.

の表が示すように，2003年に経済成長の継続や「13か月目の年金」の部分的導入もあって1990年水準を超え，その後大きく実質価値を伸ばしている。一方で，老齢最低年金は，平均給付額が大きく実質価値を伸ばす中，いまだに体制転換直後の7割弱の水準にとどまっており，平均給付額の実質価値の伸びが給付水準の全体的な底上げとはつながっていないことを示している。

このような年金ないし年金形態の諸給付は，本節の分析対象である高齢者の所得保障において，大きな役割を果たしている。第4-5表は，2001年までのデータとなるが，統計局が実施していた家計調査結果から算出された，高齢者が世帯主の家計における，所得に占める年金等給付の割合である。1996年に決定された年金受給開始年齢の段階的な引き上げにより，1999年以降には，年金受給者ではない人々も対象に含まれるようになっているが（1999年以降の年金比率の減少には，この受給開始年齢の引き上げも影

第4-5表　高齢者が世帯主の家計における，ネット所得に対する年金の比率（％）

	1993	1994	1995	1996	1997	1998	1999	2000	2001
60-69才	80.9	77.3	76.6	76.7	77.3	78.8	76.8	75.3	70.7
70才以上	87.1	84.8	83.2	86.3	85.8	86.3	88.1	88.7	88.3
合計	83.5	80.5	79.5	81	81.1	82.2	81.7	81.3	78.6

出所）KSH, *Az idősek helyzete a mai Magyarországon a Háztartási költségvetési felvétel adatai alapján, 1993-2001*（*adattár*）, 2003（Households Budget Survey）

第4-3図　年金および年金形態給付の給付額分布（各年1月，2005年価格）

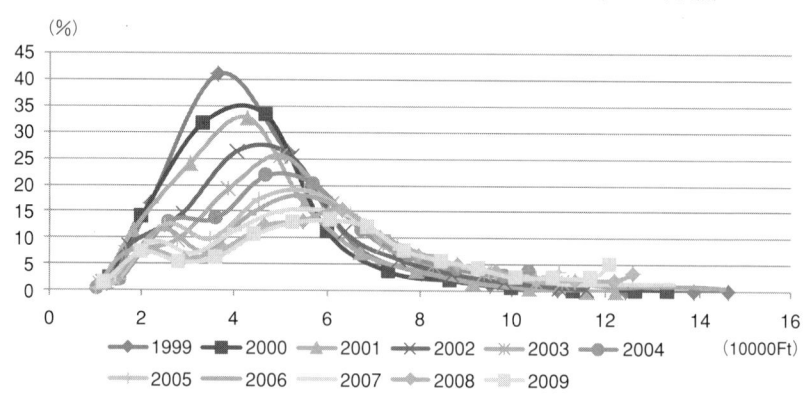

注）統計局の社会統計に掲載の名目値データを，2005年価格を基準に消費者物価指数でインフレ調整した。データの制約上，1999年と2000年の8-10万Ftのブラケット，2006年以降の12-15万Ftのブラケットについては，該当データ数をそれぞれ2等分，3等分し1万Ftずつのブラケットに平準化した。最小ブラケット，最大ブラケットをインフレ調整する場合には，その閾値を使用した。
出所）KSH, *Szociális statisztikai évkönyv*, 1998-2008年版，1999-2009より筆者作成。

響を与えていると思われる），年金および年金形態の給付が，とくに高い年齢層の集団にとって，所得の85％前後の非常に重要な部分を占めていることが読み取れる。

　さて，先ほど平均の給付額に対して最低老齢年金の実質価値の停滞を指摘したが，次は年金給付の分布を確認しよう。第4-3図は，年金および年金形態の給付の給付額の分布を2005年価格にインフレ調整をした上で示したものである。第4-4表で確認した平均給付額の実質価値の上昇に伴う分布の右へのシフト，および分布の散らばりの拡大が確認できる。くわえて，最低老齢年金の水準[8]程度しか受給出来ていない層が相当数おり，

その割合は時を追うごとに減少しているものの分布の上で給付額の実質価値の上昇から取り残された一つの集団を形成しつつあること，また，平均給付額を上回る高い給付をもらう層が拡大していることには留意が必要であろう。

一方，第4-4図は老齢年金の受給者だけに限ったものである。老齢年金の受給者層についても，平均給付額の上昇と分布の散らばりの拡大という傾向については，年金形態の他の給付を含む場合とほぼ同様である。ただ，他の給付を含む分布において見られた，老齢最低年金額程度の額しか受給できない層の存在は顕著ではない。

第4-5図は，2009年1月時点での給付額の，生年による分布を示している。58才以下（生年が1950年以降）の階層の年金給付額が著しく低いのは，この年齢層がまだ標準の年金受給開始年齢（法定退職年齢，男女とも62才）に達していないためであり，この年齢で給付を受けている者の多くは早期退職による減額年金ないし老齢年金以外の比較的給付水準の低い給付

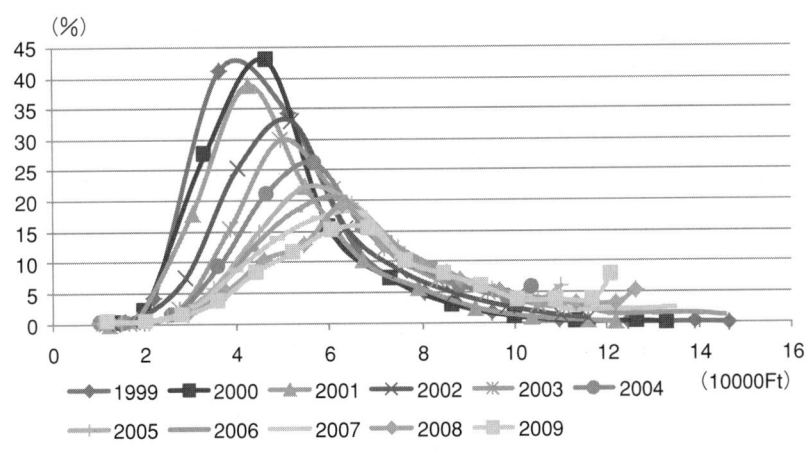

第4-4図 老齢年金（満額）の給付額の分布（各年1月，2005年価格）

注）第4-2図に同じ。
出所）KSH, *Szociális statisztikai évkönyv*, 1998-2008年版，1999-2009より筆者作成。

8）2005年の老齢最低年金額は月額24,700フォリントであり，これを2005年の年平均為替レート（100円＝181.30フォリント）で単純換算すれば約13,623.8円である。

第4-5図 年金および年金形態給付の給付額の分布
（生年による年齢階層別。2009年1月）

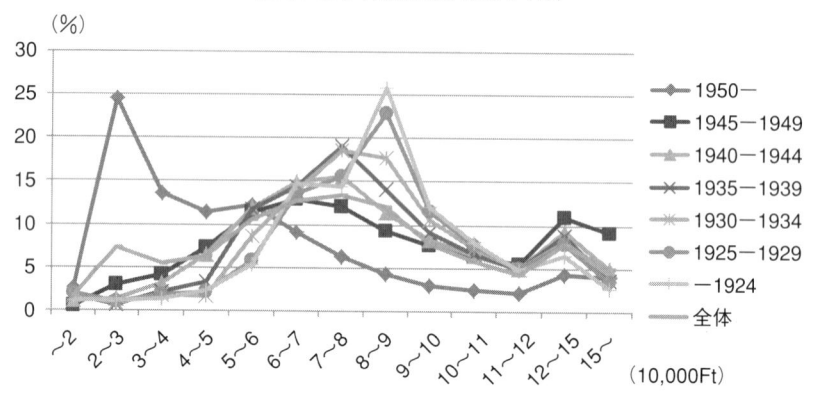

(%) 縦軸、横軸は (10,000Ft)

凡例：1950―／1945-1949／1940-1944／1935-1939／1930-1934／1925-1929／―1924／全体

出所）KSH, *Szociális statisztikai évkönyv 2008*, 2009より筆者作成。

を受けているためである。それ以上の各年代の受給額の分布については，より高齢の年齢層（生年が1929年以前）で分布の散らばりが相対的に少なく平均年金額に近い給付を受給している人々の割合が大きいこと，法定退職年齢前後の年齢層（生年が1945-49年）において月額15万フォリント以上の高額の年金を受給している受給者の割合が高いことなどが特徴として挙げられるであろう。第4-6表は，第4-5図と同じ生年による区分別の，年金（老齢年金・障害年金・遺族年金）とその他の年金形態の給付の平均受給額を示したものである。1990年代前半の体制転換後の大量失業が発生した時期に45才～60才の中高年層であった世代において，平均給付額が低くなっている。体制転換後の経済の大規模な収縮とその後の高い経済成長，物価水準の急激な変動，制度の累次の変更により「生まれ年や退職時期による年金額の違い」があることを第3章で論じたが，この表においてもそ

第4-6表 年代別の給付平均月額額（2009年，単位：フォリント）

生年	全体	1950―	1945-1949	1940-1944	1935-1939	1925-1929	―1924
年金額	83,727	68,645	91,096	84,975	85,707	88,562	87,431
その他給付	29,896	29,560	38,157	25,281	24,297	27,632	36,077

出所）KSH, *Szociális statisztikai évkönyv 2008*, 2009.

れを確認することができる。

2 高齢者の貧困

体制転換からまもない，1990年代前半のハンガリーにおいては，年金受給者という社会集団は，失業者がいる家計，多くの子供を有する家計，ロマ人の家計など体制転換不況以来の雇用減少の影響を受け，貧困が拡大した社会グループと比較すると，相対的には保護された集団であった。そのため，貧困問題研究の中心的課題との認識はあまりなされてこなかった。

本節では，高齢者は「相対的に保護された」社会集団という理解で良いのか，年金は十分に高齢者を保護しているのかという観点から，高齢者の貧困について検討する。

まず，EU が国際比較可能な形で提供している統計により，ハンガリーの一般ならびに高齢者の貧困の状況を確認しておこう。第4-6図は，各国の社会移転後の所得中央値の60％以下を貧困基準とした場合の，EU 加盟国の貧困率の比較である。バルト諸国・南東欧諸国などが高い貧困率を

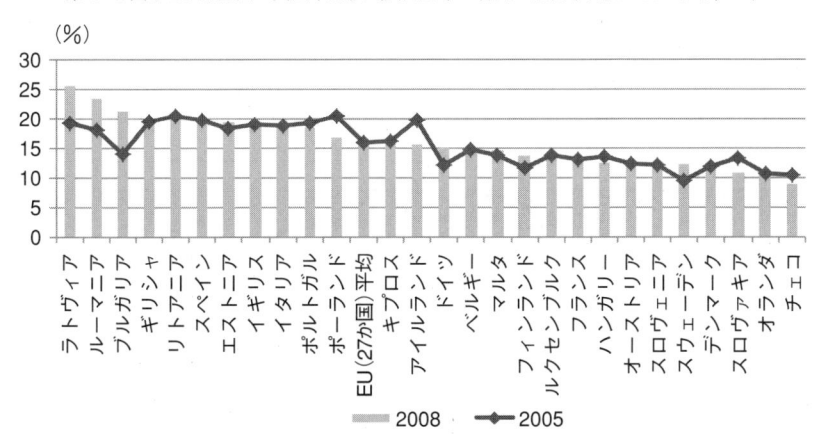

第4-6図 EU 加盟国の貧困率比較（貧困基準：各国の所得中央値の60％以下，％）

注）各国の社会移転後の所得中央値の60％以下を貧困基準に設定。家計の可処分所得を OECD-modified scale により除している。世帯1人目の14歳以上の人物に1.0，その他の14歳以上の者に0.5, 0歳から13歳の者に0.3のウェイトを与えている。
出所）ユーロスタット・ウェブサイトのデータより筆者作成。

示すなか，ハンガリーは，2005年，2008年の双方において，中東欧諸国・北欧諸国などとともに，貧困率が低い国々のグループに入っている。一方，高齢者の貧困のデータ（第4-7図）では，ハンガリーの高齢者の顕著な貧困率の低さがみてとれる（所得には年金給付を含む）。多くのEU諸国で高齢者の貧困率が全体のそれを上回っている中，ハンガリーの高齢者の貧困率は，2005年の数値では低位グループの1か国，2008年の数値ではEU27か国中，もっとも低い貧困率を示している。2008年の数値に関しては，第4-2図で見たように，平均賃金が減少するなかで年金給付の相対的価値が上昇したために，高齢者の貧困率が一時的に低く出ている可能性が高いが，それでも，ハンガリーの高齢者の貧困率がEU諸国内の比較でみた場合に顕著に低い水準であることに違いはない。

では，今度はハンガリーにおける貧困率を見てみよう。第4-8図は，2004年にデータの欠落があるが，同じユーロスタットによるデータを利用したものである。全体の貧困率は，近年は12-15％程度で推移している。一方で，高齢者の貧困率は，2001年を除いて一般の貧困率を下回っている。第4-7図と同様に，近年の年金受給額の相対的上昇が高齢者の貧困

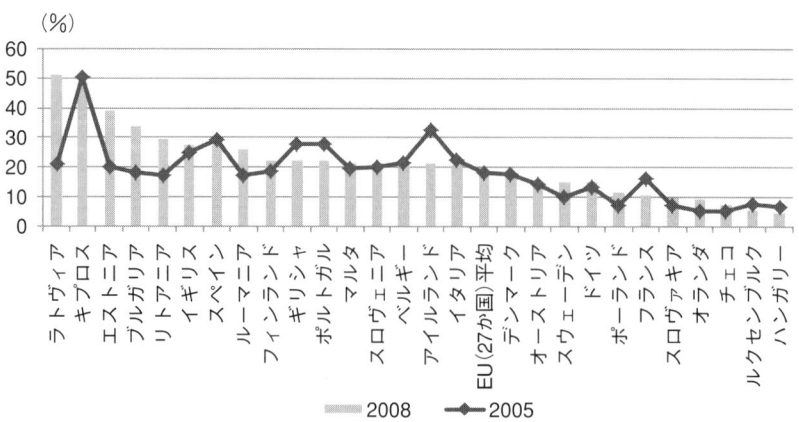

第4-7図　高齢者（65才以上）の貧困率
（貧困基準：各国の所得中央値の60％以下，％）

注）第4-6図に同じ。
出所）ユーロスタット・ウェブサイトより筆者作成。

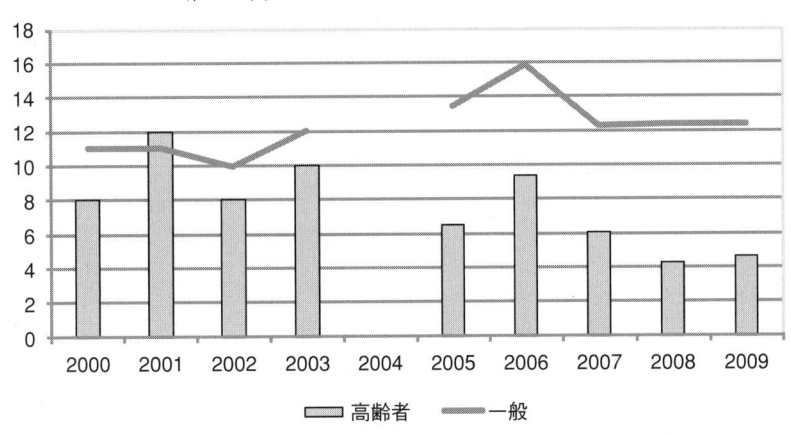

第4章
年金制度改革と高齢者の所得保障問題

第4-8図 ハンガリーにおける貧困率（単位：％）

高齢者 　　一般

出所）ユーロスタット・ウェブサイトより筆者作成。2004年についてはデータ欠落。

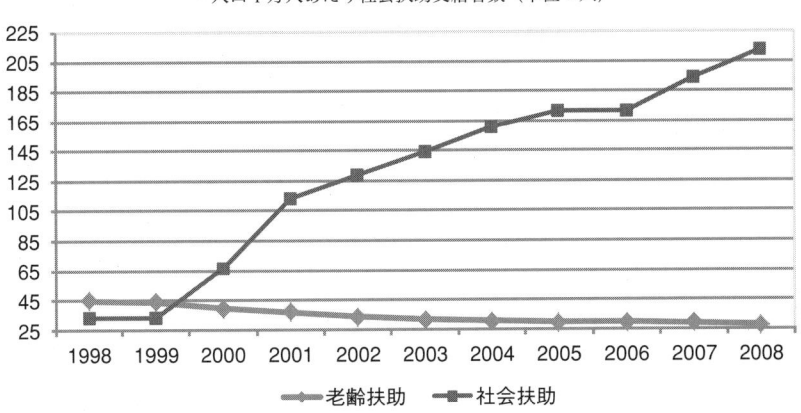

第4-9図 60歳人口1万人あたり老齢扶助受給者数
・人口1万人あたり社会扶助受給者数（単位：人）

老齢扶助　　社会扶助

出所）KSH, *Szociális statisztikai évkönyv*, 1998-2008年版, 1999-2009より筆者作成。

率を押し下げている傾向にあることがこの図から読み取れるだろう。

次に，最低限の生活保障の状況を確認しておこう。第4-9図は，いわゆる生活保護にあたる社会扶助（rendszeres szociális segély，高齢者は対象にならない）と，高齢者の生活保護にあたる老齢扶助（időskorúak járadéka）の推移である。社会扶助については，堅調な経済成長を記録していた1998年

119

以降に大きく伸びており，2007年以降の経済成長の停滞期にさらに伸びている。これについては，1997年から2006年までの高い経済成長が必ずしも失業者数の減少に直結していないことが指摘できよう。第4-7表に示したように，この経済成長の時期には2003年までは雇用が増加したが，経済活動人口の増加を伴ったため，失業者数そのものの減少には部分的にしか繋がっていない。また，2003年以降はまだ堅調な経済成長が続いていた時期においても失業者数は増加傾向にある。社会扶助という形で労働市場から退出した受給者，また経済が収縮していた時期からの長期失業者やインフォーマル・セクターで就業する労働者が，正規労働市場で就業できるほどの労働市場状況の改善は見られなかったと言えよう。2007年以降については雇用の減少により雇用ならびに雇用を得られる見込みを失った者への対処としての社会扶助給付が中心的な背景であると推測される。一方で，老齢扶助の受給者については，この期間においてほぼ一貫して受給者数が減少しており，10年間で受給者の割合がほぼ半減している。同じ扶助行政で捕捉率が大きく異なっていると考えることは余り自然とは思われないので，年金ならびに社会給付水準の引き上げを主な背景として，自らの年金権やその他の社会給付により生計を維持できる高齢者の比率が増加し老齢扶助により補足されるべき高齢者が減少していることを示すと思われる。しかし，老齢扶助に関する捕捉率に関するデータは利用可能でないため，老齢扶助行政の悪化により捕捉率が減少しているためという可能性もあり，注意は必要である。

　高齢者の貧困の状況を，年齢階層別にもう少し細かく見てみよう。第4-10図は最も一般的な貧困基準のひとつである所得中央値の60％以下の貧

第4-7表 ハンガリーの労働市場関連統計（年平均，単位：1000人）

	1998	1999	2000	2001	2002	2003	2004	2005	2006	2007	2008
就業者数	3,695.6	3,809.3	3,856.2	3,868.3	3,870.6	3,921.9	3,900.4	3,901.5	3,930.1	3,926.2	3,879.4
失業者数	247.5	228.9	206.8	187	189.3	185.6	190.3	231.4	243.4	238.9	250.2
経済活動人口	4,009.6	4,094.6	4,119.9	4,102.4	4,109.4	4,166.4	4,153.3	4,205.4	4,246.9	4,238.1	4,208.6

出所）統計局ウェブサイト。

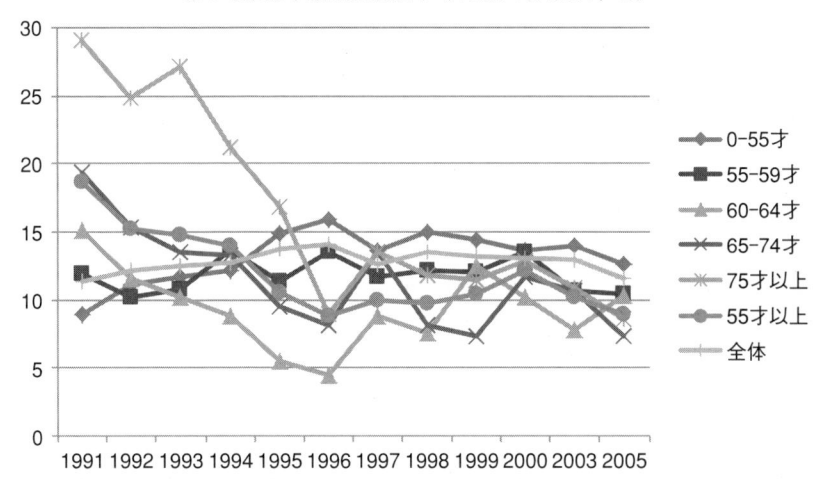

第 4-10 図　年齢階層別貧困率（中央値の60％以下，％）

注）税移転後の所得中央値の60％以下を貧困基準に設定。家計の可処分所得を OECD-modified scale により除している。世帯1人目の18歳以上の人物に1.0，その他の18歳以上の者に0.5，0歳から17歳の者に0.3のウェイトが与えられている。
出所）Vrooman, J.C. (ed.), *The Elderly poor in the EU's New Member States*, ENEPRI Research Reports No.60.
元出所）Hungarian Household Panel, 1991-1996; TARKI *Household Monitor survey*, 1997-2005.

困基準による年齢層別貧困率を示している。本図からも，体制転換後の不況期を脱した1995年以降，高齢者以外の層に対して高齢者全体（ここでは55才以上）における貧困率が低く，この時期のハンガリーにおいて「高齢者が相対的に保護されている社会集団」であるという一般に共有された理解が正しいことがまず読み取れる。高齢者をより細かく年齢階層別に見た場合には，1999年，2005年を除いた時点において，60-64才の層が一番低い貧困率となっていることのほかには余り顕著な特徴は指摘しがたい。一方，第4-11図はハンガリーにおける最低保障水準を示す，絶対的貧困の重要な基準である最低老齢年金の水準を貧困基準とした場合の貧困率について示している。こちらの図においては，高齢者以外の層に対して高齢者全体における貧困率が低いという第4-10図と同様の傾向を，より顕著な形で確認できる。年齢別に見た場合は，55-59才の層を除く，年金を受給している層の貧困率が押しなべて低いこと，また2000年以降の観察時点で最も高齢の層の高齢者において，この貧困水準を割り込む者がほとんどい

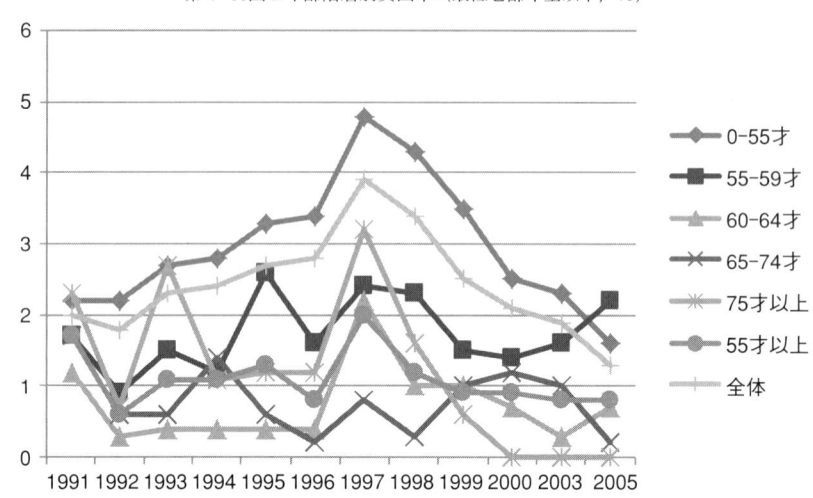

第4-11図　年齢階層別貧困率（最低老齢年金以下，%）

出所）Vrooman, J.C. (ed.), *The Elderly poor in the EU's New Member States*, ENEPRI Research Reports No.60.
元出所）Hungarian Household Panel, 1991-1996; TARKI *Household Monitor survey*, 1997-2005.

なかったということが特徴として指摘できるだろう。

　また，年齢階層以外の属性による貧困率の違いにも触れておこう。第4-8表は，一人世帯女性，女性，失業者の各属性による貧困率の違いである。一人世帯女性の高齢者の貧困率の高さには注意を要する。また，女性においては，年齢階層別の比較において高年齢層の貧困率が低くないこともまた特徴として挙げることができよう。

　これらの分析結果をまとめると，以下のようになろう。高齢者ないし年金受給者が一般的に「相対的に保護された社会集団」であるとの認識を覆すものではないが，より詳細に分析した場合には，いくつかの留意を要する特徴が見つかった。すなわち，年齢階層別にみると，老齢年金や年金形態の給付の水準と対応する形で高齢者の中でも法定退職年齢前のより若い世代（55-59才）においては貧困率が若干高い傾向にある年齢階層が存在すること，また当然の結果ではあるが，高齢者の中でも一人世帯の高齢女性など貧困リスクが高い集団も存在することなど，保護の水準・あり方は一様かつ完全ではなく，留意が必要であることがわかった。

第4-8表 ●属性別貧困率（所得中央値60%以下，2005年，%）

	全体	一人世帯女性	女性	失業者
0-55才	12.6	9.0	12.0	37.0
55-59才	10.4	25.6	11.6	30.8
60-64才	10.3	24.4	9.0	—
65-74才	7.4	14.9	8.5	—
75才以上	8.6	16.4	12.5	—
55才以上	9.0	18.1	10.5	20.4
全体	11.6	16.5	11.5	36.0

出所) Vrooman, J.C. (ed.), *The Elderly poor in the EU's New Member States*, ENEPRI Research Reports No.60.
元出所) TARKI *Household Monitor survey*, 2005.

では，このような所得保障・貧困の状況を，年金制度改革の流れとつきあわせて考えた場合，年金制度改革の議論に対してどのような論点を出せるのであろうか。次節では，その前段階として，年金制度改革の推移を見ていこう。

3　年金制度改革の推移と高齢者の所得保障に関連する制度状況

本節では，1998年の改革以降の年金制度改革の推移の整理と再確認を行い，その特徴を示す。また，高齢者の所得保障を担う，その他諸制度の現状も確認しておこう。

すでに述べたように，1998年の改革では，「第2の柱」の導入による混合型の新年金制度の発足などの「枠組み」の改革と，退職年齢の引き上げ（男女とも62才へ）やスライド方式の変更（物価・賃金上昇率をそれぞれ50%ずつ反映させる「スイス方式」）決定など年金制度の「変数」の改革の双方が行われた。年金額算定方式の変更など「変数」の改革のうち幾つかは，導入のショックを和らげるため，実施が10年前後先送りとされていたが，近年になり多くがその導入時期をすでに迎えている。

1998年の改革は，導入直後の総選挙により政権についたフィデス主導の中道右派政権[9]が「第2の柱」の導入によって発生する賦課方式の公的年

金部分の財政赤字[10]を好まなかったことなどから，第3章でみたように，計画通りには実施されなかった。フィデス主導政権による制度変更は被用者および年金受給者の双方に負担を課し，持続可能性と現在および将来の高齢者の適切な所得保障の両方に更なるリスクをもたらした（柳原，2003。本書第3章）。

2002年の選挙では，1998年の年金制度改革を主導した社会党と自由民主連合が政権に返り咲き，再び中道左派・リベラルの連立政権を形成した。同政権は，前政権時に変更された制度を，少なくとも保険料率や新制度への加入義務の復活などいくつかの点で，1998年改革の元々のプランへ復帰させることを目指した。しかしその一方で，前政権が廃止した新制度へ移動した人々に対しての年金額保証に関しては復活を行わなかった（Simonovits, 2009, p.21）。また，年金受給者の歓心を買うため，スイス方式のスライド制のインフレの補償という名目で1か月分のボーナス年金，通称「13か月目の年金」を2003年より導入した（2003年から2006年にかけて段階的導入）。1998年改革当時の計画になかったこのボーナス部分は，完全導入された2006年以降には通常の年金支出の約8.1%にもおよび，年金財政が膨張する要因となった（第4-9表参照）。

このような流れは，2006年春の総選挙後，ジュルチャーニ第2期政権の下で大きく転換された。EUからの圧力もあって（第7章参照），2006年に発表された一連の緊縮政策の結果として，2007年に導入された改革は制度の包括的な改革ではなかったが，早期退職の抑制・厳格化を中心として，年金の長期的な財政的持続可能性および就業率の改善を目指した改革が実施された。

ハンガリーでは，大多数（たとえば2004年には94%，Government of the Republic of Hungary, 2006a）の高齢者が法定退職年齢に到達する前に早期退職し年金を受給するため，年金財政の観点からも，高齢者の就業率向上とい

9）民主フォーラム（MDF）および独立小地主党（FKGP）との連立政権。
10）従来，賦課方式による公的年金部分に拠出されていた保険料の一部が，「第2の柱」導入により民間の年金ファンドへと蓄積されるため，公的年金部分にはその分の欠損が生じる。

第 4 - 9 表 ● 年金給付に関する諸指標

	年金支出 (対 GDP 比)	受給者数 (平均)	一人あたり給付額[2] (月額/Ft)	一人当たり給付額 (対ネット賃金)
1995	9.42	277.22	15,904	61.4
1996	8.76	281.0	17,903	58.6
1997	8.58	284.3	21,482	56.3
1998	9.03	284.7	26,646	59.0
1999	9.05	281.6	30,503	60.9
2000	8.42	278.6	34,077	61.1
2001	8.64	277.2	39,647	61.1
2002	9.19	276.4	46,028	59.3
2003	9.14	275.4	52,360	59.0
2004	9.29	274.1	58,520	62.4
2005	9.78	274.4	65,563	63.6
2006	10.01	274.6	72,039	65.0
2007	10.40	275.4	79,571	69.7

注) 1.社会保障基金(年金財政)から支出されるその他給付も含む。
2.2002年の19,000フォリントの給付金を含まない。しかし,2003年から2007年の「13か月目の年金」については含む。
出所) ONYF (2008), p.22.

うリスボン戦略の目標に沿った観点からも,早期退職の抑制が重要視されていた。その他の措置も含め,2007年には以下のような財政的負担を軽減するための措置が実施,ないしは導入決定された。

第1に,2007年4月,年金受給者が稼得活動をする場合も年金保険料の拠出が必要になった。拠出により,1年につき0.4%(2008年以降は0.5%)の年金増額となった。また,2008年1月以降に早期退職する人は,老齢年金受給を繰り延べなければ最低賃金以上の正規の雇用には就けなくなった。それ以前は,使用者は年金受給者を保険料負担なしで雇用できたため,早期退職して年金受給者として就労する者が多く見られたことへの対策であった。

第2に,炭鉱労働など健康に悪影響があり,特恵的な早期退職が認められてきた業種について,2007年より,早期退職の権利獲得のためには特別な保険料(使用者負担。料率13%)の支払いが必要となった。ただし,

2007-2010年までは移行措置につき国が拠出することとされた。

　第3に，2013年に早期退職が可能になる年齢が一律60才に引き上げられることとなった。また，老齢年金を満額受給するために必要な制度加入期間も40年加入から41年へと延長されることとなった。

　第4に，年金保険料率の引き上げである。2007年初，2008年初に合計で総賃金の7％分の引き上げが行われ，1998年改革のもともとのプランが想定していた保険料率の水準を回復，さらに上回った。

　第5に，年金額算出法の変更による新規に裁定される年金額の引き下げである。2008年初より，約6-8％の引き下げが行われることとなった[11]。

　第6に，第2の柱による運営費・資産管理費が高騰し，加入者の納付する保険料から個人勘定にまわる部分が圧迫されているという問題に対応するために，年金ファンドの運営費には2007年より保険料の6％（2008年からは4.5％），資産管理費には資産に対して0.9％（2008年からは0.8％）の上限が設けられた（Simonovits, 2009; OECD, 2009）。

　また，2009年4月に成立したバイナイ政権の下でも，経済成長に応じて給付のスライド額を抑制する仕組みの採用[12]や，退職年齢の引き上げ（段階的に65才へ）などが決定されている。この，ジュルチャーニおよびバイナイ政権における改革は，ハンガリーの経済状況の悪化をその基本的な背景とした就労促進策，制度のより厳格な運用，財政的持続可能性改善のための措置などが結合したものであった。2007年の改革については，つづく第5章において同時期の他の社会政策・社会保障分野の制度の状況・改革と対比が行われる。

　2010年春に8年ぶりに政権に復帰したフィデス政権は，女性に限って40

---

11) Government of the Republic of Hungary（2007），2007年12月29日付MTI電子版。
12) 2009年，世界金融危機後の経済危機への対応の一環で，経済成長（GDP）の程度に合わせて年金引き上げ幅が変動するスライド方式への変更が決定され，2010年1月より導入されている。経済成長率が3％に満たない場合は完全物価スライドとなる。経済成長率が3％以上4％未満の場合は，物価上昇率を80％，賃金上昇率を20％反映する。経済成長率が4％以上5％未満の場合は，物価上昇率を60％，賃金上昇率を40％反映する。経済成長率が5％以上となる場合には，物価上昇率・賃金上昇率をそれぞれ50％反映するスライド方式（改正以前の「スイス方式」）となった。

年の制度加入期間があれば年齢に関係なく早期退職し満額年金を受給できるとの変更を行った他に，序章でも触れた，積立方式部分への保険料の拠出を凍結し，社会保障基金（国の年金財政）に移転するという変更を行った。これは，一般政府財政赤字目標の遵守を対外的に公約したオルバーン政権が，財政赤字を減少させるために，民間年金ファンドで蓄積されていた年金資産を公的年金財政に組み込み，中央政府の財政からの補填を無くすことを目論んだものである。これは，毎年の「二重の負担」問題による年金財政の赤字の解決であるうえ，これまで13年間，民間年金ファンドで蓄積されてきた莫大なストックのほぼ全てを国庫に戻すという意味で一種の「埋蔵金」の獲得でもある。フィデス政権は2011年予算でこの一部を債務削減にではなく政策経費に充てており，中央銀行のシモル総裁はそのような行為は長期的には債務を増大させるだけであり，問題が多いとして批判している[13]。

この「枠組み」レベルの制度変更においては，新制度（本書の混合型年金制度）から旧制度（賦課方式のみの制度）へ戻る（積立方式部分に積み立てられた資金も年金財政に入る）ことが推奨され，賦課方式のみの旧制度に戻る際には積み立てた年金資産の保護，損失の補償，運用収益への非課税など，優遇策が設けられた（2011年1月28日付MTI電子版），一方で混合型年金制度に残る場合者にはファンドの費用（運営管理費）の値上げなど不利益な扱いを受けることとなった。新制度は2011年2月現在では廃止はされていないが，これは，事実上の部分民営化・積立方式の取りやめであり，新制度に残存する場合の申告期限の2011年1月末時点で新制度への残存を決めたのは97,422人（新制度の被保険者の約3.12％。2011年2月8日付MTI電子版）に留まっており，事実上の年金制度の再国有化となった。

1998年以降の改革に関しては，このように，改革に明確な一貫性は存在せず，制度は累次改革された。強いてあげれば，公的年金財政の赤字（安

---

13) 2010年12月20日の金融政策決定会合後の記者会見での発言。要旨は以下で入手可能。http://english.mnb.hu/Root/Dokumentumtar/ENMNB/Monetaris_politika/mnben_monetaristanacs/transcripts/MNB_2010_12_20_EN.pdf

定・成長協定上で算入される財政赤字[14]）を減らす，という点を重視している点では一致があるが，その方法が，保険料率削減による投資の誘致ならびに経済成長を重視し「第2の柱」の柱の規模縮小・廃止を目指す中道右派と，「第2の柱」を維持しつつ保険料引き上げによる財政均衡を目指す中道左派・リベラルとで大きく異なっており，これが財政状況の悪化や経済状況の変動，選挙キャンペーンにおける人気取りなどとともに，年金制度の頻繁な変更の大きな理由となったといえよう。

年金制度以外での高齢者の所得保障を担う制度としては，すでに第2節で受給者数について確認した，1998年の改革時に導入された，十分な年金権を蓄積できなかった高齢者を支援する社会扶助としての老齢扶助の制度が存在する。この制度も，2006年の年初から見直され，それまでは退職年齢を上回る該当高齢者の世帯一人あたりの所得が最低老齢年金の80％（単身の場合95％）を下回る場合に一律の条件で支給されていたが，2006年からは，年齢や家族構成で給付額が変動する[15]ように改革されるなどしている。

4 高齢者の所得保障という観点からの論点・問題点

十分な議論が行われないまま現実が議論を追い越してしまった所はあるが，近年の年金制度改革における議論の一つの焦点は，このまま3本の柱からなる現行制度を続けるのか，「第2の柱」を廃止し純粋な賦課方式へ戻るのか[16]，それとも定額の基礎年金とドイツ型のポイント・システムを組み合わせた制度やスウェーデン型のNDC方式など他の「枠組み」の制

---

14) ハンガリーはEUの安定・成長協定により，毎年の一般政府の財政赤字をGDPの3％以内とする義務を有している。これに加えて，膨張していた財政赤字がこの3％の水準に収まるよう，世界金融危機後の経済再建策の一環として，ハンガリーは財政赤字目標の達成を対外的に公約しており，2010年は3.8％，2011年では3％を達成することを目標としている。この場合の「一般政府」とは，中央・地域・地方政府ならびに社会保障基金を意味している（これら一般政府による商業活動は除く）。そのため，年金財政の赤字も（一時的にはその一部が控除されたが）財政赤字としてみなされる。
15) 受給者が75才以上の一人暮らしで，総所得が最低老齢年金の130％未満である場合，増額される。
16) この議論を主張する文献として，例えばKun (2010)。

度に移行すべきなのか[17]，といういわゆる将来のハンガリーの年金制度に関する「枠組み」の議論であった。

現在の高齢者への給付は基本的に「第2の柱」を導入した新制度からではなく，純粋な賦課方式からなる旧制度からのものであるが，それでも第1節や第2節での分析より，高齢者の所得保障という観点から年金制度改革を見た場合，財政問題やインセンティブの点から見た場合の論点とは若干異なる以下のような「枠組み」および「変数」の改革双方への重要な論点・問題点を提示できるだろう。

第1には，賦課方式の公的年金部分における，年金制度の再分配機能をどのように位置づけるのか，という問題である。1998年の改革以降，年金の再分配機能は低下している。年金の給付額は，決められたルールに基づき再評価された1988年以降の所得と，制度への加入期間によって算出される。この所得の再評価方法が1998年改革で定められた通りに移行し，物価調整された1988年以降の所得の平均値に近づいていくことにより，近年，賦課方式の公的年金から得られる年金給付額が，より純粋に体制転換以降の賃金履歴と，体制転換前を含む年金制度への加入期間に比例したものへと変わっている。このため，失業期間があるもの，インフォーマル・セクターでの就労者，育児休暇期間のある女性，低賃金のものが得られる年金が少なくなってきている。近年，退職年齢前後の労働者の就労維持を目的とする施策により1998年以降，暫定的な給付の乗率の体系が利用されており，より長期にわたって拠出を続けた場合に年金額が増額されることになっているが，大多数の労働者は法定退職年齢に到達する前に早期退職を選択しており[18]，この特恵的な乗率体系というインセンティブは結果としてあまり機能していない。他方で，より高い所得を得て，労働市場にも長くとどまる傾向があって，退職後の期待余命も高い場合が多い，「富者への再分配」を起こりやすくする原因となってしまっている。第1節で確認

---

17) A Nyugdíj és Időskor Kerekasztal（2009）ではこれらを含む合計5つの「枠組み」について詳細に検討している。

18) 注5参照。ただ，本文で示したような対策も実施されているため，今後の早期退職の比率が大きく変化する可能性も否定はできない。

した年金の給付状況において，この現象を識別することは困難であるが，たとえば1945-49年生まれの受給者の中で12万フォリント以上の相対的に高額の年金を得ている人が多い背景には，この年金給付の所得比例の要素が1998年改革以降に強化されたことがある程度影響していると言えるであろう。

また，この年金の再分配機能の低下は，現在の年金受給者における給付額の格差の問題のみならず，今後の高齢者の所得保障水準にとっても重大な問題となり得る。旧体制下での完全雇用に近い状況での就労ならびに年金制度への加入期間を有する現在の退職者・退職間近の世代と比較すると，体制転換以降に労働市場に参入し，失業・低賃金・インフォーマル・セクターでの就労などの望ましくない環境にある若年層の間では，十分な年金権を得られない労働者がますます増えることが予想される。たとえば，第4-10表は年齢別の失業率の推移をみたものであるが，若年層における雇用状況の悪化の一端が伺えるであろう。失業中の場合は，最低賃金水準の拠出を行ったことと看做されるため，所得比例の要素の強い年金制

第4-10表　ハンガリーの年齢別失業率（単位：％）

	15-19	20-24	25-29	30-34	35-39	40-44	45-49	50-54	55-59	15-64	合計
1998	26.5	11.4	8.4	7.4	7.2	6.7	5.9	4.7	4.6	7.8	7.8
1999	24.7	10.8	7.6	7.4	6.8	6.0	5.1	4.2	3.1	7.0	7.0
2000	25.5	10.7	7.3	6.7	5.1	5.5	5.1	4.1	3.3	6.4	6.4
2001	22.4	9.7	6.9	5.8	5.0	4.6	4.2	4.1	3.0	5.7	5.7
2002	27.1	11.1	7.0	5.7	5.4	4.8	4.2	3.7	3.5	5.8	5.8
2003	32.2	11.5	6.9	6.0	5.5	5.2	4.4	3.7	2.9	5.9	5.9
2004	34.9	13.4	6.5	6.2	5.7	5.2	4.8	4.2	3.4	6.1	6.1
2005	37.8	17.5	8.2	6.7	6.8	5.6	5.8	5.1	4.4	7.2	7.2
2006	37.0	17.2	8.6	6.9	6.9	6.7	6.2	5.4	4.1	7.5	7.5
2007	35.8	16.4	8.4	7.2	6.6	6.7	6.0	5.7	4.8	7.4	7.4
2008	38.2	18.2	9.1	7.2	6.8	6.8	6.5	6.4	5.5	7.9	7.8
2009	49.4	24.5	12.2	9.2	8.6	8.6	8.6	7.7	7.0	10.1	10.0

出所）統計局ウェブサイト。

度では給付額の減少に繋がる。すでにこの点は「年金および高齢問題に関する円卓会議」における報告書などでも取り上げられている問題点であるが[19]，今後，高齢者となる人々の所得保障という観点からはとくに重要となろう。現行のように賦課方式部分において所得比例の要素の強い制度を採用するのであれば，自らの年金給付を補完する形で最低額の給付を保障する最低保障年金や定額に近い形での基礎年金制度の導入などが検討される必要性があろう。

　第2に，給付水準の大幅な低下への対処である。「13か月目の年金」は，1998年の年金制度改革のオリジナル・プランには全く存在しなかった大きな支出であり，財政赤字を増加させる大きな要因となっていた一方で，年金水準を引き上げるという役割を果たしていた。金融危機後の緊縮財政政策によりこの制度が廃止されたことにより，再び現在の高齢者の所得保障が問題となり得る状況が復活している。また，これまでの「スイス方式」のスライド制が同じく財政的な制約により実質的な物価スライド制に変更[20]されることとなり，これも，今後，実質賃金の水準が回復・成長をした場合には，高齢者の相対的な年金給付水準に大きな影響を及ぼすことが予想される。

　第2節において，年齢別の貧困率について確認をしたが，年金の受給開始から長い時間が経過した高年齢層の間で，一般的な貧困基準においても絶対的な貧困基準（老齢最低年金）においても貧困リスクが現役世代よりも低かったのは，給付の実質価値を第4-4表で確認したように，経済成長期の賃金スライド制ならびにスイス方式のスライド制，さらには「13か月目の年金」の存在により，これらの高年齢層の年金受給者の相対的な生活水準が維持されたことに大きく依拠していると言える。これらの廃止は，現在の年金受給者の今後の年金水準，さらにはこれからの年金受給者の新規裁定以降の年金水準に懸念をもたらす。老齢最低年金額を基本とす

19）Augusztinovicsらの分析，同報告書さらにはGál, R.I., Iwasaki, I. and Széman, Zs.（eds.), 2008, chapter 8を参照。
20）注12参照。

る老齢扶助はその水準が非常に低く（2008年の平均給付額は26,876フォリント），年金額のカット・水準の低下に際して十分な最低保障をもたらすものではない。どのような年金制度の「枠組み」を採用するとしても，スライド制のあり方，退職年齢の設定，早期退職の際の給付の減額ルールの設定など「変数」の設定も高齢者の長期の所得保障水準と財政的持続可能性に大きな影響を与える。どのような「変数」によりどの程度の水準の所得保障を行うのか，また経済状況や人口動態の変動にどのようなルールで調整していくのか，政治勢力間で同意可能な，明確なルールの設定が必要となろう。

　第3に，現在，その廃止，国が運用する賦課方式への実質的な統合が進みつつあるが，「第2の柱」において年金制度の部分的民営化に伴う幾つかの問題が明らかになってきており，まもなく発生する「第2の柱」からの受給者と，旧制度に残った人との間の格差をどのように処理するかが問題となっている。「第2の柱」では，設立元の金融機関等により年金ファンドが実質的に支配され，高い資産管理コストを招いているなどのファンド支配による問題，ポートフォリオに組み入れられる資産の問題[21]，実際の運用実績が低水準であること[22]，など当初十分に検討されていなかった制度の実施上の問題点が現れており，「第2の柱」の信頼性を低くしている[23]。また運用実績が低水準であったため，1998年時点で新制度に移る方が良いとされていた世代においても，期待されていた資産の蓄積ができず，結果として新制度への移籍が有利でなかった人々を生み出しており，これらの人々の退職後の所得保障についての対応が重要な課題となっている。

---

[21] 年金資産の運用と保全の間で試行錯誤した結果，制度の導入当初は，国債中心の運用規制により高利率での資産運用の機会を逃し，後にはリスク資産への投資を解禁したために世界金融危機で年金資産を大きく損なうことになった。
[22] 1998年から2005年までの期間において，実質賃金は5.3％の伸びを記録したのに対して，第2の柱部分の収益率は平均で年3.9％にとどまった（Impavido and Rocha, 2006）。
[23] 「第2の柱」導入後の問題点ならびにパフォーマンスについては，Impavido and Rocha（2006）ならびに本書第6章を参照せよ。

5 | 小括

　本章では，高齢者の所得状況・貧困状況を，年金制度改革の流れとつきあわせて考察した。高齢者の所得保障の状況を分析した結果，現在の年金受給者が現役世代と比較して相対的に貧困から保護されている，という一般的な認識を再確認した。しかし，年金受給者内での格差の存在，最低保障水準の価値の低下，ならびにその水準の給付しか受けられない層の存在など，年金受給者全体が年金によって良く保護されている訳ではないことも確認した。年金制度の改革との関係において，現在の仕組み（予定を含む）は，このような多様な年金受給者全体に妥当な保障を与えられるかについて懸念があるし，今後，受給者となる人々の所得保障まで考慮に入れれば，大きな問題をもたらし得ると考えられ，とくに年金制度の「枠組み」の議論を行う中で引き続きの検討を要すべき課題であると言えよう。
　2010年春の総選挙で勝利したフィデスとキリスト教民主国民党（KDNP）の中道右派政権が現在進めている積立方式部分（第2の柱）の実質的な廃止により，ハンガリーの年金制度は賦課方式のみ（および任意加入の個人年金）からなる旧制度に戻ろうとしているが，この改革後の制度の持続可能性ならびに高齢者の所得保障が十分に保障されるかは現時点ではまだ未知数である。本章で挙げた3つの問題点のうち，第3の問題点はこれで解決する可能性があるが，第1・第2の問題点への対応は示されていない。制度の財政的持続可能性だけでなく，高齢者の所得保障という観点からも引き続き年金制度に注目する必要性があることには違いがないだろう。

第 5 章
年金制度周辺の諸制度の改革との整合性

　第3章では，1998年のハンガリーの年金制度改革について，それが財政的持続可能性を重視し，また年金制度を経済成長の用具ともみなす世界銀行の年金戦略の強い影響を受けたものであると同時に，すでに年金を受給している年金生活者の既得権益の保護にも配慮した改革であったことを示した。

　それでは，この1998年の改革と同時期にハンガリーで行われた年金制度の周辺に位置する他の社会政策・社会保障制度の改革もまた，年金改革と同様の理念・方針に基づいて実行されたのだろうか。また，年金制度と他の社会政策・社会保障の諸制度との相互関係は改革において意図され，総体としての社会保障によるセーフティー・ネットの保持には留意されていたのであろうか。

　本章では，視点を年金制度から周辺の社会政策・社会保障の諸制度にまで拡大し，年金制度と同時期の改革との方向性が一致し整合性のあるものであったか，またそれらの制度も視野にいれた場合に，セーフティー・ネットは漏れや綻びのないものであったか，この2点につき検討を行う。

　本章で検討する時期と対象となる制度は，以下の通りである。第1に，1998年の年金改革と同時期の1990年代半ばの失業給付制度と家族給付制度について論じる。第2に，EU加盟達成後の2006年から2007年時点での家族給付，医療，貧困対策などの諸制度の現状と改革の傾向について論じ

る。この2つの時期には，ひとつの共通点がある。それは，危機的な経済状況にあたり，大規模な緊縮政策を伴う経済政策・社会政策の改革が進められた時期であるということである。前者が，1995年から1996年の緊縮政策「ボクロシュ・パッケージ」を中心とした一連の改革の結果，後者が，2006年から2007年にかけての緊縮政策「ジュルチャーニ・パッケージ」を中心とした改革の結果と内容を示すこととなる。両方の時期がともに社会党・自由民主連合の連立政権期であり，左右の政権下の改革の比較ではないこと，分析の対象となる制度の範囲や切り口が異なることについては一定の留意が必要ではあるが，2つの時期において，様々な制度の改革を広い視野からある程度総合的に分析してその整合性や総体としてのセーフティー・ネットの適切性を見るという観点には一定の意義があろう。

本章の構成は以下の通りである。まず第1節において1990年代後半の失業給付制度と家族給付制度について論じる。つづく第2節において，2006年から2007年の緊縮政策「ジュルチャーニ・パッケージ」を中心とした経済改革のなかでの社会政策の現状と改革の動向について論じる。そして第3節において，これら分析の含意を示す。

1 総合的な改革の方向性の欠如（1990年代半ば）[1)]

第1章において，1990年代前半に主に失業者，障害・遺族年金受給者，乳幼児を持つ女性，女性一般，若年者などの集団に貧困・失業（雇用の減少）の負の影響が拡大したことを示した。本節では，これらの集団における所得喪失のリスクを保障すべき諸制度，なかでもその対象者に深刻な貧困が発生した家族給付・失業給付の改革をとり上げる。

1998年の年金制度改革の背景と同様に，これらの制度の改革も，給付への強いニーズと，財政赤字の削減の必要性との双方の要求がある中で行われた。この点に留意しつつ，家族給付制度から見ていこう。

---

1) 本節における個々の制度の概要については，ILO-CEET, 1998, 第8章の記述ならびに該当の諸法制等に基づく。

1.1 家族給付制度

ハンガリーの家族・育児に関連する社会給付制度は，おもに健康保険基金（HIF），中央政府，地方政府の三つの主体によって管轄される，種々の制度の集合体となっている。ここでは，子供に対する手当など諸制度と，育児を行う親などに提供される諸制度の総体を家族給付制度と定義する。旧体制下においては年金，医療と同様，家族給付制度の殆どは一定期間の就業もしくは（健康）保険料拠出をその受給資格とする，いわゆる保険の枠組みをもって運営されていた。これら，少なくとも形式上は就業に基づく保険の形態をとっていた諸制度は，労働需要過剰が常態であり女性の労働市場参加，就業が総じて高水準であった旧体制下においては，事実上普遍的給付に近い寛大な受給資格となっていた（「労働を起点とする国家的生活保障システム」[2]）。ただし，財政上，社会保険財政は一般会計と一体化して運営されており，拠出と給付との関係性という意味で，社会保険の要素が希薄であったことには留意が必要である。

第5-1表は，家族給付を構成する主な制度に対する支出の対GDP比の推移を示したものである。旧体制下における家族給付は，第二次大戦前から導入されていた子供への手当である家族手当（családi pótlék）と1967年に導入された育児を行う（母）親に対する手当である育児手当（gyermek gondozási segély, GYES）を軸に発展してきた。育児手当から分離する形で1985年に導入された，所得水準の高い女性を対象とした，保険料拠出を前提とするより高水準の報酬比例制給付である育児給付（gyermekgondozási díj, GYED）の発展もあって，1980年代末には家族給付制度への支出は全体で，年金支出の約半分を占めるまでに成長していた。

旧社会主義体制の末期においては，家族手当の受給資格の普遍化，育児控除の導入など，家族給付制度には育児負担の軽減を目的とする一定の施策がとられていたが，1990年春の民主フォーラム主導政権成立後は目立った変更はとられなかった。給付の実質価値については，当初は維持が試みられていたが，体制転換不況とインフレによって1993年頃から急速に減価

2）小森田（1998）；堀林（2009a）。

第5-1表 家族・育児に関する移転支出，1980-1996年（対GDP比，％）

	1980	1985	1986	1987	1988	1989	1990	1991	1992	1993	1994	1995	1996
家族手当[1]	1.89	2.06	1.97	1.89	2.58	3.09	3.09	3.47	3.30	3.10	2.70	1.80	1.39
妊娠手当[2]	0.06	0.04	0.05	0.04	0.05	0.05	0.04	0.03	0.04	0.07	0.05	0.04	0.02
出産手当	0.21	0.16	0.19	0.18	0.20	0.19	0.20	0.23	0.23	0.22	0.20	0.16	0.12
育児給付（GYED）	—	0.15	0.31	0.33	0.49	0.49	0.47	0.51	0.51	0.52	0.46	0.37	0.33
育児手当（GYES）	0.54	0.27	0.18	0.16	0.13	0.16	0.18	0.25	0.25	0.25	0.25	0.20	0.21
育児支援金（GYET）	—	—	—	—	—	—	—	—	—	0.02	0.06	0.05	N.A
育児疾病給付（GYÁP）	0.10	0.09	0.11	0.09	0.10	0.08	0.06	0.06	0.05	0.04	0.04	0.03	0.02
育児控除	—	—	—	—	—	0.31	0.34	0.49	0.29	0.29	0.29	—	—
合計	2.80	2.77	2.81	2.69	3.55	4.37	4.38	5.04	4.67	4.51	4.05	2.65	2.09
参考：年金支出	7.8	8.9	n.a.	n.a.	n.a.	9.1	9.7	10.5	10.6	11.1	11.5	10.6	9.9

注）1. 1994年導入の，ミーンズ・テスト付き追加手当を含む
　　2. 1993年までは出産一時金（Birth Grant），1995年に再び出産一時金に
出所）Sipos and Tóth（1998），p.292 および Müller（1999），p.65.

し，給付水準が低い育児手当（GYES）受給者が属する家計を中心に深刻な貧困が拡大した（第1-3表，第1-4表，第1-5表参照）。

　主として1990年代半ばに着手された家族給付制度に関する改革は，主に以下の3つの特徴を備えていた。

　第1に，主として財政面からの要請による，就業を条件とした給付の，ミーンズ・テストを用いる非拠出制の扶助への，給付枠組みの変化である。「ボクロシュ・パッケージ」に基づく改革によって，それぞれ一定の就業と保険料拠出を受給資格としていた「権利としての」家族手当と育児手当はともに，所得上限付きの扶助制度，つまり低所得者向けの貧困防止のための手当への制度へと再構築された（Soósné Bölczy, 1998）。しかし，この改革は給付の効率と水準を高めることには成功せず，両制度とも給付の実質価値は1996年にも継続して減少した。

　第2に，給付水準の削減である。報酬比例の給付であるために体制転換開始後もそれなりの水準が維持されていた育児給付の新規給付の廃止（1996年，育児手当へ統合），さらには育児控除の廃止，妊娠手当の出産一時金への変更（それまでは出産休暇期間中に支払われる手当だった）などが

1995年から1996年にかけて相次いで行われた。これらの廃止・変更によって，定額給付であるにもかかわらずスライド制を持たない諸給付が給付の中心となったため，減少基調にあった給付水準はさらに大きく下がった。また，1997年にも育児疾病給付（gyermekápolási táppénz, GYÁP）と出産手当の削減が行われた。

そして第3に，福祉の担い手が国家から家族へとシフトする傾向[3]がみられることである。ハンガリーでは，利用率が86％（1997年）と整備の進んでいる幼稚園に対して，保育園（2歳まで）のそれは11％とあまり整備が進んでいなかった[4]。廃止された育児給付（2歳まで）は，期間の半分は父親も利用可能であった。厳しい就労制限が存在し，原則母親のみが利用可能な育児手当（3歳まで）への統合は，給付水準の削減以外にも家族，それも多くは母親への育児負担の転嫁を意味した。同様に，1993年3月に導入された低所得世帯に対する所得調査付きの育児支援金[5]（gyermeknevelési támogatás, GYET）制度にも就労制限が存在し，原則母親のみに適用される制度であった。これらの制度は体制転換に伴う女性の雇用の減少の受け皿となった一方で，正規労働市場への参加に対する阻害要因ともなった。

家族給付制度に関する諸改革は，給付の配分効率を高めるものでも保障から漏れる人の出現を防止するものでもなかった。1990年代前半に行われた漸進的かつ躊躇しがちな改革は，重点化されたより効率的な給付構造へのシフトというよりは，給付の目減りをもたらした[6]。1990年代半ばにおける改革は，このような状況下で行われたにもかかわらず，受給資格の厳格化・給付水準の削減を中心としたために，さらに育児に対する費用を上昇させたのである。

3）エスピン＝アンデルセンは，公共政策がこのような傾向を助長するようなシステムを，家族主義的なシステムであるとした（エスピン＝アンデルセン，2000，86-87ページを参照）。
4）Pascall and Manning（2000），p.253.
5）一定の条件の下で，末子が8歳になるまで最低年金額と同額が支給される。
6）Sipos and Tóth（1998），p.287.

1.2　失業給付制度

　ハンガリーにおける失業給付制度は，保険の枠組みのもとで社会主義体制末期の1989年に導入された。導入当初は，給付期間が最長で2年，給付水準については最初の1年間は失業直前の総賃金の70％，後半1年間は50％の給付という制度であった。しかし，この時点での制度は国有企業の廃止により解雇された労働者を一時的に支援する枠組みとして設計されており，失業は一時的かつ小規模な現象に留まるという仮定に基づいていた[7]。そのため，1991年に大量の失業が発生すると，失業給付を中心とする消極的労働市場政策を管轄する連帯基金の財政はまもなく逼迫した。保険料率の引き上げ，中央予算からの繰り入れが行われたが，それでも受給資格の厳格化，給付水準の引き下げは不可避であった。

　受給資格の厳格化に関しては，失業率が二桁を記録するなか，まず給付期間の上限が1992年には1年半，1993年には1年へと短縮された。このため，長期失業者や失業を繰り返す人々など，失業給付受給資格を満たせない失業者が増加した。これらの人々の救済を目的として社会扶助（rendszeres szociális segély）の一制度である失業扶助が導入されたが，1995年7月には財政難から，この制度にすら2年という給付期間の上限が設けられた。学卒者や就業経験がない失業者を救済する目的で導入された，新規の学校卒業者向けの失業扶助も1996年には廃止され積極的労働市場政策に置換された。失業者全体に占めるこれらの諸制度によって保護される失業者の割合は1993年から凋落し，1996年には全体の5割強に過ぎなくなった（第5-2表参照）。また部分労働に関する規定の厳格化もみられる。制度の導入当初は，最低賃金以下の所得であれば給付を受けながらの部分労働が認められていたが，1995年4月以降は，最低賃金の半分以下でなければ給付が打ち切られることになり，これもまた労働のインフォーマル化に拍車をかけるものであった。給付水準もまた大きく下落した。1993年，最初の3か月間にはグロスの賃金の75％，残りの9か月間には60％の給付へと，給付水準が変更された。失業給付制度によって算定される給付額にはスラ

7）Nesporova（1998），p.46.

第 5 - 2 表 ● 失業給付プログラム別, 受給者の失業者全体に占める割合 (%)

	1992	1993	1994	1995	1996	1997
失業給付	61.9	53.9	36.0	26.7	23.8	25.2
学卒者向け失業扶助	—	3.0	3.1	2.8	1.9	—
失業扶助	—	6.5	16.0	21.4	21.9	22.7
合計	61.9	63.4	55.0	50.9	47.7	47.9

出所) The World Bank, Hungary:*On the Road to the European Union*,Washington,D.C.（1999）, p.199.

第 5 - 3 表 ● 失業諸給付の平均水準 (対平均賃金／最低賃金, %)

	1991	1992	1993	1994	1995	1996	1997
失業給付／平均賃金	44	40	37	32	31	28	26
失業給付／最低賃金	118	110	112	105	99	93	82
失業扶助／平均賃金	—	18	18	17	17	16	17
失業扶助／最低賃金	—	50	56	57	55	54	54

出所) The World Bank（1999）, p.200.

イド制が導入されないこと，更には給付額の上限の抑制・下限の固定などの給付抑制策がとられた結果，1995年には平均給付額が最低賃金額を割り込んだ（第 5 - 3 表参照）。

　この失業給付制度の機能不全とも言える状況は，失業給付という消極的労働市場政策から，再訓練や公的な雇用創出などに代表される積極的労働市場政策へのシフトが成功した結果ではない。第 5 - 4 表にあるように，労働市場政策全体に占める積極的労働市場政策[8]向けの支出の割合は確かに増加傾向にあった。しかし，労働市場政策全体への支出規模そのものが半減していたため，積極的労働市場政策への支出規模も実質的には減少しており，積極的労働市場政策へのシフトが成功裏に進んでいたとは決して言えない。ただし，地方自治体などが軽作業などを提供する公的雇用の実施が進んだことは，1990年代半ばの積極的労働市場政策の一つの特徴として挙げることはできよう。

---

8) 若干の例外を除き，雇用基金が積極的労働市場政策を，連帯基金が消極的労働市場政策を管轄している。

第 5-4 表　労働市場諸政策向け支出，1992-1996年

	1992	1993	1994	1995	1996
支出合計（百万フォリント）	82,802	98,977	79,729	74,241	77,366
支出合計（対 GDP 比，％）	2.8	2.8	1.8	1.4	1.2
・支出内訳（％）					
積極的手法	14.9	15.6	21.3	18.6	23.3
雇用創出	3.2	1.7	2.2	1.0	1.9
訓練および再訓練	3.3	3.7	5.1	4.7	4.5
公的雇用	2.0	3.1	5.6	5.9	8.6
補助金付き雇用	0.4	1.2	2.9	2.8	2.6
雇用会社	1.3	1.7	1.7	2.0	1.4
労働時間短縮促進	0.5	0.1	0.1	0.0	0.1
起業支援	2.9	1.6	1.0	0.3	0.3
危機管理	0.9	0.6	1.2	1.0	0.8
その他諸施策	0.5	1.9	1.5	0.9	0.9
消極的手法	79.9	79.0	70.6	71.9	69.4
所得支持（失業給付）	78.1	75.4	62.5	57.5	55.6
早期退職・プレ年金	1.8	3.6	8.1	14.4	13.8
管理コスト	5.2	5.4	8.0	9.5	9.7
・雇用／連帯両基金比率(％)					
雇用基金	15.8	16.4	22.3	20.4	21.8
連帯基金	84.2	83.6	77.7	79.6	78.2

出所）Nesporova (1998), p.46.

1.3　異なる改革の方向性・理念

　1990年代に取り組まれた家族・失業給付制度改革のもっとも顕著な特徴は，受給資格の厳格化，給付期間の短縮，給付額の削減であり，その実質価値の減価であった。一番手厚い保護が必要だったはずの1990年代初期から半ばまでの体制転換不況期において，これらの給付制度における給付は財政的な制約から大きく下落した。このような状況の中で行われた1990年代半ばの一連の制度改革は，給付水準を改善するものではなく，年金制度改革と同様に財政的な視野をとりいれた，受給資格の更なる厳格化，社会扶助方式への移行を含む改革であった。その帰結としてもたらされたものは，これらの保障の網から零れる人々の発生と，給付の受給者・受給資格の喪失者の双方における生活水準の悪化・貧困の拡大であった。第5-5表は，第1-1表でも用いた3つの貧困基準について，家族給付，失業給

第5章
年金制度周辺の諸制度の改革との整合性

第5-5表 諸給付による貧困緩和効果[1]，1992-1997年

	貧困基準(Ft/年)	貧困率(％)	以下の諸給付をなくした場合の貧困率				貧困基準の実質水準[2]	貧困基準の実質水準[3]	物価指数	実質賃金
			家族手当(％)	失業給付(％)	年金(％)	社会扶助(％)	(1992=100)			
			貧困基準：平均の50％							
1992	55,910	12.5	18.1	14.7	28.1	13.2	100.0	100.0	100.0	100.0
1993	71,805	10.4	14.1	12.9	33.5	11.3	104.8	110.1	122.5	95.2
1994	82,600	11.8	16.5	15.3	36.8	12.6	101.5	99.1	145.5	102.4
1995	95,758	15.6	22.7	17.0	34.4	16.2	91.8	101.6	186.6	90.4
1996	106,919	18.0	22.7	19.8	36.4	18.4	82.9	96.9	230.6	85.5
1997	118,532	17.8	21.8	18.7	44.0	18.8	77.7	86.6	272.8	89.7
			貧困基準：中央値の50％							
1992	49,000	10.2	13.7	11.9	25.1	10.8	100.0	100.0	100.0	100.0
1993	61,050	6.6	10.2	9.1	28.0	7.3	101.7	106.9	122.5	95.2
1994	69,823	7.3	11.6	9.7	30.8	8.0	97.9	95.6	145.5	102.4
1995	79,803	9.0	14.8	10.8	26.7	9.5	87.3	96.6	186.6	90.4
1996	92,350	12.7	18.0	14.3	29.9	13.3	81.7	95.5	230.6	85.5
1997	102,750	12.4	16.5	13.4	37.2	13.6	76.9	85.7	272.8	89.7
			貧困基準：第1五分位							
1992	66,502	20.0	27.1	22.3	40.6	20.9	100.0	100.0	100.0	100.0
1993	88,586	20.0	25.9	22.7	49.4	20.8	108.7	114.2	122.5	95.2
1994	97,840	20.0	24.6	22.4	49.6	20.8	101.1	98.7	145.5	102.4
1995	103,600	20.0	27.0	21.9	43.4	20.9	83.5	92.4	186.6	90.4
1996	112,800	20.0	25.6	22.1	43.1	20.4	73.6	86.0	230.6	85.5
1997	124,600	20.0	23.5	21.2	46.4	20.9	68.7	76.5	272.8	89.7

注）1．一人あたり所得に基づく推計。
　　2．物価上昇のみを考慮にいれた場合の貧困基準の実質水準。
　　3．物価上昇と実質賃金下落を考慮にいれた場合の貧困基準の実質水準。
出所）Kolosi, Tóth and Vukovich（eds.），1999および EBRD, *Transition Report 1999 updated*, 1999より作成。

付，年金，社会扶助の各種の社会的給付が，どれだけ貧困を防止・緩和できていたのかを示している。年金給付がもつ貧困防止効果の大きさと，失業給付と次に見る社会扶助の貧困防止効果が少なく，更に減少傾向であることが読み取れるであろう。また家族給付制度も，家族手当・育児手当のミーンズ・テストつき給付化，育児給付の廃止による影響が大きいと思われるが，貧困防止効果が1995年以降に減少している。

　家族・失業給付制度による保障から零れた人々は，最後のセーフティー・ネットである社会扶助制度により救済されることになる。社会扶

助制度は，家計の一人あたり所得が最低年金額に応じて決められた額以下である家族に対して，その水準まで所得を補填する制度の集合体であり，地方自治体にその義務と責任が委譲されている。前述の失業扶助や，一時的に窮乏化する危機にある人に対する一時扶助，老齢扶助，医療扶助などが提供されることとなる。体制転換不況とインフレによって給付の実質価値が半減した家族給付や失業給付とは異なり，社会扶助制度による給付の実質価値の低下は，実質賃金の下落の水準並みに抑えられている。それでも，給付水準は非常に低く，第5-5表が示すように，貧困緩和効果は限定的であった。さらに，その低水準の給付でさえも，地方の深刻な予算やケースワーカー，ノウハウの不足から受給資格があっても扶助を得られないケースが半数近くも存在したという指摘[9]もあるなど「最後の保障」としての役割は正常には果たせていなかった。また管轄する地方自治体の持つ裁量の余地が大きいため，給付に公平性の問題が存在するばかりか，スティグマの問題も深刻であったとされる。

深刻な財政事情のもとでの失業率の急激な上昇，および就業率・労働力率の大幅な下落，貧困の拡大は，それまでの就業・保険料拠出を条件とする諸給付の抜本的な改革を不可避なものにした。しかし，「最後の保障」となるべき社会扶助の制度が十分に機能していないという指摘もある状況で，制度改革の原則として普遍化ではなくミーンズ・テストつきの扶助の枠組みを導入することが本当に適切だったのかについては疑問が残るといえよう。

また，年金制度との関連も視野にいれた場合，総体としての社会保障制度の制度設計上の矛盾・非効率もいくつか指摘できる。例えば，年金制度においては，第2章でみたように，拠出と給付との関係の強化など透明性の向上，給付の乗率体系の変更などによって制度へのより長期の加入を誘因付ける改革が行われたうえ，改革の敗者になり得る既存の年金生活者の既得権益の保護を図る特例措置の導入などが行われた。一方，家族給付制度においては，インフォーマル・セクターでの労働を誘因付けかねない就

---

9) Ferge, 1997a, pp.305-306.

労制限付きの長期の育児手当を付与している事例や，育児給付・家族手当をミーンズ・テスト付きの枠組みにしたために発生する，無所得の育児休業取得者へ年金保険料が賦課された事例などが挙げられる。加えて，これら改革においては十分な激変緩和措置が取られているとは言いがたい。

　これらの違いの要因としては，年金制度と家族・失業給付制度の改革が，共に財政的持続可能性を指向したものであった一方で，それぞれに影響を及ぼした思想が異なっていることが指摘できよう。部分的民営化をも含んだ年金制度改革は，世界銀行の新自由主義的な思想の影響のもとで取り組まれた，福祉の担い手としての市場の部分的導入，受給単位の個人化を軸としていたものであったのに対し，家族・失業給付における改革は，保守主義的・家族主義的な思想のもと，同じく福祉の担い手として家族の役割を強化する要素が織り込まれていたものであったことに生じるミスマッチであったと言えるであろう。

　いずれにせよ，総体としてみた場合には，1990年代の半ばから後半において取り組まれた家族・失業給付制度の改革は，貧困の防止という観点，長期にわたって制度が存続し安定的な保障を行うという観点，換言すれば将来の育児・失業のリスクに対する信頼性のある所得保障制度の構築という意味においても，不十分であると言わざるを得なかった。それゆえに，1990年代の所得保障制度の諸改革では総体として十分な補完性が確保されたとは言えず，また生活上のリスクが減少したとも言えないだろう。

　1990年代，このような正規労働市場から押し出された失業者，ないしは十分でない水準の育児関連手当の受給者などにおける貧困を部分的に緩和したのは，インフォーマル・セクターにおける就労であった。非正規の労働市場での労働は旧体制下から広範にみられるものであり，ここでの稼得が失業など移行の「社会的コスト」を緩和しているという見解は多くの研究者によって示されている。しかし，インフォーマル・セクターでの就労は，近視眼的にみれば短期的には失業・貧困などの移行の「社会的コスト」の緩衝材としての重要な機能を果たしており，不十分な社会保障を部分的に補完していると言える一方で，一般的に労働条件（安全面など）が

悪いこと，またそこでの就業者には年金や医療など拠出に基づく社会保障制度の受給資格がなく[10]，長期的な視野に立ってみればそれは将来の貧困要因であり，社会保障制度それ自体や財政の大きな不安定要素ともなっており，インフォーマル・セクターの果たす役割の肯定的な評価には十分な留意が必要である。

2│EU 加盟以後の社会的領域の制度改革の傾向

1997年以降，毎年 4 ％以上の実質 GDP 成長率を記録していたハンガリー経済は，他の多くの EU 新規加盟国が 5 ％以上の高い経済成長を記録する中，2007年に1.1％の経済成長率と沈み込んだ（序−第 3 表参照）。一人あたり GDP も EU27か国平均の 6 割強程度（2007年は62.6％[11]）の水準で 5 年から 6 年停滞しており，西側水準へのキャッチアップが進んでいるとは言いがたい状況であった。

このような経済状況の足枷となっていたのは，EU の自由化政策などに基づくエネルギー価格の上昇や世界経済の減速も重要ではあったが，主として厳しい財政状況であった。将来のユーロ導入に向けて財政の健全化を進めることが重要課題となっており，その目的達成の手段には，省庁機構のスリム化など行政改革とともに，社会保障・社会福祉の双方における水準の削減や制度の合理化・効率化が必要であった[12]。緊縮政策の結果，単年度の財政赤字は2006年の9.2％から2007年の5.5％と改善されたが，66％（いずれも対 GDP 比，出所はユーロスタット）の水準にある累積債務ともどもユーロ導入基準を満たしておらず，ハンガリーは更なる財政赤字削減に向けた継続的な努力を求められていた。

2006年 6 月 9 日に発足した第 2 期ジュルチャーニ政権は，政権発足と同時に承認された新政府プログラムで行財政改革，医療改革などの必要性を示していたが，主に税・社会保険料の引き上げにより財政収支の改善を目

---

10) Szamuely, 1996, p.71および堀林, 199767ページ。
11) ユーロスタット・ウェブサイト（http://epp.eurostat.ec.europa.eu/　2009/11/18アクセス）の一人あたり GDP データ（購買力平価調整済）。
12) 2006年夏の緊縮政策にいたる経緯の概要は，第 7 章を参照のこと。

指す政策パッケージ (The New Equilibrium Programme 2006-2008) を政権発足直後に発表し国民の不興を買った。さらに，同年8月末から秋にかけてEUに提出した「収斂プログラム」(Convergence Programme of Hungary: 2005-2009) や，「社会的保護・社会的包摂に関する国家戦略報告」(National Strategy Report on Social Protection and Social Inclusion 2006-2008) などの文書において，社会領域を含む改革の全体像が具体的に示された。2007年は，これら「ジュルチャーニ・パッケージ」と呼ばれた緊縮政策に伴う改革プログラムの多くの施策の実施・法制化がなされた年であった。

本節では，2007年時点の家族給付制度を中心とした家族福祉，老齢扶助など高齢者福祉，さらには貧困対策など，社会福祉を包含する社会的領域における各制度の状況と，危機的な財政状況の中，2006年夏に発表された緊縮政策の一環として行われた医療制度改革を概観し，EU加盟実現後のハンガリーにおける社会的領域の制度改革の方向性を確認する。

2.1 高齢者福祉

ハンガリーは1981年をピークとして，既に緩やかな人口減少社会となっている。社会の高齢化は，日本ほど急激にではないが確実に進行している。2006年に初めて65才以上人口比率が14才未満人口比率を上回った。政府が欧州委員会に提出した収斂プログラム (Government of the Republic of Hungary, 2007) によれば，2007年時点での65才以上人口比率は15.9％であり，今後も2020年20.3％，2030年に22.3％，2050年には28.1％に達すると予測されている。

高齢者の所得保障[13]は主として年金によって担われているが，十分な年金受給権を確立できていないケースにおいては，社会扶助の制度の一つである老齢扶助により一定の所得保障がなされる。2007年現在の法定退職年齢は男62才，女61才（2009年より62才に引き上げ）であり，男性約73万7,000人，女性約127万4,000人の合計約201万1,000人がこの年齢を超えているこ

---

13) 以下の各項目での給付・サービスなどの受給者数・給付額などは，とくに明示のないものは統計局の『社会統計年鑑2006』(KSH, Szociális statisztikai évkönyv, 2006, 2007) による。

とになるが，実際の年金形態の給付の受給者には，退職年齢以下の障害年金，早期退職年金，遺族年金の受給者などが加わるため約302万5,000人（人口全体の約 3 割）と高齢者数を大きく上回っている。

　2007年の給付水準は，1 か月分のボーナス年金（通称「13か月目の年金」[14]。2003年より段階的に導入）など近年の引き上げの効果もあり，年金形態の給付の全体（扶助は含まない）で，ネットの平均賃金の約66.9％（ONYF, 2008b）となっており，平均賃金との比較では国際的に見て寛大な水準にあると言える。給付には「物価上昇率と実質賃金成長率の平均」に基づいたスライド制（スイス方式）がとりいれられており，年金生活者は比較的保護された社会集団であった[15]。ただし，給付には従前所得が大きく影響するため，平均で（2007年初）月額 7 万8,577フォリントの老齢年金（öregségi nyugdij）においても[16]，4 万フォリント未満の受給者が 4 ％，一方でネットの平均賃金を越える12万フォリント以上の受給者が9.3％いるなど大きな格差がある（第 5 − 1 図参照）。

　老齢扶助は2006年で平均6,462人が受給した。平均の扶助額は 2 万4,081フォリントであった。受給者数は60歳以上人口の約0.3％にあたるが，人口500人未満の村落では0.6％と受給率が高くなっている（ブダペシュトでは0.1％）。

　高齢者介護に関しては，2007年現在，介護保険制度など，独立した制度は存在していない。医療と社会サービス（社会福祉）の双方の枠組みに跨る形で介護サービスが提供されている。この重複の解消は急務とみなされており（Government of the Republic of Hungary, 2006a），2007年に医療分野の改革の一環として着手された過剰ベッドの削減（時に病院の閉鎖）ならびにリハビリ，介護施設などへの転換は，この目的に沿うものである。

---

14) 2003年に社会党・自由民主連合の中道左派連立政権のもとで導入された。2003年に 4 分の 1 か月分のボーナスの形で年金受給者に支給され，以後毎年 4 分の 1 か月分ずつ増額され，2006年に合計 1 か月分となった。
15) スライド方式は2010年より変更された。第 4 章注12参照。
16) 2007年 1 月のフルタイムの就業者のネットの平均賃金は，11万9,735フォリントであった（KSH, 2008）。

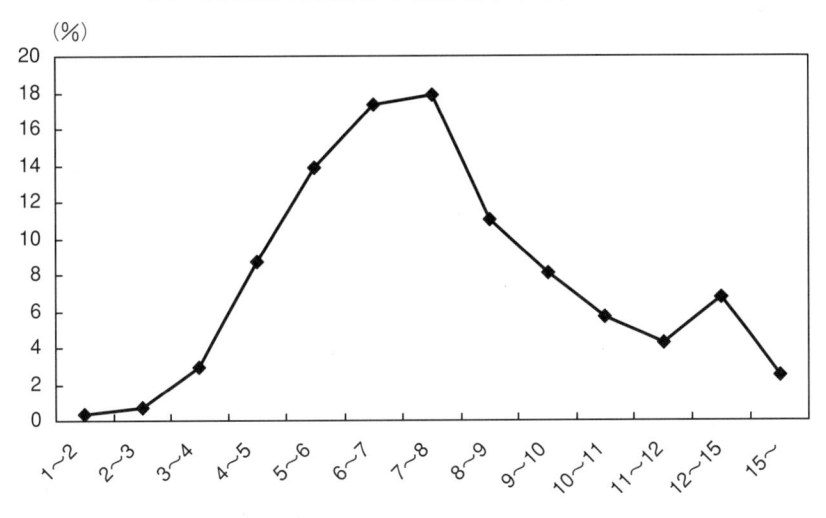

第 5-1 図 ● 老齢年金受給者の受給額別分布（月額，2007年1月）

(%)
[グラフ：横軸は年金月額（単位：10,000Ft）で 1～2, 2～3, 3～4, 4～5, 5～6, 6～7, 7～8, 8～9, 9～10, 10～11, 11～12, 12～15, 15～ の区分、縦軸は0～20%]

年金月額（単位：10,000Ft）

出所）KSH, *Szociális statisztikai évkönyv, 2006*, 2007, p.97.

介護サービスは基本的な社会サービスとして，国がその費用の大部分に責任を持つ一方で，地方自治体がその施設・ケアサービスを供給する責任を負っている。しかし，国が拠出する資金は標準に基づいて算出された額であるため，多くの地方自治体は部分的なコストしか賄えず，結果として財源不足の地方自治体ではサービスを求める高齢者へのニーズの対応，およびそのような高齢者の発見が十分に出来ていないことが指摘されている（*Ibid.*, p.64）。

1）訪問介護，デイケア

施設への入所を伴わない介護サービスの代表的なものとしては，介護士による訪問介護，食事のケータリング，「高齢者のためのクラブ」（idősek klubja）と称される施設でのデイケアが挙げられる。それぞれのサービス利用者は第5-6表の通りである。

それぞれのサービスは9割以上が地方自治体により運営されているが，公益企業，財団・社団（NGOを含む），教会により運営されているケース

第5-6表 訪問介護，ケータリング，デイケア利用者（2006年，単位：人）

	訪問介護	ケータリング		高齢者のためのクラブ
サービス利用者	48,088	108,938	クラブ（施設）数	1,238
うち男性	13,949	42,331	クラブ定員	40,904
うち女性	34,139	66,607	利用者数	39,048
60歳以上人口1万人あたりサービス利用者	221.6	501.9	60歳以上人口1万人あたりサービス利用者	179.9
コスト負担を行っている利用者数	37,765	95,979	コスト負担を行っている利用者数	26,669
			介護士数	3,562
			うち有資格者数	2,719
			施設定員充足率（％）	95.5

出所）KSH, *Szociális statisztikai évkönyv, 2006*, 2007より作成。

もそれぞれ僅かずつ存在する。

2）入所サービス

入所型の介護サービスもまた，地方自治体の責任によって提供される。長期滞在型の施設と，最大1年（ホームレス向けのシェルターを除く）の期限でケアを行う一時滞在型施設とがある。第5-7表で示したように，高齢者用（ただし，疾病により18歳以上から入居できる）のみでなく，入居者の状況に応じた多様な種類の施設が存在する。施設の設立者は，地方自治体（517施設），県・ブダペシュト市（334施設），教会（185施設），財団（151施設），公益企業（131施設），社団（68施設）などとなっている。

3）介護給付

高齢者の介護に限定されたものではないが，介護を行っている近親者に対して，本人の申請（重度の障害者，もしくは慢性疾患をもつ18歳未満の子供を介護している場合）または地方自治体の決定（18歳以上の要介護者を介護している場合）により，介護給付（ápolási díj）が支払われる。前者の給付額は，最低老齢年金に等しく，2007年は月額2万7,130フォリント（地方が10％，国が90％を拠出。2月15日以降の額），集中的な介護が必要な場合は3割増の3万5,269フォリントである。後者の地方自治体の決定に基づく場合は最低老齢年金額の80％（2万1,704フォリント）以上の地方自治体が決

第5章
年金制度周辺の諸制度の改革との整合性

第5-7表　入所型介護サービス施設数，利用状況（2006年）

	施設数	承認ベッド数	稼動ベッド数	入所者数	入所率（％）	人口10万人あたりベッド数
長期滞在型施設						
高齢者用	793	48,939	48,818	46,975	96.2	485.0
精神障害者用	81	8,133	8,068	8,097	100.4	80.1
障害者用	282	16,648	16,646	16,074	96.6	165.4
薬物・アルコール依存者用	40	2,023	2,023	1,962	97.0	20.1
ホームレス用	21	583	583	550	94.3	5.8
合計	1,146	76,326	76,138	73,658	96.7	756.4
一時滞在型施設						
高齢者用	156	3,120	3,120	3,062	98.1	31.0
精神障害者用	2	35	35	35	100.0	0.3
障害者用	14	209	209	193	92.3	2.1
薬物・アルコール依存者用	12	182	182	156	85.7	1.8
ホームレス用夜間シェルター	75	3,514	3,514	3,203	91.1	34.9
ホームレス用シェルター	92	4,036	4,036	3,595	89.1	40.1
ホームレス用夜間シェルター（冬期のみ）	7	245	245	231	94.3	2.4
合計	315	11,341	11,341	10,475	92.4	112.7

出所）KSH, *Szociális statisztikai évkönyv, 2006*, 2007より作成。

める額（地方自治体が全額を拠出）である。2006年には平均で4万7,400人が同給付を受給した。

2.2　障害者福祉

労働能力の67％以上を喪失し障害年金を受給している者は，2007年1月時点で83万2,545人（障害年金と障害給付の合計）であり，総人口の約8.3％にあたる。しかし，すでに論じたように，ハンガリーでは，1990年代前半の体制転換に伴う不況時に，もはや再就業の見込みのない，もしくは困難な層を労働市場から退出させるために障害年金制度などが弾力的に運用された歴史がある（第3-3表参照）。また障害認定が厳格化された近年においても，毎年新たに年金の受給を始める者の約3割が障害年金の受給であること（2006年にも3万9,211人が新たに障害年金受給資格を認定された），労

働市場の状況が悪化すると退職年齢以下の人々による障害年金申請が増える傾向にあるとする指摘（Scharle, 2008）もあることから[17]、障害年金受給者数が（成年以上の）障害を有する人の数を正確に示しているとみなすことは難しい。

　障害者に対する主要な所得保障である障害年金（rokkantsági nyugdíj）は、わが国や他の多くの欧州諸国と同様に、国民の普遍的な権利としてはではなく、社会保険である年金制度の枠組みの中で附与される。従って、障害年金の受給資格を得るには一定期間（年齢により2年から20年）の年金保険料の拠出が必要であり[18]、資格を持たない場合には社会扶助による対応となる。

　この拠出期間を満たした上で、障害により労働能力の67％以上、稼得の20％以上を喪失し、その状態が1年以上改善される見込みがないと認定された場合[19]、障害年金が給付される。労働能力の低下の程度に応じて、（第I種）労働能力を完全に喪失し、かつ他者による恒久的な介護が必要、（第II種）労働能力を完全に喪失するものの、他者による恒久的な介護は不要、（第III種）労働能力の67％以上100％未満の喪失、と区分されている。

　第III種の場合、給付水準は拠出期間が25年を超えていれば老齢年金の算出枠組みで計算される。25年未満の場合は拠出期間に応じ、申請者の過去の平均月間所得の37.5％から63％となり、高等教育就学者など過去の所得データが利用不可能な場合は最低賃金に基づき算出される。第II種はこの5％増、第I種は10％増となる。ただし上限と下限があり、上限は各人の過去の平均月間所得の100％、下限は第III種が月額2万7,130フォリント（＝最低老齢年金額）、第II種が2万8,340フォリント、第I種が2万9,370フォリント（2007年）である。18歳から25歳までに完全に労働能力を喪失した場合には、障害給付（rokkantsági járadék）の対象となり、国の予算より月額3万0,330フォリントが支払われる。

---

17) ただし、同研究では健康指標の悪化なども申請数に影響を及ぼすと指摘されている。
18) 軍隊所属期間（徴兵制度は2004年に廃止）、出産手当・疾病給付・労災疾病給付・各種育児給付の受給期間、フルタイムの高等教育就学期間は保険料拠出期間に算入される。
19) 障害年金申請の審査の仕組み・現状等については、Juhász（2008）を参照のこと。

2007年初の時点では、退職年齢以上の35万553人[20]、退職年齢未満の45万1,593人が障害年金を、障害給付を3万39人が受給していた。

障害者の就労支援に関しては、ハンガリーでも、障害者雇用率制度や障害者を雇用する企業への補助金など、障害者の就労を支援するための諸制度が存在しているが、障害者の労働市場参加はEU諸国等に比較して低水準に止まっており、ハンガリーにおける障害者の就労は10％に満たない水準である（Frey, 2008）。

このような現状を転換すべく、2007年6月、リハビリ給付法が採択された（2008年初より発効）。この新しい法律は、幾つかの措置を含んだものであるが、端的に言えば、障害年金の附与を中心としたこれまでの受動的な対応を改め、障害者の就労促進に主眼を置くとする積極的政策と言えよう。以下に、簡単に概要を紹介する（Frey, 2008）。

第1に、これまで労働能力の喪失、という観点から行われていた障害の評価基準が、残存した、もしくは潜在的な労働能力に着目したものに変更された。

第2に、統合的なリハビリ・サービスの提供である。個々の障害者に合わせたリハビリ・サービスを、医療・社会サービス・雇用の各施策を統合した形で提供することを目的としている。

第3に、リハビリ給付（rehabilitációs járadék）の導入である。労働能力の回復・再開発が見込めると判断された就労年齢の障害者は、障害年金ではなく期間の限られたリハビリ給付（上限3年、水準は障害年金の120％）の対象となり、労働市場への再統合を前提としたリハビリを受けることとなる。

第4に、使用者への関連規制の強化である。ハンガリーでは20人以上の従業員を有する使用者には、障害を有する労働者を全従業員の5％以上雇用することを義務付けられている。この義務を満たせない場合には、（雇

20）法定退職年齢を超えてから障害を負った場合は、その時点で未就業であれば障害年金を申請できない。退職年齢到達以前に障害年金の受給を開始していた場合には退職年齢到達以後も老齢年金に移行せず、その後も障害年金が給付される。

用保険を運営する）労働市場基金に，足りない障害者一人あたり15万2,000フォリント（2007年の年額）納付する必要がある。一方で，障害者[21]を少なくとも１年間雇用する使用者は，労働市場基金より雇用期間に応じた額の支援を得られていたのだが，2007年７月，「障害者を20名以上雇用し，かつ従業員全体の40％以上を占める」（「基本認定」の場合）などの条件を満たし労働福祉局（FSZH）より認定を得ることが補助金受給の必要条件となった。その上で，高いレベルの認定を受ければ障害者を雇用するコストを全額補償されるなど，一定規模の使用者へ障害者の雇用を誘因付けている。

2.3　児童・家族福祉[22]

　ハンガリーの家族・育児政策の諸制度は，第１節でもみたように税・社会保険の双方に基づく所得保障が中心の多様な給付・支援制度の集合体となっており，ここでは家族給付制度と総称する。これら家族給付制度のシステムは，カーダール体制下での1960年代以降，1956年のハンガリー革命後の国民への宥和策として行われた寛大な社会政策の一環として拡充された歴史を持つ。1960年代当時，労働力需要が低水準であり失業発生の懸念があったことを背景に，女性（母親）は家で育児を行うべきと喧伝されており（堀林, 2001），その影響は現在の制度・人々の考え方にも強く残存している[23]。2006年に幼稚園の数が4,524，初等教育校の数が3,591であったのに対し，保育所数が543のみであった事実を挙げるだけでも，その証左となろう。

　以下に2007年時点での主な給付制度の概要[24]を紹介する。１）が子供に対する普遍的な給付，２）にグループ分けした諸制度が育児従事者（主に

21）40％以上の労働能力喪失，かつ障害年金および老齢年金の受給者でない者。
22）以下での幼稚園の施設数や児童数などについては，利用した統計（KSH, *Magyar statisztikai évkönyv, 2006*, 2007）の制約上，2006年９月からの学校暦におけるデータをもって2006年のデータとみなしている。
23）2008年６月16日付MTI電子版が報じた世論調査（Szonda Ipsos社実施）結果でも，回答者の87％が，女性（母親）は子供が３歳になるまでは雇用を求めるべきではないと回答した。

親）に対する給付，3）が出産に関する給付の諸制度である。給付水準はいずれも2007年の金額である。

1）家族手当

非拠出制の給付で，子供の誕生から義務教育（通常18歳）終了まで給付。高等教育に就学中の場合は23歳まで給付される。給付水準（月額，7月のみ倍額）は子供が1人の場合1万1,700フォリント，2人いる場合には1人につき1万2,700フォリント，3人以上の場合は1人につき1万4,900フォリントである。障害児，片親世帯の場合には増額される。家族手当は2006年に子供を持つ家庭への税控除など2制度と統合され，大幅に引き上げられた（家族あたり平均給付額は2005年比で約1.7倍に増加）[25]。

2-a）育児手当（GYES）

非拠出制の給付であり，子供が3歳になるまで給付される（双子の場合は倍額が就学まで，障害児の場合10歳まで給付される）。父親あるいは祖父母も取得可能であるが，受給者（親など）は子供が1歳になるまでは就労できない。給付水準は，子供の数にかかわらず最低老齢年金と同額の月額2万7,130フォリントである。

2-b）育児給付（GYED）

社会保険であり，出産前の2年間のうち180日以上の保険料拠出，および子供が受給者の家族と同居し，子供の片親が在宅することが必要である。TGYASの受給終了後，子供が2歳になるまで給付される（GYESとの同時受給は出来ないが，GYEDの終了後GYESへ移行可）。水準は受給者の前年の税込み賃金平均の70％であるが，最低賃金の140％（9万1,700フォリント）の上限が存在する。

2-c）育児支援金（GYET）

非拠出制の給付であり，3人以上の子供を育てている家庭に支給され

---

24) 1998年から2002年までのフィデス主導の中道右派政権下において，第1節でみた諸改革は部分的に撤回ないし再改正された。家族手当と育児手当（GYES）はミーンズ・テストのない普遍的な給付とされ（ただし普遍化後の水準は低下），育児給付（GYED）は復活された。
25) 中所得者以上が利用できる税控除，資産調査を伴う育児扶助の2制度を，普遍的な給付（の増額）へと振り替えたという意味で，低所得者に恩恵のある改革であった（Tausz, 2006）。

る。水準は最低老齢年金と同額の月額2万7,130フォリントである。一番下の子供が3歳から8歳の間に給付される。受給者は一日に4時間を超えて就労できない。

3-a) 出産一時金 (anyasági támogatás)

非拠出制の給付であり，出産を行う女性に一括で給付される（非課税）。出産までに4度の検診（早産の場合1回）を終えていることが条件。給付水準は最低老齢年金の225％に設定されており，6万1,042フォリントである。双子の場合は同300％の8万1,390フォリントとなる。

3-b) 出産手当 (terhességi-gyermekágyi segély, TGYAS)

社会保険であり，出産前の2年間のうち180日以上の保険料拠出と，保険加入期間内もしくは加入終了後42週以内に出産することが条件である。給付は，受給者の前年の税込み賃金平均の70％であり，出産4週間前もしくは出産時から24週間給付される（選択可能。その後 GYED に移行する）。

1)の家族手当と，2)にグループ分けした3制度ないし3-b)の給付のいずれかとは，上述の通り給付の対象が異なる（前者が子供，後者が育児従事者ないし母親）ため，同時に受給可能である。各給付制度の受給者数は第5-8表の通りである。また，ここには挙げなかったが，他にも病気の子供を世話する際の給付制度，社会扶助による支援制度等がある。

次に保育サービスについては，ハンガリーの家族政策は，母親が休職して子供の面倒をフルタイムで見るという考えに強く影響を受けている。結果として，0歳から3歳もしくは4歳[26]までの児童を預かる保育所は全国に543か所と少なく（うち511施設は地方自治体が運営），利用児童数も，0歳から満4歳までの子供の数38万1,790人に対して3万1,153人（約8.2％）にとどまっている（2006年）。とくに1歳未満は117人（約0.1％），1歳以上2歳未満も3,813人（約4.0％）と満2歳未満の幼児の利用は著しく少ない。

一方で，幼稚園は，3歳から通常6歳までの児童が通う[27]。うち1年間のみは義務となっている。施設数は4,524（うち4,156施設は地方自治体が運

---

[26] 通常は満3歳を迎えた後の8月まで。身体的・精神的な発達が幼稚園での教育に十分でない場合には，満4歳になった後の8月31日まで（1年間）保育所にとどまることができる。

第5章
年金制度周辺の諸制度の改革との整合性

第5-8表　家族政策の諸制度の利用状況（2006年）

	家族手当		育児手当 (GYES)	育児給付 (GYED)	育児支援金 (GYET)	出産 手当	出産 一時金
	家族	子供					
受給者数 （月平均，単位：人）	1,269,000	2,067,000	166,922	91,678	45,819	30,451	95,146
平均受給月額[1] （フォリント）	21,637		27,432	62,685	25,898	59,514	n.a.
年間支出 （100万フォリント）	329,430		54,948	68,961	14,240	5,663	30,315

注）1．出産一時金は月あたりの給付額ではなく，一件あたりの一時金の平均額。
出所）KSH, *Szociális statisztikai évkönyv, 2006*, 2007より作成。

営），児童数は32万7,644人を数えており，3歳から5歳までの約9割の児童が幼稚園利用者として登録されている。幼稚園には，言語の学習やスポーツ活動などに特化した施設も存在している。

このような体系の家族政策については，様々な評価がなされている。これら諸制度による給付が育児世代の貧困防止に重要な役割を果たしているという点には異論の余地はない。しかし，その水準について言えば，家族関連制度への国の拠出は2006年の家族手当増額により大幅に増加したものの，それでもGDP比では1990年水準の約半分に過ぎない。また，様々な制度の乱立による非効率性，家族制度が女性を長期間労働市場から離脱させるため労働市場に悪影響を及ぼしているなど，主として経済学者から多くの問題点と合理化の必要性が指摘されている（例えばHemmings, 2007など）。

2.4　貧困対策・就労支援

国際的に一般的な基準（中位所得の60％未満）以下で貧困の危険に晒されている人口の割合は，調査により変動はあるが，おおむね12-14％前後である（Government of the Republic of Hungary, 2006a）。ハンガリーでは高齢者は比較的貧困リスクの低い社会集団であるが，一方で，教育水準が低い

---

27) 5月31日時点で満6歳に迎えている児童は9月より小学校へ入学できるが，親の判断で幼稚園にとどまることも可能である。

者，失業者，（比較的若年で）多くの子供を持つ者，小村や経済的に不利な地域に居住する者，エスニシティ（主にロマ），が貧困の重要な要因となることが指摘されている。

　2007年現在，ハンガリーには最低限所得保障（GMI）の制度は存在しておらず，またそのような制度の実現を目指す政府の目立った動きも観察されない。基本的には既に見てきた年金や家族・育児諸給付，そして失業保険などの社会保障の諸制度が脆弱な社会集団の生活保障を担っている。

　これらの給付から漏れた人々の最低限の生活保障は，地方自治体が管轄する各種の社会扶助制度が担っている。社会扶助制度には継続的な扶助と一時的な扶助とあり，前者には社会扶助や老齢扶助，児童保護費扶助が，後者には一時扶助，特別児童保護扶助，住宅扶助，葬祭扶助などが存在する。

　2006年の社会扶助の平均受給件数は16万426人（年平均）であり，人口1万人あたり約159.3人がこの扶助を受けている計算になる。扶助額の平均は月額2万3,771フォリントとなっている。2006年7月より社会扶助は個人単位から家族単位へ変更され，子供が多い家族などでは給付が増加した（ただし，ネットの最低賃金と同額の上限あり）。また，貧困の罠を回避しつつ労働市場への復帰を促進するため，雇用が見つかった後も扶助額の50％を3か月，25％をさらに3か月給付されるようになった。同様に，一時的な雇用の場合は，賃金と扶助費の双方を（減殺なしで）得ることが出来るようになるなど，一定の就労促進策がとられている。

　またこの他にも，社会保障・福祉に依存する人を減らすための様々な就労促進策が導入されている。

　2007年7月には，2005年10月より導入されていた「STARTプログラム」の拡張がなされた。同プログラムは，職を初めて求める若者を雇用した使用者に対し，2年間社会保険料の軽減を行うものであったが，これが育児休業から労働市場に戻る親，長期失業者にまで対象が拡大された。健康・年金・雇用の各保険の使用者負担の合計は総賃金の32％だが，これが一定額の賃金までは1年目15％，2年目25％に軽減され，さらに定額の健康保

険料（1,950フォリント／月）も免除される。また，50歳以上または教育水準の低い長期失業者を雇用する使用者に対しては，保険料の軽減額がさらに拡大される（1年目の保険料全額免除，2年目に15％のみ支払い）。

このほか，すでにみたように障害者福祉，最低生活保障の分野についても就労促進政策が実施されており，この2007年前後の改革の一つの大きな柱，特徴となっている。

2.5 医療改革

ハンガリーにおいては，健康水準が経済発展水準に比して著しく低いことが依然から重大な問題として指摘されている。OECD諸国における比較では，ハンガリーは関連する多くの指標で最低水準にある。例えば，平均寿命，65歳時点の期待余命，虚血性心疾患・脳卒中・癌（癌全体，肺癌，乳癌）など各種疾病による死亡率，自殺率などにおいて，OECD諸国中最下位もしくは2番目に状況の悪い国となっている（OECD, 2007。データは2004ないし2005年）。またEU加盟国との比較においても，多くの健康関連の指標でバルト諸国やルーマニア・ブルガリアなどと下位グループを形成している。この要因には生活習慣や貧困，そして医療制度の低パフォーマンス，そしてそもそもの公的支出水準が非常に抑制されていることなどが挙げられる。

ハンガリーの医療制度は，強制加入の健康保険の保険料収入を用いて国（健康保険基金）が医療機関から医療サービスを購入（医療費を負担）し，患者はサービス利用時には無料でサービスを受けられる構造であった（差額ベッド，薬代の一部，および医師・看護師等への謝礼金[28]など除く）。そのため医師・患者・病院のいずれも，ニーズを超えた過剰な医療サービスへ

---

28) 医療サービスは原則無料で享受できるが，ハンガリーでは医療従事者へ非公式な「袖の下」「謝金」を贈る習慣があり，これを考慮に入れると，サービス受益者の負担率は3割程度にのぼるとされる。これを考慮した場合，ハンガリーの医療サービス受益者の負担比率は，EU諸国の中でも最大級と推測されている（OECD, 2008）。謝金の習慣は，低水準の公的支出による医療従事者の低賃金を補っているという側面もあり，ハンガリーの医療制度の構造的な問題である。

の需要を削減するインセンティブを持っていなかった。その一方で，使用者の社会保険料負担の引き下げによる近隣諸国間の投資誘致における競争力維持の必要性と年金支出の膨張のため，健康保険料率（第5-9表）および医療サービスへの支出は大きく抑制された。ハンガリーの保健・医療分野における公的支出はOECD諸国やEU15か国（第5時拡大以前の加盟国）の平均を大きく下回っている。2004年，一人あたりの公的な支出はEU15か国平均の42％に過ぎず，1990年代はじめから比べてそのギャップは（一定の経済発展水準のキャッチアップにもかかわらず）増えている。1992年から2004年まで，健康・医療関連の公的支出は29％伸びたが，その間GDP

第5-9表 年金・健康保険料の変遷（総賃金に占める保険料の割合）

	年金		健康保険	
	使用者負担	被用者負担	使用者負担	被用者負担
1990	＜使用者43％，被用者10％＞			
1991	＜使用者43％，被用者10％＞			
1992	24.5％	6％	19.5％	4％
1993	24.5％	6％	19.5％	4％
1994	24.5％	6％	19.5％	4％
1995	24.5％	6％	19.5％	4％
1996	24.5％	6％	18％	4％
1997	24％	6％	15％	4％
1998	24％	7％	15％	3％
1999	22％	8％	11％	3％
2000	22％	8％	11％	3％
2001	20％	8％	11％	3％
2002	18％	8％	11％	3％
2003	18％	8.5％	11％	3％
2004	18％	8.5％	11％	4％
2005	18％	8.5％	11％	4％
2006	18％	8.5％	11％	4％
2007	21％	8.5％	8％	7％
2008	24％	9.5％	5％	6％

注）健康保険分の使用者負担には，別に定額分が1997年より導入されている。しかし，それを換算しても使用者負担分は2006年の12.6％から2008年には約6.5％に半減した（OECD, 2008）。
出所）財務省より入手した資料ほかより筆者作成。

は50％以上伸びた。対GDP比率で見て，健康・医療支出が長期に低減傾向にあるのは，典型的ではない（OECD, 2008）。

医療制度の改革は，1）支出削減，2）国民の健康状態の向上，3）経済成長のための労働力資源の確保，などの側面から最重要課題の一つに位置づけられた。2007年には，制度の抜本的な改革として，主に以下のような措置が実行ないしは導入決定された。

第1に，保険原理の強化である。受診時に有効な健康保険（ないしその他の医療サービス受領資格）を有しているかの確認を徹底することにより，インフォーマル・セクターでの就労者などのフリーライダーに対し，健康保険に加入するインセンティブを高めることとなった。有効な健康保険ないし資格を有さなければ，基本的医療サービス（救急，母子保護など）しか受けられなくなることとなった[29]。

第2に，外来受診料，入院費への患者の公式な部分的負担の導入である。前者は1回につき300から1,000フォリント，後者は1日につき300フォリントで，その患者の収入状況などに応じた負担の上限がある。これは，2007年2月15日より導入された。

第3に，健康保険監督庁の設置による過剰なサービス提供の監視である。また（症状ごとの）標準的措置の設定，および紹介状なしでのより高度な医療サービスへのアクセス制限などについても導入された。これらの措置により，医療サービスの質の維持と地域格差の是正，および過剰サービス利用の削減が促進されることなった。

第4に，過剰な入院施設の，介護施設や外来施設への転換ないしは閉鎖が実施された。過剰な入院施設が不必要な入院（社会的入院含む）を作り出し，医療費を膨張させていることへの対応であった。

第5に，医薬品への補助金を削減し，患者負担増加を増加することによって，ジェネリック医薬品の利用を促進することが行われた。

そして，政治的に大きな論議を招いたものとして，健康保険基金を地域別に分割し，それら基金へ民間の資本を部分的に導入（49％以下）するこ

29）段階的に導入される予定で，2007年時点では有効な保険を持たない者への制限はなかった。

とを認めるという，健康保険制度の部分的民営化案である。第2与党の自由民主連合が強く推していたこの改革は，連立与党内でも反対のあるなか，2007年12月に健康保険改革法として採択された。大統領の署名拒否により一度差し戻された後，2008年2月に国会の再可決により同改革法は成立したが，2008年4月の社会党と自由民主連合との連立解消により撤回された。

　これらの医療分野における施策は，主として過剰な需要が発生する仕組みの改革，そして現状の限られた資源のより効率的な使用を意図したものであった。しかし，2008年に入って，とくに重要な措置と位置づけられていた2項目，すなわち，受診料と入院費の一部負担ならびに健康保険改革法による健康保険基金への民間資本の導入については，前者が2008年3月の国民投票の結果撤回・廃止され，その後の与党間の不和と連立解消により後者も撤回された（その他の改革措置については実行されている）。

2.6　市場と社会福祉

　第4章で触れた2007年前後の年金制度改革との比較も踏まえて，近年のハンガリーの社会的領域における施策の展開を概括するとすれば，以下のような傾向が指摘できるだろう。

　第1に，社会的領域において国家が「寛大な条件で無限に責任を負う」状態から後退していることが観察される。これは年金領域における早期退職の制限や，医療における一部患者自己負担の導入，過剰ベッド・施設の削減などによる（政府が過剰とみなす）需要の抑制策に顕著である。第2に，労働市場への参加を重視するワークフェアの要素が強い積極的・就労促進的な社会統合政策の推進である。これはリハビリ給付の導入による障害年金受給制限や，賃金と社会扶助費の一部の併給可能などの改革にみられる。そして第3に，医療分野への民間資本の部分的導入の試みにみられる，より直截的な形での社会的領域への市場の要素の導入の試みである。

　これらの傾向をどのように見るべきであろうか。無料の医療や教育，寛大な年金や家族諸給付といった，社会主義時代の福祉国家の遺産からの完

全な逸脱もしくは新自由主義的な「残余的な福祉」モデルの顕在化とみなすべきなのだろうか。

　そのような単純な見方には留保が必要であろう。国会で過半数の鍵を握っていたため，小勢力の与党第2党ながら自由民主連合がやや強硬に推し進めようとして失敗した第3の点はともかく，第1と第2の点については，EUの政策動向との関係が深いことを指摘できる。EUはリスボン戦略や並行する欧州雇用戦略，社会的保護・社会的包摂政策などのイニシアティブにおいて，労働市場への包摂，就業率の向上などを重視する政策をとっている。ハンガリーで2006年秋から展開された一連の福祉の見直しにおける特徴は，ハンガリー政府が補助金凍結を示唆されるなどEUからの財政改善への圧力を受けていたことも一因として（第7章を参照），総じて近年のEUの戦略に沿ったものとなっている。EUの社会的次元の戦略に新自由主義的な特性があることは指摘されるところであるが，それは「残余的な福祉」モデルの実現という意味まではないと思われる。ハンガリーについてもそれはあてはまろう。

　近年の施策には，支出削減という要素ももちろん否定できず，また過小評価もできない（とくに医療への支出水準の低下には注意を要する）が，「限られた資源のより有効かつ効率的な利用」および「フリーライダーの排除など制度の適切な運用」という視点でみることがより適切だろう。政府は，医療資源の濫用の抑制や，早期退職制度や障害年金での不公正な制度の利用の防止をはかる一方で，医療サービスの標準化や地域格差の是正による質の向上の試みや，貧困リスクの高い若い家族の貧困防止に有効な普遍的な家族手当の増額などを行っている。当時のハンガリーを取り巻く環境は厳しく，EUから財政改善を強く求められる中，近隣諸国との投資誘致競争により労働コスト増に繋がる税・保険料の引き上げが困難，しかし高齢化の進行により年金・医療への支出の増加が今後予想されるという状況であった。かつてハンガリーの経済学者コルナイは体制転換前後のハンガリーの福祉国家を，国の経済発展水準に見合わない寛大な社会サービスを行う，分不相応な「時期尚早の（premature）」福祉国家であったと述べ

ているが (Kornai, 1992)，近年の施策はこのような厳しい環境の中で，政治体制の転換後も部分的に残存していた，いわばこの分不相応であった福祉の非効率・不公正な部分の改善と効率化を狙っている，とみなせる部分が多い。1990年代の改革とは異なり，いたずらに給付対象を制限する，高くない水準の給付をさらに切り下げるということは主な給付制度では行われなかった。

「寛大な条件で無限に責任を負う」状態からの後退ではあっても，国は依然として社会保障・福祉の提供に支配的な役割を有しているし，現在の支出規模の抑制は社会政策を今後も維持するためのものであり，国の支配的な役割を今後放棄するということでもない。これを，単純に新自由主義的な福祉への転換とみなすのは必ずしも適切ではない。ただし，このような支出の最適化は政策の方向性としては適切でも，たとえば特定の病院の閉鎖など，個別の執行面で特定の対象に大きな負の影響をもたらす恐れがあり，執行がいかになされているか[30]については注視する必要があろう。

3 ｜ 小括

1990年代の家族給付・失業給付制度における改革では，主として財政的な側面からの給付水準の低下・給付条件の厳格化などがみられた。年金制度改革との比較では，国が関与を減らし財政的持続可能性を確保することを志向したという方向性は軌を一にしているが，その国が果たすべき責任の代わりを市場の効率性に頼んだ年金制度と，家族・家計に負担を求めた家族給付・失業給付制度とでその背後の理念が異なっていると言えよう。この理念の違いの背景には，やはり当時の年金制度の改革に世界銀行という外的な要素が大きく影響を及ぼしていたことが挙げられるであろう。

一方，2007年前後に，「ジュルチャーニ・パッケージ」の一環として諸分野で行われた改革は，年金・医療・障害者福祉などの制度では，ワークフェアの要素が強い改革であり，就業の促進，限られた資源の有効活用，

---

30) 盛田 (2010) は，外来受診料および入院費の患者部分負担導入後の病院での混乱について紹介している。

給付条件よりむしろ制度運用の厳格化，という基本的な方向性・理念の一致がみられる。その中で，家族制度は非拠出制・普遍的な給付の部分がむしろ拡充されており，他の諸制度とやや方向性を異にしており，例外的な存在にみえる。限られた政策資源を有効活用する際の優先的な課題が家族給付制度への対応であったと単純に捉えることもできるが，もう少し考察してみよう。

家族給付制度は，経済的リスクに無防備な集団が多い若年層の（多子）家族の貧困防止にとって死活的に重要な制度である。地方の極小集落などの経済的に不利な地域で就業の場や幼稚園の整備が十分でないために再就職ができず，また積極的労働市場政策の効果も見込めないため，母親たちが事実上家族手当や育児手当で食いつないでおり，家族給付制度が実質的に最終的な貧困防止の政策手段となっているようなケースが多くある[31]との指摘がある。

ハンガリーでは年金・家族・医療（疾病給付など）・労働市場政策という各種の制度で（社会扶助による「下部のネット」に対する）「上部のネット」を構成していると見なすことができるが，その上部のネットにおいて，家族給付の諸制度がもともとの政策理念と実態との乖離がある形で大きな役割を果たしており，上部のネットから漏れ落ちにくくしている状況にあると言えるだろう。この状態は，問題と，それに対応すべき制度との間に齟齬があり，全体的な社会保障のセーフティー・ネットの整合性が十分には取れていないとも評価できる。しかし，別の見方もできる。1990年代の半ばの改革は，全体的な受給資格を厳格化・給付水準を削減し，スティグマを伴いその上機能的に不十分であった社会扶助（下部のネット）に頼るものであった。それに対し，この2007年前後の改革は，給付体系の適正化・効率化を進めながらも，スティグマを生みにくい権利としての普遍的な家族給付でもって，貧困に陥りやすい不利な条件になる家族を支えているという状況である。その意味では，1990年代前半に失業者を制度の弾力的運用により積極的に障害認定することでスティグマを生みにくい年金受給権

---

31) 社会問題省における聞き取り調査（2008年6月24日実施）。

を与え生活を保護したのと類似の措置であり，緊縮政策・改革の敗者に対する特別な手当て，ないしは恒常的に貧困リスクの高い集団への選別化された支援とみることができよう。

また，地域の経済的状況・年齢的要素などにより，労働市場政策の効果が見込めない場合には，より低いコストで効果が上がる別の制度で対応することは効率的ともいえよう。しかし，そのような弾力的な運用はまた，歪みをも生み出している。地方の極小集落の生活を保護する一方で，都市部も含めた女性全体（実態として男性の育児休暇・給付取得は進んでいない）の就業をさらに阻害しかねない。さらに，ハンガリーの場合には，これにロマ人問題が深く関係してくる。子供を多く持ち給付に依存して生活する地方のロマ系ハンガリー人が増えることは，近年高まっているロマと非ロマのハンガリー人との間での緊張関係にネガティブな影響をもたらすリスクも存在する[32]。

さらに，財政的にこのような制度が持続可能かについても問題があろう。家族給付制度のうち近年拡充された家族手当，育児手当など非拠出制の制度は一般会計からの支出である（一方，育児給付や出産手当は健康保険基金より支出される）。1990年代前半の年金制度の弾力的運用が1990年代半ば以降の年金制度の抜本的改革に繋がったように，財政状況の一層の緊迫ないし財政赤字削減の強い圧力にさらされた場合に現在のような水準の家族給付制度が維持できるかは極めて不透明である[33]。

Cseres-Gergely は，ハンガリーの低い就業率の一因となっている非常に低い高齢者の稼働率の原因について，労働市場のあり方に加えて，年金制度（老齢年金・障害年金）のインセンティブ構造がかなりな程度の影響を

---

[32] Progressziv Intéze が2009年3月から4月にかけて実施した世論調査（サンプル数2,500）では，82％の回答者がロマのコミュニティに否定的な印象を持っていると回答した。また84％の回答者は，ロマの人々は労働を嫌っており，それゆえ劣悪な状況にいるのであると回答している（2009年5月3日付 MTI 電子版）。

[33] 実際に，世界金融危機後の危機対策としての緊縮財政策の一環として，2009年6月，国会で育児手当の給付期間の3年から2年への短縮が（大統領の署名拒否・差し戻しを経て）再可決された。2010年5月1日以降に生まれる子供を育児する場合に適用される予定であった（2009年6月29日付 MTI 電子版）。しかし，2010年春の政権交代により撤回された。

もって，法定退職年齢以前の退職を魅力的にしていることを指摘している。そして，低就業率への対処が政府にとって重要であるならば，退職を魅力的なものにする年金制度のあり方がまず根本的に変えられなければならないと主張している（Cseres-Gergely, 2007）。家族制度についても，とくに多子の場合は女性が労働市場から離れる期間も長期化するため，Cseres-Gergelyが年金制度について示したように，労働市場の構造に大きな影響を及ぼしている可能性がある。2007年時点での家族給付制度の給付水準の拡充は，セーフティー・ネットの綻びを繕うという点で大きな役割を果たしているが，それによる負の影響が顕在化するリスクをもまた抱えている。長期的な視野でもって，他の社会保障の諸制度や労働市場政策との関連も踏まえ，より包括的な視点から検討・改革を行っていくことが重要であろう。

第6章

世界銀行の年金戦略とハンガリーの年金制度改革
国際的な影響（1）

　ハンガリーの市場経済化，ならびにEUへの接近は，IMFや世界銀行，EBRDやILOなどの国際機関ならびにEUなど，国外からの多くの支援と影響を大きく受けつつ実施された。これら国際機関やEUの影響力は，技術・知的支援や資金協力などの形で旧ソ連・東欧諸国の市場経済化に多大な影響や制約を与えたが，そのような強い影響力は経済政策のみならず，各種の社会政策の改革，社会保障制度など社会的な領域にも及んでいた。本章および第7章では，ハンガリーの年金制度を中心とする社会政策・社会保障体系の再編と，これら国際的な諸力との関係に着目する。

　第6-1表は，諸国際機関が1989年の市場経済化の開始から1996年までに，社会保障制度（出所では所得維持政策）のあり方についてハンガリー政府に行ったアドバイスを列挙したものである。このように多様な国際機関が，多岐にわたる提言をハンガリー政府に対し行ってきた[1]。年金制度をはじめとするハンガリーの社会政策・社会保障制度の改革を理解するためには，これら諸国際機関による提言が，どのような形でどの程度，実際の改革に取り入れられたか，検討しておく必要があるだろう。

　1990年代半ば以降に旧ソ連・東欧地域の国々が着手した年金制度の改革は，諸国際機関のなかでも，とくに世界銀行の影響を抜きにして論じるこ

---

1) 1990年代前半から半ばにかけての，諸国際機関による社会的分野における関与やアドバイスについては，Deacon, Hulse and Stubbs（1997）を参照のこと。

第6-1表 所得維持の諸政策における，ハンガリー

	世界銀行	IMF	ILO
セーフティー・ネット	・国全体に（統一して）適用される給付水準を決定すべき ・ミーンズ・テストに基づく給付とすべき	・脆弱なグループが被る，改革の負の影響を軽減するために必要な，適切にターゲット化された短期の給付	・社会扶助のネットは市場経済化への迅速な対応手段として必要
児童に対する給付	・普遍的な家族手当の維持（しかし課税対象とすべき） ・ミーンズ・テストを行うべき（小規模な家族に対してのみ）	・ミーンズ・テストが必要である	
失業	・失業給付の均一給付化，最低賃金以下への抑制，給付期間の削減が必要 ・労働への負のインセンティブとなる諸特徴を排除すべき	・賃金硬直化を排除し，競争的かつ柔軟な賃金を通じて，高い雇用水準を確固なものにすべき ・失業には公的な雇用で対応すべき	・長期失業は公的雇用，補助金付雇用，労働時間短縮，ジョブシェアリング，再訓練プログラムなどで対応すべき ・高すぎる給付水準を設定することは労働への負のインセンティブになり得る
年金	・受給開始年齢の引き上げが必要 ・所得再分配要素のない積立方式部分を備えた3本柱の新年金制度の導入 ・障害年金の給付条件の厳格化	・システム全体の再構築の必要性あり ・給付条件の厳格化を行うべき ・年金保険基金の赤字を是正すべき	・高齢の労働者向けの特別なプログラムの策定 ・早期退職制度はコストが大きすぎる。漸進的な退職制度が望ましい ・その他，細かいアドバイス
疾病保障	・職業による差別はやめるべき ・規模を縮小し，コストを使用者に負担させるべき	・他の健康分野の削減と平行して縮小すべき	・保険原理に基づいたものにすべき ・ILO協定の最低賃金の水準に合わせるべき

出所）Deacon, Hulse and Stubbs（1997），pp.104-111およびOECD（1995），p.155より作成。

とはできない。すでに第3章で，ハンガリーの1998年の年金制度改革が世界銀行の影響を強く受けたものであったことを示しているが，その関係は必ずしも世界銀行が影響を与えた側の一方的な関係ではない。世界銀行もまた，1990年代半ば以降に実施されたハンガリーやその他の中東欧諸国の年金制度改革や南米やアジアなどその他の地域の国々の改革の経験，さらにはその間の年金分野における理論的な研究成果を踏まえ，その年金戦略

政府への諸国際機関のアドバイス，1989-96年

EU	OECD	欧州評議会
・PHAREプログラムによる協力の中で地域の社会サービスについて助言	・最低限の支援を市民権として付与することが優先課題 ・社会扶助に依存する核家族への最低保障水準の確保	・'社会憲章'に沿った，社会扶助の最低基準の達成
	・家族手当に対して課税すべき ・育児給付・育児手当・育児支援金を統合，平均所得に連動する定額の給付に置き換える	・家族給付は普遍的に利用可能であるべきであり，また国家が支出すべき
・就業機会の創造において，地域がイニシアティブをとることが望ましい ・再訓練の枠組みを優先する	・長期失業者に焦点を当てた積極的措置による失業対策	・'社会憲章'および'社会保障規範'に基づく給付の水準と期間にすべき
・拠出の枠組みについて助言 ・受給開始年齢の引き上げ	・受給開始年齢の引き上げ ・積立方式の導入には注意喚起	・'社会憲章'の要件を満たす最低年金の給付水準 ・補完的な保険の枠組みの発展
		・'社会憲章'に矛盾しない最低限の水準が望ましいが，補完的な保険の枠組みを支持

を更新している。この第6章では，世界銀行の年金改革における戦略とハンガリーの実際の年金制度の改革との関係についてより広く論じる。

また，ハンガリーの市場経済化のプロセスに影響を与えたアクターとしては，EUも非常に重要である。多くの中東欧諸国・バルト諸国は政治体制の転換の直後から，近い将来の欧州統合への参加を明確な目的として掲げた。ハンガリーはその中でも最も早期に欧州協定（European Agreement）

を締結，EUへの加盟申請を行った国のひとつである。これら諸国にとって市場経済化のプロセスは，とくに加盟申請後の1990年代半ば以降については，同時に国内諸制度への欧州基準の導入のプロセスでもあった。年金分野ないし年金制度の改革に関しては，1990年代後半においてEUが積極的な関与を行った分野ではないが，2000年代に入って，EUはこの分野における政策調整を促進させている。社会政策・社会保障の領域はいまだ加盟国が多くの権限を保持する領域ではあるが，いまやEU加盟国となり国の経済システムの細部にまで多様な形でEUの政策が浸透する現在，年金の分野における統合体とハンガリーの関係につき見ておくことには大きな意義があるだろう。EUに関しては第7章において触れる。

　本章では，世界銀行の年金戦略とハンガリーの実際の年金制度改革との関係についてとりあげる。本章の構成は以下の通りである。第1節では，1990年代半ばの世界銀行の年金分野における戦略がいかなるものであったかについて示す。つづく第2節において，世界銀行によるハンガリーの1998年の年金制度改革に対する評価について，世界銀行による年金改革の評価報告書と1998年の改革の際に部分民営化を推奨した世銀エコノミストの論文を検討する。そして第3節において，世界銀行の年金戦略の変化について論じる。

1 世界銀行の年金戦略

　1990年代，世界銀行は，同じブレトン・ウッズ機関であるIMFと協力して，旧ソ連・東欧諸国の市場経済化を支援した。IMFが，主として「マクロ経済の安定化」を担当し，融資と引き換えに緊縮財政政策やマネー・サプライの抑制，為替レートの統一ならびに切り下げ，金利の引き上げあるいは自由化，公定価格の引き上げなどからなる融資条件（コンディショナリティ conditionality）を課しつつ，銀行システムや税制，為替制度の創設を支援した一方で，世界銀行は「構造改革」を担当し，国有企業の私有化や価格・投資・貿易などの自由化，産業のリハビリテーション，法制度の整備，失業者と貧困層の救済などにおいて支援を行った（大野，1996）。

市場経済化のプロセスの最初期においては，社会政策・社会保障分野は，世界銀行による知的支援・資金協力の中心的な活動領域ではなかった（Palmer, 2007）。しかし，貧困や失業，生活水準の悪化など移行の「社会的コスト」の顕在化，市場を支える制度の構築の重要性への理解が深まったことなどから，次第に世界銀行による知的・金融支援において中心的な領域となっていった。

それでは，年金分野における世界銀行の戦略について，より詳しく見ていこう。1990年代における世界銀行のこの分野におけるもっとも重要な貢献は，1994年の政策研究報告書，*Averting the Old Age Crisis*（The World Bank, 1994a）である。この報告書は中東欧諸国のみを対象にして書かれたものではなく，一部の先進国をも含む発展途上国全体を視野にいれたものであるが，その改革提言は世界銀行の積極的な売り込みもあって，中東欧諸国や旧ソ連邦諸国で広範にとりいれられている[2]。

報告書における根幹たる主張は，非常に明確である。年金制度に代表される高齢者保障のプログラムは，従来のような高齢者の所得保障，つまり社会的セーフティー・ネットとして十分に機能するだけではなく，同時に経済成長の手段の1つとなることが望ましいという主張である。報告書は現行のシステムの多くにおいて，スライド制の未整備や機能不全によって不十分な保障しか高齢者に供給できていないこと，所得再分配についてもしばしば予期しない（貧者から富者への）再分配が行われていることを指摘している。また，経済への影響に関しても，制度が成熟するにつれて，高い賃金税（保険料）がもたらす企業の保険料未払いや労働者のインフォーマル・セクターへの逃避，インフレ要因となる財政赤字の膨張，若者向けの教育や医療サービスなどの経済成長を促進する公的支出の抑制などを通じて，経済成長に悪影響を与えている可能性があるとしている（The World Bank, 1994b, pp. iii–iv）。第3章第1節でみたように1990年代半ばのハンガリーの年金制度における特徴，および同時点での経済状況は，この世界銀行の指摘にあてはまる所が少なくない。

2）各国における世界銀行モデルの受容状況については，仙石（2007），表1を参照のこと。

こうした現状を踏まえた上で，報告書は，まず高齢者の所得保障としての年金制度が満たすべき基準として以下の3つを挙げている。第1に，貯蓄などによって，現役世代から高齢者世代への個人の所得移動を容易にすること。第2に，予期しない世代内再分配や世代間再分配を回避しつつ，生涯全体でみて貧しい人（lifetime poor）に追加的な所得を再分配すること。第3に，とりわけ高齢者が無防備な種々のリスクから，彼らを保護する保険を提供することである。同様に，経済成長の1つの手段としての年金制度が満たす基準も，3つ挙げられている。第1に失業や貯蓄の減少，財政への過剰負担，適切でない資本の配分，高い行政コスト，税回避など，経済成長を阻害する隠れたコストを最小化すること。第2に，経済的もしくは人口学的な諸条件の予期される変化をも考慮にいれた，長期的な計画に基づく持続可能なものにすること。第3に，労働者や市民，政策立案者らが情報に基づいて選択できるように，システムの透明性を確保すること，あるいは，しばしば経済によい結果をもたらさない，政治的圧力や操作からシステムを隔絶することである（*Ibid.*, p.12）。

　これらの基準を満たすものとして世界銀行が提示したモデルが，1）規模を縮小して所得再分配の機能に特化し，高齢者の最低保障を担う賦課方式による（低率の）税を財源とする公的部分（所得比例の年金という考えはここでは基本的に排除されている），2）貯蓄の機能を担う，民間が運営する年金ファンドにより運用される，強制加入の積立方式部分，3）追加的な保障を望む人々を対象とする任意加入の積立方式部分，の3本柱（The World Bank, 1994a, pp.238-239）からなる，混合型の年金制度である。このモデルは，上述したような高齢者の所得保障ならびに経済成長の促進の双方の目的をみたし，さらには長所と短所，そして機能の異なる3つの柱を並立させることによって，個人と年金制度それ自体のリスク分散の改善を図ること，および制度の透明性，信頼・インセンティブ構造における問題など，従来の公的な賦課方式の制度が持つ欠点の改善を目指していた（柳原, 2003; The World Bank, 1994a）。

　ハンガリーが導入した年金制度は，基本的な外観としてはこの世界銀行

のモデルを踏襲していることになる。ただし，世界銀行のモデルにおいては，公的な運用の非効率性や，拠出と給付との関係の弛緩，制度の透明性，政治的圧力からの隔離の必要性などの問題から，第1の柱の規模が高齢者の生活の最低保障となる程度とされている一方，ハンガリーが実際に導入した年金制度においては依然として支配的な役割を果たしている。さらに，その果たしている機能に着目すれば，部分的民営化の規模以上に異なったものであるのは，すでに第3章で示したとおりである。

世界銀行は，1990年代の半ばから後半にかけて，この混合型の年金制度への移行を積極的に奨励し，支援していた。ハンガリーに対しても，賦課方式から積立方式への移行の際に発生する，いわゆる「二重の負担」の問題への対処として，1億5,000万ドルの公的セクター調整融資（PSAL）が世界銀行によって提供されている[3]。

この混合型の年金制度は，3つの柱を並立させるというその外観のみに着目すれば，ハンガリーやポーランド，ラトヴィア，ロシアをはじめとして，多くの移行諸国において導入された[4]。しかし，ハンガリー同様，他の混合型の年金制度の導入国においても，それが本当に「世界銀行のモデル」を導入したと言えるか否かについては議論がある[5]。ただ，それでも，EUへの加盟もしくは欧州への回帰を強く求めていた中東欧諸国など移行経済諸国が，ドイツなどに代表される欧州の福祉国家の国々が当時有していたような制度ではなく，民間により運用される強制加入の積立方式部分（「第2の柱」）の導入という，世界銀行の手によって既に幾つかの中南米諸国で実験・導入された制度を受け入れたことは，世界銀行が社会保障分野においても，ハンガリーをはじめとして中東欧諸国・ロシアなど移行経済諸国の方針決定過程に対して強い影響力を保持していたことの証左となろう。もちろん，1990年代半ば当時，EU加盟国の社会保障制度それ

---

3) Ferge, 1999, p.243.
4) 第1の柱を賦課方式ではなく，概念上の確定拠出方式（NDC）にしたケースも含む。
5) 移行経済諸国の年金制度改革を概観した西村編（2006）では，それぞれの国の改革を論じた章の執筆者より，ハンガリーのほか，ポーランド，ロシアの年金制度改革についても世界銀行のモデルの導入とはいえないという評価が提示されている。

自体がまだどのような役割を有するべきか，という点について統一された「EU標準の年金モデル」というべきものが確立されていなかったからという側面も指摘することはできよう[6]。

2 │ 世界銀行による1998年の年金制度改革の評価

筆者は第3章において，ハンガリーは，3つのシステムを並立させるという外観については世界銀行の推奨した混合型の年金制度をとりいれたものの，その機能・理念の面にまで着目してみれば，必ずしも世界銀行のモデルを導入したとは言えないとの評価を行った。では，世界銀行の側では，果たしてこのハンガリーの1998年の年金制度改革をどのように位置づけ，評価しているのだろうか。本節では，視角の異なる2つの文献からこの点につき迫りたい。

2.1 年金分野における世銀支援の評価報告（Palmer, 2007）

世界銀行の支援プロジェクトは世界銀行内部の「独立評価グループ」（Independent Evaluation Group, IEG）によるアセスメントを受け，その評価は理事会に直接報告されている。2006年，世界銀行の年金分野の支援の評価報告書 *Pension Reform and the Development of Pension Systems: An Evaluation of World Bank Assistance*（The World Bank, 2006）が同グループにより公表された。本節で検討する第1の文献として，この報告書執筆のためのバックグラウンド・ペーパーの一つである，パルマー（Edward Palmer[7]）によるハンガリーについてのケーススタディ（Palmer, 2007；執筆は2004年）を用いたい。同論文は1998年の年金制度改革[8]に関与した諸関係者へのインタビューを基に執筆されており，それらインタビュー（2004年1月実施）の

6）EUの近年の年金分野におけるアプローチは，第7章参照。
7）ウプサラ大学（スウェーデン）経済学部教授，スウェーデン社会保険庁調査・評価局局長（Palmer, 2007発表時）。スウェーデンの年金制度改革についての政府の委員会やワーキング・グループのメンバー，さらにはエストニア，ラトヴィア，ポーランド，チェコなどにおける年金制度改革についての世界銀行やOECDのコンサルタントを歴任している（http://www.nek.uu.se/faculty/Palmer/persdat.htm. 2009/11/01アクセス）。

対象には，国会議員，金融監督庁（PSZÁF），社会問題省，財務省，保健省，国家年金保険総局（ONYF），民間の年金ファンド，ハンガリー国立銀行，世界銀行（インタビュー対象は Roberto Rocha），ILO，その他の専門家などが含まれている．

同論文は1998年の年金改革の背景，1998年の年金制度改革の内容，世界銀行のハンガリーへの支援戦略，制度のパフォーマンスの評価，世界銀行および借り手としてのハンガリーのパフォーマンスの評価，他の機関との協調，教訓と勧告などから構成されている．世界銀行の年金分野の支援全体を視野にいれているため，年金の保険料拠出データの管理体制の構築や，給付事務など年金行政の電子化などに代表される制度改革以外の部分での世界銀行の支援についても評価を行っている．

まずは同論文における総合的な評価からみていこう．パルマーは，ハンガリーの年金制度改革は大きな成果であり，成功裏に実施されたと高く評価している（Palmer, 2007, p.30）。1998年の改革は，高齢者の貧困の防止，適切な額の給付，世代間公正の是正，労働市場参加のインセンティブの改善，貯蓄・資本市場の発展，年金財政の改善などが目指されていた（*Ibid.*, p.26）とし，これらの目的達成のため，新老齢年金制度を実施し，効率的な制度インフラを創設した諸政策や諸措置は，時宜に適った実際的な意義深いものであったと述べている．これらの改革目標は世界銀行のハンガリーへの援助戦略やその他の世界銀行の諸文書とも一貫したものであり，改革の適切性の評価は高いとしている（*Ibid.*, p.30）。

年金分野における世界銀行のパフォーマンスの総合的な評価もまた「満足できるもの」であるとしている（*Ibid.*, p.37）。1998年の改革以前の時期に行われた年金管理のソフトウェア開発やデータの電算化などのプロジェクト（PAHIP）が社会保険行政の組織再編成により頓挫したことに関しては，そのリスク管理の甘さや，成果ならびにパフォーマンスの低さが指摘されている．しかし，1998年の年金制度改革に関しては，1996年から1998年の期間に提供された（世界銀行の）技術的支援は卓越した（excellent）も

8）同論文では法制化した年をとって「1997年の改革」としている部分もある．

のであったとし,世界銀行のアドバイスの質は非常に満足できるものであり,法案の形成ならびに制度デザインに生かされたとしている (*Ibid.*, p.37)。また年金制度改革の実施を資金的に援助した公的セクター調整融資 (PSAL) も,十分には迅速でなかったが,年金改革の実施段階で価値のある援助を提供したとしている。

一方,借り手としてのハンガリー政府のパフォーマンスも,準備段階,施行段階,コンプライアンスの3つの側面から評価されているが,1998年の改革については,1996年から1997年の一番大事な時期に世界銀行からの支援を有効に活用しており,また2004年までに改革が明確にオリジナルな青写真への軌道に戻ったことなども評価されており,3つの側面および全体として「満足できるもの」である旨評価されている。

1998年の改革と政治との関係としては,多様な利害集団からの代表により年金改革のワーキング・グループが形成され,すべての政党が改革に関心を持つよう努力が払われたにもかかわらず,1998年のフィデス主導の中道右派政権への政権交代により,多くの変化が導入され,改革にかなりの不透明性がもたらされたこと,そしてその結果として多くの加入者が(年金)契約の確実性に疑問をもったことを指摘している (*Ibid.*, p.45)。その一方で,それでもなお,民間により運用される強制加入の積立方式部分(「第2の柱」)の導入を柱とする改革全体の持続可能性については,改革が政権交代を伴う激動期を生き残った事実が重要である (*Ibid.*, p.34) として,(財政的な持続可能性などの考慮も踏まえて)全体的な改革の持続可能性は高いと評価している。

次に,1998年の改革の要点である,「第2の柱」の導入に関連する評価を確認しよう。まず,「第2の柱」導入そのものの是非については,様々な面から分析・評価が行われているが,多くの観点で非常にポジティブな評価が与えられている。積立部分の枠組みを形成する公的・民間の機関は効率的に機能しており,積立部分に蓄積される強制的な貯蓄は生産的な投資へと振り向けられて経済成長を促進し,国民の所得を増やした。その結果として,積立部分を導入しなかった場合よりも,全般的な福祉が増加し

た，と指摘している。また財政的にも，積立方式の部分的導入により，システムに長期にわたる財政的持続可能性がもたらされたとしている。一方で，積立部分からの給付については，幾つかの問題が指摘されている。すなわち，執筆時点での収益水準が高くないために，「第2の柱」部分から得られる将来の給付が妥当（adequate）な水準となるか判断するのは時期尚早であること，ならびに給付がどのような形態で行われるか検討が尽くされておらず不透明であること，さらには男女無差別に給付を行う義務やファンド加入者の規模が十分に大きくないファンドでは低コストで年金給付を行う主体を作り出すことが難しいと思われることなどが指摘されている（Ibid., pp.43-44）。

またその他の残された課題としては，「第1の柱」への拠出の記録はONYF，「第2の柱」への拠出の記録は加入する年金ファンドが有しており，これらを繋ぐ個人データベースの作成の試みに失敗したため，結果としてシステム間のクロスチェックが出来ないこと（Ibid., p.28），「第1の柱」については早期退職可能な年齢の引き上げが必要であること，ならびに（40年の加入期間を超えて）就労し拠出した期間の全てと期待余命を給付額の計算に持ち込むことが適切であろうとしている。「第2の柱」については，上述の給付の主体や形態，実現性の問題のほかに，年金ファンドにおいて加入者によるガバナンスが効かず，実質的に金融機関による年金ファンド支配がおきている問題，とくに大型のファンドにおいて課されている高水準の管理費が収益に悪影響を与えており，管理費に上限を設ける必要性があることなどが指摘されている。しかし，同論文においては，これらの問題は，近い将来・中期的には修正され得るとし，改革の大きな汚点とはならないと評価している（Ibid., p.31）。

パルマーは，ハンガリーの1998年の年金制度改革を世界銀行の1990年代半ばのモデルと明示的に比較して位置づけるような言及はしていない。しかし，「改革はハンガリーのイニシアティブで行われた」としながらも，世界銀行の知的・技術的支援が十分に活用され，計画の中にとりいれられ，また結果としての改革が諸文書と目的が一致していると評価するな

ど，ハンガリーにおける改革の結果作り出された年金制度と，世界銀行の当時のモデルとの違いを明確に区別するような指摘は無い。積立方式の有効性を強調するなど，1990年代半ばの世界銀行の年金戦略に対しての批判を十分に踏まえることなく，導入された年金制度の外形のみを重視して，ハンガリーの改革は世界銀行の戦略に沿って成功裏に進んだものであるという評価がなされているように見受けられる。

2.2 Impavido and Rocha（2006）による第2の柱のパフォーマンス評価

次に，第2の文献として，世界銀行のエコノミストであり，1993年から世界銀行中欧地域事務所（ブダペスト）の主任エコノミスト（lead economist）として中欧諸国の金融セクター改革・年金制度改革支援において主導的な役割を果たしていた当事者でもある[9]，ロチャ（Roberto Rocha）らによる論文（Impavido and Rocha, 2006）を取り上げる。

この論文は，「第2の柱」部分のパフォーマンスを，その構造，成長，ポートフォリオと投資収益，運営費用と資産管理費，資本市場の発展，支払い段階における規制枠組み，の各項目から評価・分析を加えている。

最初に，第1の文献と同様に総合的な評価について確認しよう。様々な側面から，著者らは総合的に「第2の柱」のパフォーマンスは入り混じっている（mixed）とする。その理由として，1）1998年改革への国民の満足度が低い，2）保守的運用のポートフォリオによる低収益，3）加入者に開かれたオープンなファンドであるのに，設立主体（sponsor）による支配が行われているという年金ファンドのハイブリッドな本質，4）市場が細分化されており，加入者のファンド間移動がないこと，5）運営費用・資産管理費用の引き下げ，ファンド運営の透明性の改善，ファンド間の競争状態の創出について金融監督庁が積極的でないこと，を挙げている。また，改革初期段階の変更，すなわち1998年の政権交代後の制度変更が，ど

9）世界銀行ウェブサイトの同氏の紹介文（http://go.worldbank.org/LJCGRXINZ0 2009/10/21アクセス）より引用。

の利害関係者にも利益をもたらさなかったことも指摘している。

2.2.1　成長と収益

著者らによる第2の柱のパフォーマンスの評価の各側面は相互に関係しているが，まずは第2の柱の資産の成長と収益の面からより詳しく見ていこう。ハンガリーの第2の柱の資産の規模（対GDP比）は，第2の柱を導入した南米や旧東欧の国々の改革のケースを比較すると，（改革実施7年目という同じ時点の比較においても）相対的に小さい（*Ibid.*, p. 6）。この背景として，1）保険料水準が小さい，2）資産の投資収益が少ない，3）管理費用が高い，4）GDPの成長が高い，ことなどが挙げられている。

第6-2表は資産の伸びを源泉別に分けて分類したものであるが，この表が示しているように，資産の対GDP比の伸びは遅い。著者らは，初期の保険料の伸びの遅さと最初の数年間の収益の低さに，この資産規模の伸びの遅さの源泉をみており，さらに前者の背景としてフィデス主導政権期に保険料率の引き上げが予定通りに行われなかったこと，第2の柱への加入が2001年から2002年の間に義務とされなかったこと，平均賃金に対しての保険料上限が減少したことなどを指摘しており，今後の将来についても，第2の柱の成長は，政府の政策におおいに影響を受けると指摘している（*Ibid.*, p. 7）。

著者らは第2の柱における収益，すなわち民間年金ファンドのパフォーマンスについては，「がっかりさせる（disappointing）もの」（*Ibid.*, p.11）であると述べている。1998年から2005年までの期間において，実質賃金は

第6-2表　年金資産の伸び（対GDP）の源泉，1998-2004年

	1998	1999	2000	2001	2002	2003	2004
資産（対GDP比，％）	0.29	0.79	1.33	1.91	2.47	3.02	3.97
変化（対GDP比，％）	—	0.50	0.54	0.57	0.56	0.56	0.95
源泉（対GDP比，％）	—	0.47	0.52	0.53	0.51	0.63	0.94
保険料	0.27	0.49	0.61	0.66	0.68	0.87	1.06
資産の投資収益	—	0.08	0.11	0.12	0.16	0.12	0.27
運営費と資産管理費	—	−0.03	−0.04	−0.06	−0.07	−0.08	−0.10
GDPの成長	—	−0.06	−0.15	−0.19	−0.26	−0.28	−0.30

出所）Impavido and Rocha, 2006, p. 6

5.3％の伸びを記録したのに対して,第2の柱部分の収益率は平均で年3.9％にとどまった[10]。このような低収益の背景として,大部分の資金（2004年で73％[11]）が振り向けられている国債のプレミアムが低水準にとどまっていること,ならびにハンガリーの特殊要因としてロシア危機による株価下落が挙げられている。ファンド間の収益率の違いについては,各ファンドのポートフォリオが国債中心で非常に類似していることもあり,大きな違いは出ていない。それでも,第6-3表で示すように年金ファンドの設立主体（使用者,金融機関,独立系。Impavido and Rocha（2006）ではスポンサーと呼称）ごとに収益率（名目）をみると,加入者の集中する金融機関設立のファンドでの収益率が低い。この理由としては,ファンド運営のための運営費や資産の管理費の水準の違いなどが指摘されている。著者らは,このような低パフォーマンスの改善には,各年金ファンドがそのポートフォリオを多様化させ,ハンガリーやEU,その他市場で発行された,より高い収益の株式を大量に保有するポートフォリオを作った場合に,長期にのみあり得るであろうと指摘している（*Ibid.*, p.13）。

2.2.2 年金ファンドのガバナンスと費用

次に,年金ファンドのガバナンスと費用に関しての著者らの指摘を確認しておこう。ハンガリーの第2の柱の年金ファンドは,1998年,38のファンドで開始された。その後,ファンドの合併・吸収によりファンド数は減り,2004年時点で18にまで減少しており,その一方で加入者の集中が進ん

第6-3表 設立主体の種類別,年金ファンドの名目収益率
（加重平均,資産管理費控除済,1998-2004年）

	1998	1999	2000	2001	2002	2003	2004	平均
使用者	17.0	16.2	8.8	9.0	8.0	3.1	16.3	11.2
金融機関	12.6	17.4	6.6	6.6	6.6	3.5	17.1	10.0
独立系	17.2	18.0	4.8	7.0	7.4	4.7	16.4	10.8
全ファンド	13.2	17.4	6.6	6.8	6.7	3.6	17.0	10.2

出所）Impavido and Rocha, 2006, p.14

---

10) 著者らによる推計。
11) Impavido and Rocha（2006）, p.8。

でいる。設立主体別に口座数で分類すれば，金融機関が設立したファンドが口座数の87％，その他の使用者が設立したファンドが5％，独立のファンドが8％となっている。

　ハンガリーの第2の柱の年金ファンドは，法的に，非営利かつオープンな相互ファンドであることを義務付けられている。加入者は自由にファンドを選択でき，また移動も可能である[12]。ファンド加入者の総会（多くのファンドで年1回から2回）が最高のガバナンス機関であり，大規模ファンドでは，代表（任期5年）が加入者を代表することになっている。しかし，ファンドの実質的な経営は，加入者のみからなる理事会（board of directors）が行う。理事会は，資産管理者の選任など総会で採決された事項の執行を担っている。ファンドの財政・管理状況の調査などを行う監査委員会もまた，ファンド加入者から選出される。このようなガバナンス構造は原理的には，ファンドの加入者に決定権限を与えている。

　しかしながら，実態は，年金ファンドの設立主体にコントロールされている。総会はスポンサー企業の被用者（であるファンド加入者）により支配され，理事会も監査委員会もその中から選ばれる。理事会は資産管理とファンドの運営をスポンサー企業のグループ企業に外注している。著者らは，とくに銀行や保険会社など金融機関が設立したファンドにおいて，非営利である年金ファンドと，スポンサー企業グループの営利の資産運用者とファンド運営者の間に一対一関係が成立していることを指摘しており，この関係における不透明性が問題であると指摘している（Ibid., p.31）。

　次に，加入者が年金ファンドに支払う費用についてみてみよう。加入者は，事務費・人件費などファンドの運営にかかる運営費と拠出し蓄積されている資産の一定割合にかかる資産管理費の2種類の費用を，拠出した保険料から年金ファンドに対して支払っている。第6-4表は，設立主体別の別に，運営費をみたものである。設立主体を問わず，運営費は上昇傾向にある。独立系のファンドでやや運営費が大きくなっているが，差はそれほど大きくはない。著者らは，さらにこの運営費の内訳について，管理・

12）1993年に導入された第3の柱と同じ法規制の枠組みが採用されている。

第6-4表 設立主体の種類別，年金ファンドの運営費
(加重平均，対保険料比率，％。1998-2004年)

設立主体	1998	1999	2000	2001	2002	2003	2004
使用者	6.1	5.9	5.8	6.4	6.6	6.6	6.6
金融機関	5.5	5.6	5.5	6.4	6.7	6.7	6.5
独立系	6.3	6.0	6.0	7.2	7.5	7.3	6.9
全ファンド	5.6	5.7	5.5	6.4	6.8	6.8	6.5

出所）Impavido and Rocha（2006），p.16

第6-5表 設立主体の種類別，年金ファンドの資産管理費
(加重平均，対資産比率，％。1998-2004年)

設立主体	1998	1999	2000	2001	2002	2003	2004
使用者	0.05	0.62	0.44	0.37	0.32	0.23	0.28
金融機関	1.29	1.51	1.14	1.09	1.00	1.00	1.05
独立系	0.21	0.94	0.60	0.81	0.84	0.57	0.53
全ファンド	1.13	1.42	1.06	1.03	0.95	0.92	0.97

出所）Impavido and Rocha（2006），p.18

記録維持費が2001年から2004年まで順に54.5％，61.0％，60.3％，65.5％と他の費用を差し置いて突出していること，およびその不透明性を指摘している。一方，蓄積している保険料に対し一定の割合が課される資産管理費については，設立主体間の差異が大きくなっている。第6-5表に示したように，金融機関が設立したファンドの資産管理費の大きさが際立っている。筆者らは，この背景として，加入者の意思が反映されにくいファンドのガバナンス構造，ファンドの収益や費用についての情報が十分に加入者に提供されていないことなど透明性の低さがあると指摘している（*Ibid.*, p.18）。この2種類の費用の和として，加入者が拠出する保険料に対してファンドが課す総費用においても，保険料からファンドにより控除される平均費用の顕著な増加（1998年の約6％から2004年の約10％へ），さらには加入者が集中する金融機関設立のファンドにおける費用の突出が指摘されている（第6-6表）。この諸経費の水準については，同様の制度を取り入れた他の国々との比較でとくに高い水準ではないものの，長期的にみれば蓄積していく資産にかかる資産管理費のために保険料に占める諸経費の割

第6-6表　設立主体の種類別，年金ファンドの総費用
（加重平均，対保険料比率，％。1998-2004年）

設立主体	1998	1999	2000	2001	2002	2003	2004
使用者	6.1	6.5	6.5	7.3	7.6	7.3	7.6
金融機関	6.1	7.2	7.3	8.8	9.7	9.7	10.0
独立系	6.0	6.7	7.0	8.4	9.1	8.4	8.2
全ファンド	6.1	7.1	7.2	8.8	9.7	9.6	9.8

注）総費用＝運営費＋資産管理費
出所）Impavido and Rocha（2006），p.19

合が増大してしまう。現状では，金融機関が設立したファンドでは費用水準が高いのに収益水準が相対的に低い，という状況になっているが，費用が高いファンドから低いファンドへの加入者の移動には結びついていない。この要因には，収益と管理費水準との比較可能な情報が十分に提供されておらず，ファンド間の顧客獲得競争が活発ではなかったことなどが指摘されているが，この管理経費の構造が維持されると，ファンドのガバナンスの不透明性やファンド間の競争の欠落とあいまって，結果として退職時に相対的に低い給付水準に悩む加入者が出る可能性があると警告している（*Ibid.*, p.23）。

2.2.3　資本市場の発展への貢献

次に，第2の柱の導入を含む年金制度改革の利点として喧伝されていた，資本市場の発展への貢献についての評価を見てみよう。著者らは，国債取引の拡大，不動産証券市場の開始，機関投資家の出現など，一定の進歩はあったとするものの，第2の柱の資本市場発展への貢献はこれまでのところ，ささやかな（modest）ものであるとしている（*Ibid.*, p.23）。1）債権市場については，年金改革の成果として期待される国債満期の長期化がみられない，2）株式市場については，ブダペスト証券取引所における株式発行高も取引も少数の企業に集中しており（2004年には発行高の89％，取引高の93％が5社によるもの），株式市場での資本調達は拡大していない，3）社債市場も，良好な借り手への銀行の融資競争と，高水準の外国所有のため海外親会社から資金調達できるため発展していない，ことがそれぞ

れ指摘されている。

2.2.4 支払いに関する規制上の問題

　第2の柱に蓄積された資産を給付段階で，どのような形態で給付するのか，という点については，Palmer（2007）とほぼ同様の指摘がなされている。第2の柱の加入者は，年金受給開始年齢に達した後，ライセンスを受けた保険会社，さらには年金ファンドから年金形態の金融商品を購入できることになる。その際，金融商品の提供者には，給付を男女無差別の生命表で計算すること，および年金形態の給付は定額かつスイス方式（賃金上昇率50％，物価上昇率50％）でスライドさせること，が義務付けられている。著者らは，このような規制が厳しすぎるため，結果として（そのような年金形態の金融商品を適切なコストで提供する主体が現れず）退職者のニーズが満たされない恐れがある旨を指摘している。とくに，スイス方式によるスライド制が，賃金上昇リスクをヘッジできないサービス提供者にとって大きなリスクとなり問題であるとしている。また，年金ファンドに年金形態の金融商品を提供できることとしたことも，年金ファンドの支払い能力不足，意図しないコホート間の移転を起こす可能性があり，良くない（poorly）制度デザインであるとしている（*Ibid.*, p.40）。

2.2.5 改善点

　著者らは，以上のような評価・問題点の指摘を行ったうえで，今後の第2の柱の成長の確保のためには，1）保険料水準の維持，2）制度移行ルールの維持，3）保険料算定基準賃金に対する保険料上限の維持，くわえて年金ファンドのガバナンスのルール[13]などが必要であるとしている。またコスト削減のためには，拠出された保険料を年金ファンドへ一括して移転する機関の導入を改善策として挙げている[14]（*Ibid.*, p.44）。

　このように，Impavido and Rocha（2006）では，国際比較を用いつつ，淡々と第2の柱のパフォーマンスが分析・評価されている。そこでは，世

---

[13] 2007年より運営費には保険料の6％（2008年からは4.5％），資産管理費には資産に対して0.9％（2008年からは0.8％）の上限が設けられた（Simonovits, 2009; OECD, 2009）。

[14] 2006年時点では，使用者が，自らの被用者が加入するそれぞれのファンドに保険料を納めていた。そのため，その振込手続きが非常に煩雑となっていた。

界銀行のハンガリーに対する過去の支援戦略・支援活動の評価には踏み込まれていない。また，ハンガリーの年金制度のパフォーマンスを改革導入当時の世界銀行の年金戦略と比較するということもとくに行われていない。しかし，著者の一人が強く売り込んだハンガリーの第2の柱の導入について，失敗であったとはしていないが，そのパフォーマンスが低水準にとどまっていることを認識し，問題点を洗い出しており，また自らの過去の仕事の擁護もなされていない。

3 小括

世界銀行が Averting the old-age crisis で明らかにした同銀行の年金戦略は，発表後から，ILO や ISSA[15]の専門家より「危険な戦略」として批判された。高山（2002）の整理によれば，批判の要点は，「第2の柱」の導入によるもので，1）確定拠出型・積立制度への切りかえは年金制度を投資リスクにさらすことになり老後の所得を「市場の暴力」の支配下に置く，2）年金財政は安定するかもしれないものの，その代わりに「老後所得の安定」という目標は常にリスクにさらされる。リスクの中身が変わる一方でリスクの軽減には繋がらない，3）積立方式に切りかえたからといって貯蓄率が全体として上昇するかどうかは不明，などであった。これを契機に，1990年代半ば以降，年金制度のデザインに関する理論的論争が活発になった[16]。この過程において，積立方式部分がもたらし得るメリット，デメリットが理論的に明らかにされていった。

この積立方式部分の導入に関する論争に終止符を打ったとも言えるのが，オルザグとスティグリッツによる批判（Orszag and Stiglitz, 2001）であった。

著者らは，第2の柱の導入を軸とする改革を選好する意見の多くは，どのような理論においても実状においても実証されない神話に基づいている

---

15) 国際社会保障協会（International Social Security Association, ISSA）。各国の社会保険全国団体・共済組合と政府機関で構成される ILO の外局。

16) この論争については，高山（2002）を参照のこと。

とし，*Averting the old-age crisis* は年金理論において「10の神話」（第6-7表）を生み出したとして，同報告書の主張に対し，マクロ経済学，ミクロ経済学，政治経済学のそれぞれの観点から，この10点の「神話」に反論を行っている。

著者らは，とくに（*Averting the old-age crisis* がその中心的な対象とした）発展途上国では，同報告書が規定するような，高齢者保障の進展，資本市場の発展，国内投資の奨励という年金政策の諸目的はしばしば矛盾してしまい，さらにこれら諸国では第2の柱導入のための前提条件を欠いていると指摘する。すなわち，資本市場も未発達であり，またその市場に参加する投資家も少なければ，当局による市場の規制能力も高くない。このような様々な脆弱性の存在や，多様な形態の資本市場が欠如している場合には，伝統的な確定給付型による保険の方が，より価値のある選択となると指摘し，第2の柱導入は，つねには最適ではなく，より包括的な視点が必要である旨主張した（Orszag and Stiglitz, 2001）。この批判により，単純な3本の

第6-7表　Orszag and Stiglitz（2001）による世銀（1994a）の「10の神話」

マクロ経済学に関する神話 　1）民間年金ファンドで積立を行う確定拠出型プランは，国内貯蓄をより増加させる 　2）個人勘定のもとでは収益率が高くなる 　　（著者らの批判：実際には，管理コスト・移行コストの存在により低くなる） 　3）賦課方式の収益率低下はその制度の根本的な問題を反映している 　　（著者らの批判：これまでの世代に対し不十分な拠出でも給付を行ったため，当初は個人から見て収益率が高かったため，賦課方式における収益の低下は当然） 　4）公的な信託基金（年金積立金）の株式への投資は，マクロ経済的な効果や，福祉への影響をとくには持たない
ミクロ経済学に関する神話 　5）民営化された確定拠出型の制度では，労働市場参加へのインセンティブがより高い 　6）確定給付型の制度では，早期退職へのインセンティブが必然的により高い 　7）競争は，民営化された確定拠出型の制度のもとでの管理コストを下げる
政治経済学に関する神話 　8）政府が非効率であることが，民営化・確定拠出型制度の理論的根拠となる 　9）民営化・確定拠出型の制度よりも，公的な確定給付型制度のほうが，危機における救済措置政策が困難である 　10）公的な信託基金（年金積立金）の投資は，つねに浪費的であり，間違った管理をされる

出所）Orszag and Stiglitz（2001）より筆者作成。

柱による「混合型の年金制度」の導入を進める議論はほぼ収束した。

2000年代に入って，世界銀行は制度の設計（design）だけでなく，制度の適用範囲（coverage）の拡大や，制度の実行（implementation）にかかわる条件整備についても重大な関心を示すようになった。その一方で，概念上の確定拠出（NDC）方式の[17]導入を推奨する例が増えている（高山，2002）。

世界銀行は，このような年金改革に関する論争を通じて蓄積した知見と，南米・欧州・アジアなどで各国の年金改革の支援に携わることで得られた経験を基に，2005年に報告書 Old-Age Income Support in the Twenty-first Century（The World Bank, 2005）を上梓し，新たな年金戦略を示した[18]。

この新しい報告書では，各国の年金制度改革における経路依存性の重視，積立方式の制度のコストやガバナンス上の問題への認識，NDCの推奨など，1994年の報告書にはなかった新たな要素が加えられている。

その中でも注目すべきは，どのような制度とすべきかではなく，年金制度が果たすべき主要な目標を掲げた，より「機能」を重視するアプローチの採用である（Ibid., p.16）。世界銀行は4つの1）高齢時の貧困を防ぐために妥当（adequate）な水準の給付を行うこと，2）個人・社会にとって負担可能（affordable）な保険料の水準であること，3）財政的に健全で持続可能（sustainable）な制度とすること，4）経済・人口・政治等による変動・ショックに耐え得る頑健な（robust）制度であること，の4つの機能を満たすことを第一の目標としている。その一方で，1994年の報告書において主要な目標の一つとして挙げられていた「経済発展への貢献」は二次的な目標と位置づけられた。

これと同時に，1994年の報告書で提案した「混合型の年金制度（multi-pillar system）」にも修正が加えられた。これまでの3本の柱のうち，第1の柱を所得比例の制度とした上で，これに，非拠出制の最低所得保障を担

---

17) 高山（2002）では「スウェーデン型の『見なし掛建て方式』」と記述されているが，用語の統一のため変更した。
18) 本報告書の骨子は，高山（2005）を参照のこと。

う「第0の柱」と，家族によるインフォーマルな支援，さらには住宅・医療サービスなど，非公式な支援ないしは非金銭的なサービスを提供することで高齢者が貧困に陥ることを防止する「第4の柱」が付け加えられ，合計5つの柱から構成されるモデルとなった。世界銀行は，各国が，それぞれの国の状況と必要に応じて，5つの柱を組み合わせて利用することを推奨している（5つの柱全てを採用する必要はない）。

　このようなシステムは，世界銀行の年金モデルの完全な転換なのだろうか。世界銀行は，自らの年金モデルへの様々な理論的批判や，移行諸国・南米諸国などの世界銀行モデルの導入国におけるパフォーマンスや課題を受け，このように戦略を修正したが，積立方式の重要性をはじめ，以前のモデルの完全な放棄ではない。「年金制度は経済成長にも資するべき」という点には明確な修正を行ったが，年金制度が有する機能（再分配，貯蓄，保険など）を複数の柱に分離させ制度の透明性の向上をはかる，異なる仕組みの制度を分立させることにより，年金制度それ自体が破綻するリスクを軽減し，さらには加入者が直面する様々なリスクをそのリスクに適した柱で保障する，など混合型の年金制度の基本的なアイディアは生かされており，その中で（賦課方式に卓越するものとしてではないが）積立方式の役割の有効性の認識も引き続き維持されている。また，制度でカバーされる対象の拡大，経路依存性への配慮など，この2005年の報告書で示された新しい年金戦略は，年金制度の完全な転換ではなく，大幅な改良ないし拡張と見るべきであろう。

　このような世界銀行およびその新しい年金戦略は，ハンガリーのこれからの年金制度の改革にとって，大きな影響力を持ち得るだろうか。その可能性は二重の意味で高くないであろう。ひとつには，世界銀行がこの戦略を強く推奨し年金の制度改革を迫る姿勢を示していないことである。2008年秋，世界金融危機が波及し，ハンガリーでは国債の公募に応札がなくデフォルトの危機に陥った。これを回避するためにIMF・世界銀行・EUから総額200億ユーロ相当[19]の協調融資をうけたが，その融資の際の融資条件として，世界銀行からこの新たなモデルの推奨はなされていない。ま

た，5本柱となった新たな混合型の年金制度ではなく（「第0の柱」についていえば，むしろハンガリーが1998年の改革の際に時限的に設けた「第0の柱」が世界銀行にとりいれられたとも言える），新たに強調が置かれた年金制度が果たすべき機能に着目するならば，世界銀行の提示している新年金戦略は，論争を通じて諸国際機関や専門家の間に蓄積された年金理論に対する共通理解を基盤としており，決して世界銀行特有のものではなくなっている。妥当な水準の給付，過重でない水準の拠出，制度の財政的な持続可能性，経済や人口動態の変化に対する制度の頑健性，という機能を満たす，それぞれの国の実情に適合した制度，という新しい戦略は，つづく第7章において検討するEUの提示する年金制度が満たすべき目標とも酷似している（第6-8表）。いまやEU加盟国となったハンガリーにとっては，この世界銀行が謳うような方向性に向かって改革が進むとしても，それは世界銀行の積極的な関与のもと，というよりはEUの政策調整の枠組みの中において，ということになろう。

第6-8表●世界銀行とEUの年金戦略における目標

世界銀行の新年金戦略	EU・年金OMCの共通目標
Adequate（給付が社会的に妥当）	Adequacy of Pension（妥当な年金給付）
Affordable（財源が負担可能）	（持続可能性確保のための戦略の1つとして民間スキームのAffordabilityを促進）
Sustainable（財政が持続可能）	Sustainable（制度の持続可能性確保）
Robust（想定外の事態への頑健性）	変化する経済・社会・諸個人のニーズに対応した年金制度の近代化

出所）The World Bank（2005）およびECOFIN（2001）より作成

---

19) IMFが105億3,750万SDR，EUが65億ユーロ，世界銀行が10億ユーロの合計約200億ユーロ。ハンガリー財務省（"All the documents in relation to the initiative of IMF arrangement available to the public", 2008/11/13付），欧州委員会（"Commission proposes financial assistance to Hungary and an increase in overall BoP loans ceiling", IP/08/1612, 2008/10/31付），世界銀行（"World Bank welcomes Hungary's Agreement with the International Monetary", 2008/10/28付 http://go.worldbank.org/0QN309KWP0）の各公開文書より。

第7章

EU 内政策調整とハンガリーの年金制度改革
国際的な影響（2）

　ハンガリーが，民間の年金ファンドにより運営される，強制加入の積立方式部分の導入を柱とする公的年金制度の改革を1998年に実施してから既に13年が経過した。この間，ハンガリーは4回の国会総選挙（そのうち3回では政権交代が実現），さらには2004年5月のEU加盟の達成という大きな節目を経験した。年金制度もまた，この間に，1）1998年改革（法制化は1997年）で決定された当初の改革プランに基づく制度改革の実施（退職年齢の引き上げ，給付の乗率体系の変更など），2）主として総選挙対策と政権交代に由来する改革プランからの逸脱，ならびにその逸脱から当初プランへの回帰を目指す制度変更（保険料率の増減など），3）財政状況の変化や社会的ニーズへの対応（新規に裁定される年金額の引き下げ，遺族年金・障害年金などの給付水準引き上げ）など，多様な要因から多くの改革が実行され，変化を続けている。

　このハンガリーのとくに1990年代半ば以降の年金制度改革については，年金が社会分野における市場経済化に伴う重要な改革分野の一つであったことだけでなく，1998年の改革が他の移行経済諸国に先駆けて世界銀行の年金制度モデルの要素をとりいれたものであったとされること[1]，さらに

---

[1] この1998年のハンガリーの制度改革が，実体として世界銀行のモデルを導入したものであったと言えるかどうかについては多様な見解が存在する。筆者は，第3章で示した通り，制度の有する機能の側面において，世銀モデルが十分に導入されたとは言い難いという見方をしている（柳原，2003）。

はその積立方式部分を導入した新制度のパフォーマンス及び問題点の検討など様々な視点から注目され多くの研究がなされてきた。そして，近年においても「継続的な改革のもとにある」(Simonovits, 2008) という認識が広くあり，年金制度をめぐる研究は引き続き重要であり意義は失われていない。

　この継続的な改革を考えていく上で，ハンガリーが EU 加盟国となって以降の，ハンガリー年金改革に対して EU が及ぼす影響の性質ならびに程度は，当然に問題の焦点の一つとなる。EU 加盟実現前のハンガリーの年金改革への EU の影響に関しては，「(1998年の) 年金制度改革は完全に世界銀行の影響下によるものであった」(Ferge and Juhász, 2004) という指摘に象徴されるように，その影響は周縁的なものであった。世界銀行の評価については留保が必要であるが (注1参照)，筆者も，EU の影響力が周縁的であったという見解については共有している。では，ハンガリーが EU に加盟した後についても同様であろうか。その点についてはあまり着目されていないように見える。

　年金制度を離れてみれば，EU 基準への接近を試みていた加盟前の過程におけるのと同等かそれ以上に，EU 加盟の実現以後も，政治，経済，社会，文化など多くの分野におけるハンガリーの政策決定・実行に際し，EU および EU が定める基準がもたらす影響力は増しているように見受けられる。また，年金分野に近接する雇用分野・社会的包摂分野においても，後述するように EU が進める政策協力の過程ならびに欧州社会基金の増額を通じて，加盟国に対し少なくない影響力を有しており，加盟国の行動パターンや「国家性」に変容を与えているとする先行研究の指摘もある (中村，2005)。

　では，年金分野はどうか。EU の影響力は EU 加盟以前と変わらないのか。それとも加盟実現以後は無視できる周辺的なものを脱却しているのだろうか。さらに，現在までの傾向と特徴は，今後も継続する可能性があるのか，もしくは変化するのか。その点が注目される。

　本章の課題は以下の点にある。第1に，年金分野における EU の政策調

整の過程がどのように進んでいるのか。第2に，既にEU加盟実現までに多くの改革を積み上げてきたハンガリーの年金制度がEUからどのような影響を受けているか。ならびに，今後受けると考えられるか。これらの諸点について検討することである。

　以上の点を検討する上で，以下の視点は重要である。すなわち，40年前後の就労期間における拠出と退職以降の年金給付とを様々な形で繋ぐという年金制度の性質上，短期的な視点のみならず，中・長期的な時間的視野をもって見ることが必要である。2008年の時点では，年金分野はEUではなく加盟国が基本的に権限を有する政策領域である。現在の一時点のみを分析のために切り取ってみれば，EUの影響力は非常に限られたものと判断されるかもしれない。とりわけ，EUが権限を持つ他の政策領域と比較すれば，そう判断できる可能性は高い。しかし，年金制度を中・長期的視野でみる必要性に鑑みれば，EUの影響力とハンガリーの年金制度改革の関係を観察することの意義は大きい。そのような加盟国年金制度の中・長期的な視野を含んだ分析・展望を行うには，2000年代初からEU加盟国間で開始された年金分野の政策調整を十分に分析の射程に入れて議論し，この政策調整のプロセスの性質ならびに動態的な成熟過程を明らかにすることが重要である。

　本章が直接に検討する対象は，年金分野におけるEUの公式な政策調整過程である，「開かれた政策協調」（Open Method of Coordination, 以下OMC[2]）の過程である。分析の手法としては，EU（主として欧州委員会）のOMC関連文献およびそれらに対応する加盟国側の文献ならびに実際の改革とをつきあわせて検討することが行われる。OMCは，それまで主として加盟国が権限を有する領域であるとみなされていた社会政策や社会保障領域における協力を進展させる推進力の一つとして注目されている（中村，同上書）。加盟国の年金制度に対してEUが影響力を与える経路は，社会政策

2）他にも「裁量的政策調整」（庄司，2003），「公開調整手法」（濱口，2008）など幾つかの日本語訳があてられているが，ここでは駐日欧州連合代表部が用いている訳語を用いた。例えば以下を参照。(http://www.deljpn.ec.europa.eu/modules/media/news/2007/070510.html 2011/02/27アクセス)

分野(例えば退職年齢や,出産・育児関連分野)における各種のEU法制や,金融分野における諸規制を通じた年金ファンドへの影響行使など(Eckardtv, 2005),OMC以外の経路も考えられるが,それについては,EUの安定・成長協定(Stability and Growth Pact)に基づく過剰財政赤字是正手続きのみに言及する。OMCを主要な対象とするのは,OMCによる影響力が非常に大きいことを筆者が前提としているためではない。年金分野のOMCが年金分野の政策調整を目的としたEUの「公式の」プロセスであるからである。また,上述のように今後のプロセスの成熟により無視できない影響力を持つ可能性を有していると考えるためである。第3節で論じる,過剰財政赤字是正手続きと関連してEUがハンガリーの年金改革に大きな影響を与えたケースのように,OMC以外の経路から加盟国の年金改革にEUの影響力が及んでいる可能性も十分にあり得るが,本章ではこのケースを除いて触れない。

　本章の構成は,以下の通りである。つづく第1節において,OMCの仕組みと社会政策領域で進められているOMCの評価に関する議論の整理を行った後,EU内における年金領域での政策調整が,このOMCの過程により如何にして進められているのか,その変遷とともに現状の評価を示す。第2節においては,EU加盟後のハンガリーの年金制度の改革が,この年金OMCによって如何なる影響を受けているかについて議論する。ここでは,EU側の文書に加えて,ハンガリー側の文書,さらには実際に導入された年金制度改革の内容とも擦り合わせながら年金OMCの影響力を検証する。そして第3節は,この時期,OMCよりも実質的にハンガリーの年金制度にとって重大な影響をもった,EUの安定・成長協定に基づく過剰財政赤字是正手続きについて触れる。そして小括として,これらの分析から示される含意の提示を行う。

1 年金分野におけるOMCを通じたEU内政策調整

1.1 OMCの仕組み,および社会政策・雇用分野におけるOMC

　OMCは,社会政策領域等において,法的拘束力をもつEU規則(Regulation）や指令（Directive）による立法措置が困難であったことを背景に取り入れた手法であり，主として2000年のリスボン戦略の採択以降，規則・指令に代わって社会政策（労働市場関連），社会保障，教育などの諸分野における政策調整のために多用されている。共通の「ガイドライン」や「目標」を設定し，その目標を満たすための政策の決定と執行は加盟国政府の権限において行うという，「ソフトな」ガバナンス手法である（中村，前掲著）。

OMCは，1）EUレベルでの共通目標・ガイドラインの提示，2）その目標を満たすための各加盟国による計画書（国家戦略報告）[3]の提出と改革の実施，3）EUレベルでのモニターと評価，ならびに成功した実践事例の収集という3つの要素からなるサイクルが想定されている。社会保護・社会的包摂領域においては，1）貧困と社会的排除に対する戦い（社会政策），2）年金制度，3）ヘルスケア（医療）及び長期ケア制度（介護），の3つの分野においてOMCによるEU内での政策調整が行われている。

年金制度に先んじて1990年代の前半から同様の手法による政策調整が開始された社会政策・雇用の分野[4]においては，その評価につき多様な蓄積が存在する。その評価は大きく分かれており，たとえば中村（2005）は，「EUという政体をどうみるのか」という問題意識に基づく一連の考察の一部として，EUによる社会政策と社会保護の政策が，欧州レベルでの規則や指令といった法的な手段を活用するもの（「積極的な統合」）から，OMCに見られる「ソフトな」ガバナンス手法へ重心を移しつつ，これまで加盟国政府の専権事項であった失業・貧困・社会的排除といった領域にまで影響力を拡大し，欧州社会基金の活用を通じた財政措置による誘導もあいまって各行為主体の行動にも影響を与え，結果「国家性」が変容しつつあると議論している。また，Adnett and Hardy（2005）も，1990年代以降

3）年金分野においては「国家戦略報告」（*National Strategy Report*）。分野により国家行動計画（*National Action Plan*）とも。

4）1993年の「ドロール白書」と1994年に採択された「エッセン戦略」が端緒とされる。この欧州雇用戦略に基づく協力と並行して，2000年以降，社会的包摂（貧困・社会的排除対策）分野のOMCが別途立ちあげられた。

に（社会的対話の名で）発展した OMC が，社会政策の近代化を実行可能にし，時に罰則を伴い法的拘束力を持つ指令など「ハードな法」とは異なる「ソフトな法」——法的拘束力を有さないという意味で「ソフト」なのであり，その統合促進の効果が弱いという意味ではない——のアプローチの時代をもたらした，として肯定的に評価している。またリスボン戦略策定以降についても，拡大により多様性が増す欧州では，「ハードな法」よりも（OMC など）「ソフトな法」のアプローチの方が社会的発展の促進において法的・政治的・経済的により効果的なメカニズムを提供するとし，リスボン戦略の目標実現のための手法として採択された OMC が今後，より重要な役割を担うという見解を示している。ただし，使用者や加盟国ならびに欧州委員会の一部には，この手法が経済・社会的な目的に関する重要な議論を避ける手段とみなされていることも留意すべき点として指摘されている（Adnett and Hardy, 2005）。一方，EU の統制主義的なレトリックの批判という文脈から，Alesina and Perotti（2004）は雇用分野の OMC について，（加盟国政府は，OMC による）ガイドラインを国内の雇用政策の制約とはとっておらず，また一般的に国家行動計画が政策決定を導いていないと述べており，OMC の過大評価を批判している（Alesina and Perotti, 2004）。

1.2　EU の第 5 次拡大以前の年金分野における OMC

年金制度やヘルスケア制度を中心とする社会保障制度は，伝統的に加盟国に政策権限が残存しており，EU レベルでの調和化に対する各加盟国の抵抗が非常に強い分野である。エスピン＝アンデルセンの類型論を持ち出すまでもなく，各国は多様なタイプの福祉国家を作り上げ，それを維持していた。そのため，1990年代に雇用分野において OMC の仕組みによる調整が始まって以降も，年金分野における調和化は，男女平等原則やいわゆる社会保障協定に該当する機能を持つ基本的な諸指令を除けば，ほとんど手つかずのままであったと言える。

　これが一転し，年金分野における加盟国間の政策調整にあたっての協力が進み始めた契機となったのは，2000年の「リスボン戦略」の採択と，各

第7章
EU内政策調整とハンガリーの年金制度改革

加盟国の年金制度が適切に改革されなければ，予想される高齢化の進展とベビーブーマー世代の退職によって現在確立されているEU加盟国の高齢者の繁栄・経済的独立が脅かされ，EUの経済成長・安定とともに欧州の社会モデルを損なうリスクがあるという問題認識からである（European Commission, 2001b）。これ以降の年金分野におけるOMCによる協力過程の変遷は，第7-1表にある通りである。

第7-1表●年金分野におけるOMCによる政策調整過程の変遷

年　月	主な事項
2000年3月	リスボン欧州理事会:「リスボン戦略」の採択
2001年	ストックホルム（3月）およびイェーテボリ（6月）欧州理事会: 年金分野での政策調整にOMCを適用することを要求
2001年12月	ラーケン欧州理事会: 年金制度改革に関する問題について対話と協力を進めることは重大な利益となり得るとし，OMCに基づいて協力を進めることを採択
2002年	各加盟国（15か国）:最初の国家戦略報告書（NSR）の提出
2003年3月	欧州委員会と欧州連合理事会: 加盟国の国家戦略報告書に基づいて，「適切かつ持続可能な年金に関する合同レポート」を採択
2005年3月	欧州理事会: 欧州委が提案した改訂リスボン戦略を採択。社会保護と社会的包摂の分野のOMCへの適用を認識
2005年7月	各加盟国（25か国） 2回目（新規加盟国は最初）の「国家戦略報告書（NSR）」の提出
2005年12月	欧州委員会: 社会保護・社会的包摂分野のOMCの合理化を提案。年金，社会的包摂，ヘルスケア及び長期ケアの3分野の統合にくわえ，3分野を架橋する新たな目標を追加。OMCをより強力，かつ目に見える過程にすることが目的。政策の近代化と実行に焦点をあて，改訂リスボン戦略との相互作用をより考慮（2006年3月，理事会採択）
2006年2月	欧州委員会: 「適切かつ持続可能な年金に関する総合レポート」の発出
2006年3月	欧州連合理事会: 「社会保護および社会的包摂に関する合同レポート」の発出
2006年10月	各加盟国（25か国＋ルーマニア，ブルガリア）: 年金，社会的包摂，ヘルスケア及び長期ケアの3分野が統合された，新たな「社会保護および社会的包摂に関する国家戦略報告」の提出
2007年2月	欧州連合理事会: 「社会保護および社会的包摂に関する合同レポート2007」の発出
2008年3月	欧州連合理事会: 「社会保護および社会的包摂に関する合同レポート2008」の発出

出所）European Commission（2006b）をもとに筆者加筆。

このような問題意識から，2001年のラーケン欧州理事会において1）妥当な（adequate）年金（水準），2）制度の財政的持続可能性の確保，3）変化する経済・社会・諸個人のニーズに対応するための年金制度の近代化という3つの共通目標を設定，OMCを進めることが決定された（第7-2表）。この年金分野におけるOMCでは，他の加盟国の改革について知る

第7-2表　年金分野における共通の目標（～2006年）

1．妥当な年金（adequacy of pensions） 　加盟国は，年金制度がその社会的目的を満たすよう，その機能を維持すべき
1）高齢者が貧困リスクに直面せず，それなりの水準の生活を享受できるよう保障すること。国の経済的福祉を共有し，公的・社会的・文化的生活への参加を確保すること 　2）全個人に（公的および／ないし私的な）適切な年金へのアクセスを与えること。退職後にも生活水準をある程度維持出来るような年金権を得られるようにすること 　3）世代内および世代間の連帯を促進すること
2．年金制度の財政的持続可能性 　揃える加盟国は，年金制度が健全な財政基盤を築けるよう，以下の諸政策の適切な組み合わせを含む，多面的な戦略に従うこと
4）高水準の就業率の達成。必要であれば欧州雇用戦略や拡大経済政策ガイドライン（BEPG）に示されるような包括的な労働市場政策を行う 　5）労働市場・経済政策に沿って，社会保護の全ての制度が，高齢労働者に対して（市場）参加へのインセンティブを与えるようにすること。早期退職を奨励せず，退職年齢後の就労を阻害しないこと。年金制度が漸進的な退職を容易にするようにすること 　6）公的財政の持続可能性を維持できるよう，最適な方法で年金制度を改革すること。同時に年金制度の持続可能性が維持されるよう，負債の圧縮など健全な財政政策も必要 　7）年金給付や改革が，現役と退職者の公正なバランスを保つこと。後者に適切な給付を与えることによって，前者に過度の負担をかけないこと 　8）最適な規制枠組みと健全な管理を通じて，公的／私的年金スキームが必要な効率，（拠出の）手ごろさ，携帯性，安全性を伴った年金給付を実現すること
3．変化する経済・社会・諸個人のニーズに対応した年金制度の近代化
9）年金制度が労働市場の柔軟さ及び安全性の要件と矛盾しないようにすること。加盟国間の労働力移動や非典型雇用が年金受給権を阻害しないようにすること，年金制度が自営業を阻害しないようにすること 　10）EU法を考慮に入れ，男女の平等原則の観点から年金給付を評価すること 　11）年金制度に対する信頼を保てるよう，より透明かつ環境変化に適応可能な制度にすること。とくに給付水準と保険料率に関して長期の予測を信頼できる，分かりやすい形で情報提供すること。年金政策と改革について広範なコンセンサスを促進すること。効率的な監視手法の改善

出所）ECOFIN（2001）．

ことが各国レベルの政策決定者にとって非常に有益であるという考え方から，1）将来の年金給付に関する統合された報告枠組みの構築，2）EUレベルの多様な主体が，各国の戦略に関する共通理解を深めるための枠組みの構築，3）拡大経済政策ガイドラインやその他の過程における政策勧告の形成に利用される各国の年金戦略に関する詳細な情報と分析の提供，など情報交換の枠組みの構築が非常に重視されている（ECOFIN, 2001, p. 4）点が特徴的である。

この年金 OMC の最初のサイクルは，その後2002年夏に15の加盟国[5]からの国家戦略報告書の提出と改革の実施，EU によるモニターを経て，2003年3月の（欧州連合理事会と欧州委員会の）合同レポート（Joint Report）の採択により終了している。この合同レポートにおいては，年金制度の持続可能性と適切な給付水準維持を確保するため，改革過程のモメンタムの維持が主張され，加盟国に対して，高齢の労働者が労働市場により長くとどまるインセンティブの改善，年金制度の拠出と給付との関連性の強化，長期的な年金支出と期待余命の上昇に適応するための公的・民間の基金の増加を要求した（European Commission, 2006b）。

この年金 OMC の最初のサイクルの評価に関しては，幾つかの先行研究が存在しているが，筆者のみた限り，いずれもがこの過程の意義を重大視していない。Natlie and De la Porte（2004）は，規範的・経験的・手続き上の各側面からフランスとオランダの事例を用いつつ分析しているが，年金 OMC の第1サイクルには，（各国を）共通の目標の実現に向かわせるような規範的な力があったか疑問であり，また OMC が（加盟国に対し）もたらす（改革）圧力は，欧州雇用戦略等にみられる他分野の OMC のそれと比べて弱く，また改革の議論は加盟国レベルでの利害関係者に支配され，さらには手続き上の諸文書も全く影響力を持たなかったと論じている（Natlie and De la Porte, 2004）。また，Eckardtv（2005）も，各国の年金制度のパフォーマンスを比較可能にする指標の開発が各加盟国の年金制度改革を

5）2004年および2007年に EU に加盟した新規加盟国計12か国はこのサイクルには参加していない。

促進させる効果を将来的にもつ可能性を指摘してはいるが，OMCは各加盟国に存在する年金制度改革に際しての政治的な障害を軽減するほどの力は持たないと思われるとしている（Eckardtv, 2005）。

これらの先行研究における指摘に加え，適切な年金水準，制度の財政的持続可能性の確保，変化する経済・社会・諸個人のニーズに対応するための年金制度の近代化，という年金分野におけるOMCの「共通の目標」それ自体が，影響力を伴うEU独自の年金モデル登場の可能性を示すようなものではないことが指摘できよう。様々な背景を有するEU15の年金制度と，1990年代に主として世界銀行のイニシアティブにより新自由主義的な影響を受けた新規加盟国の年金制度との双方を包含できるように，OMCの共通目標は果たすべき機能の面に徹したアプローチを行っており，指針の中にはそのための特定の年金制度のタイプは示されていない。またその果たすべき機能も，世銀が新しい報告書（The World Bank, 2005）で提示した4つの目標[6]とかなり類似していることにも見られるように，近年の年金理論の発展を踏まえた一般的な原則に基づいている。このOMCが示した指針そのもののインパクトの弱さもまた，初期のプロセス全体の意義に対する評価が低いことに関連していると言えるだろう。

1.3　リスボン戦略の見直しに伴う年金分野のOMCの変容

2005年7月，上述した2003年3月の合同レポートで示された課題に対応する形での第2サイクルの国家戦略報告書が，新規加盟国10か国を加えた25か国によって提出された。この国家戦略報告書の内容およびその前後の実際の改革に対しては，2006年8月の総合レポート（Synthesis Report）において評価がなされており，2003年の合同レポート以降，労働へのインセンティブの改善，拠出と給付との関連付けの強化，期待余命変動に対する対策などの点で加盟国の年金制度に実質的な進歩があったとしている（European Commission, 2006b）。同レポートでは，年金水準の妥当さ，財政的持続可能性，変化するニーズに対応するための年金制度の近代化の3つの目

6）第6章第3節を参照。

標の設定は適切であるとしたうえで，これらを一体として考える必要性が強調されている[7]。

また2005年に実施されたリスボン戦略の改訂との相互作用を意識する形で，2006年3月の理事会において[8]，貧困対策と社会的排除，年金分野，ヘルスケアと長期ケアの3つの分野で行われていたOMCの統合・(とくに報告面での) 合理化が採択された。新たなOMCの「共通の目標」(第5-3表参照) では，各分野における諸目標が簡素化されたほか，3分野に跨る (overarching) 目標が付加された (ただし，年金に関して言えば，それまでの11の小項目が，上位の3つの目標にまとめられただけで内容的な差違はほとんどない)。この合理化は，類似する協力過程の統合による資源の集中を通じて，「OMCを，政策の実行に焦点を当てた，より強力，かつ目に見え

第7-3表　社会保護・社会的包摂のための新しい共通目標 (2006年3月採択)

1．分野に跨る (overarching) 社会保護および社会的包摂のためのOMCの諸目標
a) 社会的結束と男女間の平等，すべての人々への機会の平等の促進。適切な，そしてアクセス可能，持続可能，適応力を備えた効率的な社会保護・社会的包摂政策の促進
b) より高い成長と良い雇用，社会的結束を目指すリスボン戦略の目標，およびEUの持続可能開発戦略との効果的かつ緊密な相互作用の促進
c) より良いガバナンス，透明性，および利害関係者の政策デザイン・実行・モニター段階への取り込みの強化
2．妥当かつ持続可能な年金
g) 世代間及び世代内における連帯と公平の精神において，すべての人々に妥当な退職後所得を保証し，生活水準を維持できる程度の年金へのアクセスを確保する
h) 公的財政と人口高齢化の圧力に耐えるよう，公的・民間の年金スキームの持続可能性を確保すること。そのためには，①より長い就業期間とactiveな高齢化の支援，②給付と拠出の最適かつ社会的に公平なバランス付け，③民間積立スキームの値ごろ感 (affordability) と保障の促進，という3つの戦略により高齢化に対処する
i) 男女それぞれのニーズと希望，現代社会，人口動態，構造変化へよく適応した，透明性のある年金制度の確保。人々が自らの退職後を計画するのに必要な情報を提供し，改革は可能な限り広範なコンセンサスを基礎に行う

注) 年金関連分野のみ。社会的包摂分野 (目標d) ～f))，ヘルスケア・長期ケア (目標j)～l)) については省略。
出所) European Commission (2006c)．

7) ただし，この3つの目標は時にトレードオフ関係となることが本総合レポートでも認識されている。
8) 2005年12月の欧州委員会において提案された。

る（visible）過程」（European Commission, 2005, p. 2）にすることを目的として行われた。この3分野に跨った新たなOMCは，リスボン戦略の諸過程との時期的な整合性をはかるため，2006年から2008年，2008年から2010年という期間で実行されることとなった。

　2006年春から開始され，2008年3月に終了した（年金分野に関して言えば）OMCの第3サイクルでは，各加盟国が「社会保護および社会的包摂に関する国家戦略報告」を提出し，それに基づき実行された改革を欧州委員会などが監視，欧州連合理事会との「社会保護と社会的包摂に関する合同レポート」[9]でその評価が行われるという通常の手続きのほかに，補完性原則に抵触しない範囲での政策の共同開発（柔軟な手法），国家戦略報告の評価並びに目標設定のための共通の（比較可能な）指標の開発などが重点的な要素として位置づけられていた（European Commission, 2005）。

　EU機関による各報告書（European Commission, 2003b; 2006b, Council of the European Union, 2006; 2007; 2008）から読み取れる，これまでの合計3サイクルの年金分野のOMCについては，以下のようなことが言えるだろう。まず，年金分野のOMCの第1・第2のサイクルに関しては，欧州委員会としては，妥当な水準，財政的な持続可能性，変化への適応能力という3つの柱からなる11の共通の目標を定義することによって，EUと加盟国の双方が年金制度改革への理解を深めることができた（European Commission, 2006b, p.19）点で，政策協力のきっかけ，情報交換の手段として良いツールであることが証明されたとの自己評価を行っている。そのうえで，2006年の総合レポートでは，制度を（経済状況や人口動態に合わせ）自動的，ないしは半自動的に調整する枠組みの導入を新たな目標とすることや，労働市場政策との連携ならびに非正規労働拡大への対応に代表される関連諸制度との補完的な関係を重視することなど，新たな側面の協力の必要性が謳われている。

　この年金分野のOMCの最初の2サイクルについてErvik（2006）は，ドイツ・イギリス・（EU非加盟国でOMCにも参加していない）ノルウェーの

9）3分野のOMCの統合により，各国およびEUレベルでの報告書の名称が変化している。

年金制度改革の検討から，各国の改革への年金 OMC の影響は現時点では事実として観察されるというよりは潜在的なものであるとしながらも，OMC は公的年金における最低保障の役割の強調，（公的年金ではなく）職域（企業）年金や個人年金ならびに積立方式の要素へよりウェイトを置くなどの点などでビスマルク型，ベヴァレッジ型，北欧型のいずれの制度からも離れ，混合型の制度を志向していると論じている。くわえて，3 つの共通の目標においても，財政的持続可能性の問題を優先している旨が指摘されている（*Ibid.*, p.16）。

　確かに，Ervik（2006）が指摘するように，EU 機関の文書には最低保障の役割の強調，選択肢のひとつとしての企業・個人年金や積立方式への示唆が見られるが，これらは年金制度が持つべき機能を満たすための強調点・ひとつの選択肢の提示であって特定の型の制度を強く推奨するものとまでは言えず，この点を過度に評価すべきではないと考える。年金分野における OMC の「共通の目標」およびそれを実現するための諸制度の改革提案は，前述の通り機能に徹したアプローチである。年金分野の OMC の最初の 2 サイクルについて言えば，リスボン戦略ですでに別に数値目標が定められている（とくに 50-64 歳の中高年齢層における）就業率を除けば，目指すべき基準・目標となる具体的な数値や制度は明示されていない。各国の現状および改革の評価も，基本的に EU25 か国全体の傾向や平均からの乖離によって測られており，加盟国を横断的に分析する評価体制の構築は立ち遅れていた。また，部分的にトレードオフ関係にある 3 つの共通の目標の間のバランスについても，確かに財政的持続可能性の確保は妥当な水準の給付を行うための必要条件であるとの指摘はなされているが（European Commission, 2003, p.8），どの程度の財政的持続可能性が必要でそのために何処まで給付水準を犠牲にすべきか，逆に最低限どの水準の給付は維持するべきか，といった具体的なバランスは各加盟国の評価の部分でも深く切り込まれていない。保険料拠出を避けようとする動き（evasion）を減らすこと，年金制度の対象者を増やすことなど議論の余地の少ない細かな改革提案以外では，加盟国が指針とすることが出来るような具体的な数量

的基準,改革モデルの提示は最初の2つのサイクルでは行われておらず,これらEU機関による諸文書にあたる限り,やはりEU・各加盟国間における情報交換以上の意義は見出しにくいと思われる。

　2008年に終了した第3サイクルにおける報告書(Council of the European Union, 2007; 2008)では,積極的な社会的包摂の措置や年金・労働市場改革によって就業のインセンティブが向上し加盟国全般で高齢者の就業率の上昇が見られること,多くの加盟国で早期退職を制限する改革が実施されているなど一定の成果があったこと,そしてそれらを理由として,合理化されたOMCの共通の社会的目標は各加盟国の政策設計を下支えしている旨の評価がなされ,OMCの過程の有効性が強調されている。就業率の向上はリスボン戦略や欧州雇用戦略など,より優先度が高く加盟国の政策決定への影響力も強いと思われるプロセスでも最重要目標の一つとなっている。そのため,年金OMCのみの成果として位置づけることは適切ではない。また,基本条約における基本権などの制定の動きとも関連して社会政策・雇用分野で一定程度進んでいると評価される[10]「最低水準の設定」にも年金領域では成功していないし,指標による分析の充実はあるが,モデルとなるべき数量的な意味での「EU標準」の整備が進展していない状況も変わっていない。その意味では,第3サイクルまでの年金OMCをみる限り,この過程の影響力を過大に評価するのは時期尚早と言えるだろう。しかし,これら文書からは,次節のハンガリーの事例でも確認するように,早期退職の制限を通じたより長期の就業の促進などの点においては一定の効果が蓄積しつつあること,また,加盟国の改革の進展状況を比較するための共通の指標[11]の充実による各国のパフォーマンスの比較分析の精緻化,それに基づき提示される課題の具体化の進展など,時系列的に見た場合,過程全体のある程度の成熟が見受けられる。したがって,年金制度の新たなモデルを示すような方向性での劇的な影響力ではないが,この過程が現時点で持つ影響力や将来的に影響力を持つ可能性を捨象したり,過

---

10) たとえばErvik (2006) を参照のこと。
11) 2006年の見直し以降のものは,European Commission (2006d) を参照のこと。

小に評価することも適切ではないだろう。

　第6章の小括において世界銀行の新しい年金戦略について論じたが，世界銀行とEUの年金モデルの違いを指摘するならば，まさにこの点となろう。EUは世界銀行の「5本柱の混合型の年金制度」のように具体的な制度モデルを示してはいないが，EUが提示する共通の目標と，世界銀行が提示する果たすべき4つの機能とは，ともに1990年代以降の議論の蓄積によって得られた年金理論に対する一般的な共通理解に基づく原則であり，そこだけに着目すれば酷似している（第6-8表参照）。しかし，EU加盟国にとっては，このEUが示す共通目標が，各国に実施を任せる形であれ実際に政策を調整することを目的として設けられたプロセスにおいて掲げられた目標であるという点において，この両者を峻別する必要性があると言えるだろう。EU加盟国において近い将来において影響を及ぼす可能性を持ち得るのは，更なるプロセスや（ベスト・プラクティスの学習による）モデルの深化を通じて成熟した，OMCのプロセスとその共通目標に留まる可能性が高いと言えるだろう。

2　年金OMCとハンガリーの年金改革

　ハンガリーを含む旧中東欧・バルトのEU新規加盟国は，市場経済化を開始して間もない時期から，市場経済の諸制度の導入および民営化などの改革を進める一方で，将来のEU加盟に向けた準備をEUの資金協力および知的支援のもとで積み重ねてきた。しかし，1990年代後半においてこれら諸国が取り組んだ年金制度改革においては，EUの及ぼした影響は限定的であるとの見解が支配的である。

　ハンガリーの社会政策・社会保障領域の諸制度の改革に関してフェルゲらが結論付けているように，EUが拡大過程に社会的な要素を持ち込んだのは相対的に遅く，労働市場政策ではILOとともに社会・市民対話の枠組みの形成に重要な役割を果たすことで影響力を発揮したが，家族政策はハンガリー国内の要因により規定され，年金制度改革に至っては完全に世界銀行の影響下によるものであった（Ferge and Juhász, 2004）。1998年春のハ

ンガリーの EU 加盟交渉の開始以後も年金分野における関心は低く，毎年発表された加盟交渉の進捗状況報告書においても年金制度への記述は限られており，1999年から2001年版の報告書においてフィデス主導の中道右派政権（1998-2002年）が実施した，積立方式部分に充当される被用者保険料率引き上げの凍結に対して懸念が表されたことを除けば，EU はハンガリーの年金制度改革を概ね好意的に評価していた（柳原，2003）。

本節では，EU 加盟以後のハンガリーの年金改革に対する EU の影響力について，年金 OMC の第2サイクルと第3サイクルにおける，EU 側とハンガリー政府の双方の文書，すなわち欧州委員会による2006年8月の総合レポートと欧州委員会および欧州連合理事会による2007年の合同レポートにおけるハンガリー部分（European Commission, 2006b; Council of the European Union, 2007）[12]，ならびにハンガリー政府による2005年7月および2006年10月の国家戦略報告書（Government of the Republic of Hungary, 2005; 2006a），さらには，この間ハンガリー政府が実施した実際の改革との比較を通じて検討を行う。

2.1 EU 機関による文書の検討

2006年の欧州委員会の総合レポートでは，各国の年金改革において注意深い監視を要する問題として，年金制度が労働市場の機能に正のインパクトをもっているか（すなわち就労促進的であるか），期待余命の伸びや非典型労働の拡大への対応，適切な最低賃金の確保，リスク分散のための民間の年金スキームの活用，制度の透明性，調整・レビューメカニズムの促進，比較のための基準作りなどが列挙されている（European Commission, 2006b）。

ハンガリーの制度改革の進捗状況を評価する個別部分においては，年金制度のカバー対象，高齢者の貧困リスクや最低年金の保障という関心からみた給付水準，支出の GDP 比，高齢者（55-64才）の就業率などのマクロ変数によって，ハンガリーの年金制度の評価が行われている。そのうえで，たとえば年金スキームが他のミーンズ・テスト付きの補完的な社会的

---

12) 2006年の合同レポートのハンガリー部分の内容は，2007年のそれにほぼ包含される。

セーフティー・ネットの諸給付と結合していること，第2の柱（積立方式部分）における年金給付は民間の年金ファンドないし生命保険会社より提供される予定であるものの，報告書作成時点では実際に法律の規定を満たした年金形態の金融商品は作られていないこと，個人農家の多くがその課税所得が保険料拠出対象となる水準に届かないため強制加入の年金制度の外に置かれていること，雇用の喚起を目指して保険料率の引き下げが行われたものの雇用は反応していないこと，加入期間に対し比例的な年金給付の乗率体系の導入は透明性と公正を向上させ長く就業するインセンティブをもたらすと思われるものの，その導入が2013年まで先送りにされていることなどが指摘されている（European Commission, 2006b）。

　第3サイクルの報告書においても，ハンガリーの高齢者就業率の上昇を確認しつつもリスボン戦略での目標には到達していないとして，早期退職を制限し就業率を向上させる更なる改革の必要性が強調されていること，個人農家の制度への参加，早期退職の制限についてハンガリー政府が改善措置の実施を報告している旨の言及があることが興味深いが，指摘されている内容に大きな変化は見られない。2006年の統合レポートとほぼ同様の指摘に加え，ハンガリーが拠出と給付との関係を強化させる改革を実行したために，少なくない規模の低賃金の保険料拠出者の将来の年金が「妥当な年金」という観点から問題となり得ることに懸念が表されている（Council of the European Union, 2007）。

　これらEU機関による指摘は以下のようにまとめられるだろう。基本的には第1節における指摘と同様である。すなわち，リスボン戦略で数値目標が定められている就業率に関連する指摘を除けば，多くの点で，問題の存在は指摘されていても，どのように改善すべきかといった部分まで踏み込んだ言及がされていない。制度を叙述する指標・データは充実しているが，そこに具体的な判断の基準が存在しない。結果としてEU25か国の平均値との単純な比較の域を超えるものではない。その上，その平均値が意味するものが明らかにされていない。そのため，この報告書の指摘からは，現在および将来の給付水準と財政的持続可能性という部分的に対立す

る共通目標の間でどのようにバランスを取るべきか，ハンガリーの年金制度の改革を今後どのように行うべきか，というものまでは見えてこない。このような所に，OMC による各国への政策提言能力の限界が示されている。だが，他方では，上述した加盟交渉時の進捗状況報告書における記述と比較すれば，まったく様相が異なっていることが指摘できる。全体からみれば少数の社会集団に関する問題など，制度の細かな特徴・問題点にまで指摘がなされていることが注目される。

2.2 ハンガリー政府による報告書，および実際に行われた改革との比較

ハンガリー政府の2つの国家戦略報告はともに，年金制度の全体的な現状評価，直面している困難が示された上で，それぞれが対応する新旧の「共通の目標」[13]の一つ一つに対して，実施済み，実施予定の措置の詳細とその効果が列挙されている形で記述されている。

2つの文書において，年金制度の位置づけにはそれほど大きな変化はない。年金制度は高齢者に対する所得保障の主たる手段であり，年金給付の購買力水準が維持されなければならないとしている。また，現状分析にも相違は殆どない。就業者数の低さ，人口学的なリスク，財政の側面で問題は抱えているものの，基本的かつ重要な制度改革は既に1990年代に実施しており，現在は1997年に決定された年金改革プランで定められた幾つかの改革の実行完了までの「過渡期にある」（Government of the Republic of Hungary, 2005, p. 8）というものである。2つの報告書では，この改革プランに基づいて引き続き改革を実施していくというスタンスが繰り返されており，年金 OMC の過程において，年金制度を大規模に見直す意図・可能性は示されていない。

就業率の引き上げや，遺族年金など特定の種類の給付水準の引き上げ，給付条件の見直しなどのいわゆる小規模なパラメーター的な改革については，実施済みのものと実施予定のものの双方が，OMC が掲げるそれぞれ

---

13) 2005年7月の国家戦略報告は2001年に決定された「共通の目標」（第7-2表），2006年10月の版は改訂リスボン戦略に合わせて採択された新たな目標（第7-3表）に対応している。

の目標に合わせる形で記載されている。これら措置のうち，前述の個人農家の公的年金制度への参加問題については，2006年の総合レポートにおける問題の指摘，同年秋の国家戦略報告でのハンガリー政府による措置実行の発表，2007年の合同レポートでのEU機関側による確認，と明確な因果関係を文書からたどることが可能である。しかし，その他の改革については，OMCの成果であるかどうかを報告書のみから読み取ることは困難である。

　この点につき，実際に導入された改革からもう少し検討しよう。ハンガリーでは，年金制度は制度への有権者の関心・期待の高さから政争の具として用いられ，1998年の年金制度改革以後も，左派・右派の双方の政権により，高齢者の所得保障（左派政権によるボーナス年金「13か月目の年金」の導入など），および制度の財政的持続可能性（右派政権による保険料率削減）の両面で歪められた[14]。退職年齢の段階的な引き上げ，スライド方式の変更など，1996年から1998年に既に導入が決定していたものを除けば，「13か月目の年金」の導入や遺族年金等の増額・受給資格緩和，過去のインフレ分の補償など，年金受給者に有利な変更はあっても，年金受給者に不利な年金制度の変更は2002年以降，与野党の勢力が拮抗していたこともあり，4年半の間行われていなかった（2006年11月28日付MTI電子版）。

　すなわち，ハンガリーのEU加盟以後，ハンガリーの政治的過程を経て2006年11月までに新たに決定・実行された改革は，総体としてEUがOMC過程で示した3つの共通目標に沿うものではあったが，その大半は比較的決定・実施に際して政治的困難が少ない，現時点での給付水準引き上げや貧困リスクが高い層への措置を重視した変更（自らの年金権を持たない寡婦の救済，体制転換後の混乱による低年金の補償，介護・育児期間の年金拠出期間への参入など）など，EUの共通目標における「1．妥当な年金給付」「3．制度の適応性確保・近代化」に属する改革に限られていた。換言すれば，OMCの過程は，給付条件の厳格化，水準の引き下げなど「2．

---

14) このうち，1998年から2002年のフィデス政権による制度修正がもたらした影響については，第3章第3節にて分析を加えている。

財政的持続可能性」に属する，政治的に決定が困難な改革を推進するような効果までは有していたとは言えないということができよう。これは，次節でとりあげる過剰財政赤字是正手続きとの対比により，より明らかとなる。

　以上のような分析から，年金分野のOMCは，先行研究で社会政策・雇用分野について指摘されているような，（法的拘束力は持たないが，「ハードな法」と同様に政策統合を進める効果を持つという意味での）「ソフトな法」ないし「ソフトなaquis」と言えるほどの実質的な機能・影響までは現時点では有しておらず，改革は依然として国内要因が支配的な決定要因であるとみなすことができよう。しかし，その一方で，EUの文書から確認されるだけでも，一定の制度改革がOMCの過程の中で行われていることは否定できない。

3 過剰財政赤字是正手続きと年金制度改革

　EU加盟後のハンガリーにおいては，OMCよりもむしろ，安定・成長協定に基づく過剰財政赤字是正手続きにおいて，EUによる加盟国の社会保障制度への強い影響力を見てとることが可能であった。このケースでは，EUの影響力はOMCという「ソフトな」ガバナンスではなく，より改革への強制力を持つという意味での「ハードな」やり方で行われた[15]。

　ユーロ参加国は，これら諸国の財政状況の監視および各国の経済政策の監視・調整を強化する理事会規則である安定・成長協定[16]によって，財政均衡ないし黒字確保を中期的目標に据えることが義務付けられている。景気後退に対応した対策を取る余地として，GDPの3％を超えない範囲の財政赤字が認められているが，赤字がこの上限を超えた際の手続きが過剰

---

15) ただし，規則に基づいた，法的拘束力を持つ手続きという意味の「ハード」な手法ではないことには留意が必要である。
16) 欧州共同体設立条約（ニース条約下）の第99条・第104条の義務をより詳細に定めた，2つの理事会規則（1466/97と1467/97）により構成される。2009年12月に発効したリスボン条約下では，欧州共同体設立条約の第99条・第104条はそれぞれ「欧州連合の機能に関する条約」のそれぞれ第121条，第126条となっているが，本節では他の条文番号も含めニース条約下での表現のままとする。

財政赤字是正手続きである。欧州委員会と財相理事会による数度の財政赤字是正勧告が行われ，それでも財政赤字が解消されない場合には，理事会警告（欧州共同体設立条約第104条第9項）を経て，無利子の預託金の預託，その没収などの制裁措置（第104条第11項）が取られることとなっている[17]。

　この理事会警告および制裁措置の対象とまではなっていないが，ハンガリーを含むユーロ未導入国もまた，この安定・成長協定の下で健全な財政運営を行う義務を負っており，財政赤字水準が基準を超えた国に対しては過剰財政赤字是正手続きが適用される。それに加え，ユーロ未導入国は（ユーロ導入国が提出する「安定プログラム」ではなく）ユーロ導入条件達成に向けた物価安定・通貨政策などの財政以外の項目も含む「収斂プログラム」（Convergence Programme）を年1回，欧州委員会と欧州連合理事会に提出することが義務付けられている[18]。

　ハンガリーは，1990年代初頭から継続的な財政赤字を記録しており，2004年5月にEU加盟を実現させたその直後から，この是正手続きの対象となった（第7-4表および第7-5表参照）。

　2005年秋から2006年初にかけて，欧州委員会は，再三の勧告にもかかわらずハンガリーが実施している財政赤字是正策は不十分なままであり悪質であるとして，ハンガリーの収斂プログラムを承認せず，異例の再提出を要求した。その際，アルムニア欧州委員（通貨同盟担当）は，2007年から2013年のEU中期財政において，ハンガリーに割り当て予定の地域開発補助金の凍結を示唆し，赤字是正を求めた[19]。

　その結果，ハンガリー政府が2006年8月末に再度提出した収斂プログラム（Government of the Republic of Hungary, 2006c）は，総選挙の終了後という

---

17) ただしドイツなど影響力を有する大国に対しては制裁措置が発動されないなど，執行の面での政治的な問題が存在している。過剰財政赤字是正手続きについては，欧州委員会ウェブサイトの当該ページ（http://ec.europa.eu/economy_finance/sg_pact_fiscal_policy/fiscal_policy554_en.htm. 2009/11/20アクセス）を参照のこと。
18) 欧州共同体設立条約第121-122条に基づき，欧州委員会と欧州中央銀行（ECB）（のそれぞれ）が少なくとも2年に1度作成する，ユーロ未導入各国のユーロ導入に向けた過程の進捗状況を検討する「収斂報告書」（convergence report）とは異なるものである。
19) portfolio.hu電子版2005年11月8日付並びに2006年1月8，11日付。

第7-4表　ハンガリーに対する過剰財政赤字是正手続きおよび関連事項

年　月	主な事項
2004年5月	・欧州委員会：ハンガリーの財政赤字水準が期待を満たしていないことによる，報告書の作成（第104条第3項）
2004年6月	・欧州委員会：理事会による下記の認定と勧告を求める意見の発出（第104条第5項）
2004年7月	・財相理事会決定：基準を超過する財政赤字が存在することの確認（第104条第6項） ・財相理事会勧告：2008年を期限とした過剰財政赤字是正勧告（第104条第7項）
2004年12月	・欧州委員会：下記決定を求める委員会勧告
2005年1月	・財相理事会決定：ハンガリーの理事会勧告不履行を確認（第104条第8項）
2005年2月	・欧州委員会：下記勧告を求める委員会勧告
2005年3月	・財相理事会勧告：2008年を期限とした過剰財政赤字是正の再度の勧告（第104条第7項）
2005年7月	・欧州委員会：ハンガリーの過剰財政赤字是正手続きが不十分である旨の理事会へのコミュニケの発出
2005年11月	・財相理事会決定：2005年3月8日の欧州理事会の勧告に対するハンガリーの（財政赤字是正）施策は不十分であるとの認定（第104条第8項） ・アルムニア欧州委員：ハンガリーへの地域開発補助金凍結の可能性を示唆
2006年1月	・財相理事会声明：2005年12月に提出された収斂プログラムの修正・再提出をハンガリー政府に要求（2006年9月までに）
2006年8月末	・ハンガリー政府：新収斂プログラムを提出
2006年9月	・欧州委員会：財相理事会に対し，財政赤字是正期限の1年間の延長を勧告
2006年10月	・財相理事会勧告：2009年を期限とした過剰財政赤字是正および収斂計画における措置の着実な実行を勧告（第104条第7項）
2007年6月	・欧州委員会：財相理事会へのコミュニケの発出 　ハンガリーが取り組んでいる是正措置に一定の評価。現時点で更なる措置は必要ない旨結論

出所）第104条（欧州共同体設立条約。ニーズ条約下）に基づく，ハンガリーへの過剰財政赤字是正手続きの一覧ページ（2007/09/25アクセス。アドレス下記）およびportfolio.hu電子版2005年11月8日付並びに2006年1月8，11日付。
(http://ec.europa.eu/economy_finance/about/activities/sgp/edp/edphu_en.htm)

第7-5表　ハンガリーの一般政府財政赤字（単位：対GDP比，％）

	1999	2000	2001	2002	2003	2004	2005	2006	2007
一般政府財政赤字	-5.5	-2.9	-4.0	-9.0	-7.2	-6.4	-7.8	-9.3	-4.9

出所）EBRD（http://www.ebrd.com/country/sector/econo/stats/sei.xls. 2007/09/27アクセス）。

政治的な時期との関係もあるが、緊縮的かつ非常に厳格なものとなった。行政機構の合理化に伴う公務員の削減、消費税・個人所得税の課税強化、法人税率の引き上げ、医療保険制度運営の厳格化など他の多くの分野における改革と並んで、年金制度もまた広範な緊縮措置の導入の対象となった。年金制度にも厳格な緊縮政策が持ち込まれた理由としては、過剰財政赤字是正手続きでは社会保障制度等の予算外基金も一般政府の財政赤字とみなすこと、および年金制度において短期的に見て毎年少なくない規模の赤字が継続的に発生している上に長期的にも財政的な持続可能性に問題があり、政府にもその問題が認識されていた（*Ibid*, p.41）ことが挙げられよう[20]。

この収斂プログラムでの言及ののち、早期退職制度の適用条件の厳格化および早期退職後の年金減額幅の引き上げ、年金支給開始時点の年金額（新規裁定年金額）の平均8％引き下げ、年金受給者の労働所得制限、労働市場に留まり退職を先延ばしにした場合の受け取り年金額の増加（以上は2006年11月27日に国会採択）、使用者年金保険料の3％引き上げなど、年金領域のOMCの「共通の目標」における、「財政的持続可能性」の改善を強く意図した内容の制度改革が行われた。

これらの制度変更は、OMCにおける共通の目標に沿うものではある

---

20) 欧州共同体設立条約第104条（過剰財政赤字是正手続き）上の「一般政府」とは、中央・地域・地方政府ならびに（公的年金などの）社会保障基金を意味している（商業活動除く。欧州共同体設立条約付属議定書E第2条）。そのため、年金財政の赤字も過剰財政赤字是正手続き上の財政赤字としてみなされる。2005年時点では、ハンガリーの年金財政（年金基金）の赤字はGDP比0.42％だったが、これとは別に1.81％分（積立方式導入による保険料収入削減の補填分0.96％、年金基金への資産移転0.85％）が国より年金保険基金に対して移転されていたため、一般政府財政赤字削減のために年金財政の改善が重要視された（2006年にはこの移転規模は2.36％に拡大している。統計局『社会統計』より筆者算出）。また、ユーロ導入基準（収斂基準）の内の財政条件も、この過剰財政赤字是正手続きの基準に基づいているため、ユーロ導入に際しても年金財政赤字の削減・解消が重要となる。ただし、2005年までに積立方式の部分の導入を含む年金改革を行った加盟国については、2005年に改革の費用の100％、2006年に80％、2007年に60％、2008年に40％、2009年に20％が過剰財政赤字是正手続き上の財政赤字から差し引かれた。2005年以降に改革を実行した国については、その年を基点として5年間、同様に100％、80％、60％、40％、20％が差し引かれ算定される。"Specifications on the implementation of the Stability and Growth Pact and guidelines on the format and content of stability and convergence programmes", endorsed by the ECOFIN Council on 11 October 2005.

が，(新収斂プログラムより後の) 2006年秋に提出された「社会保護・社会的包摂のための国家戦略報告」(Government of the Republic of Hungary, 2006a) には，年金支給開始時点の年金額の引き下げ，使用者保険料の引き上げなど，年金財政に大きく影響する重要な制度変更の項目が記載されていない[21]。すなわち，これらの年金・財政の双方にとって大きな影響を有する数点の改革については，OMCの通常のサイクル(社会問題省が担当)においては予定されておらず，この過剰財政赤字是正手続きの影響で急遽取り組まれたものであったと推測できる。とくに使用者保険料の引き上げは，毎年GDP比約0.65％前後の年金財政のバランス改善効果を有しており[22]，このような重要な改革事項がOMCにおける戦略報告から抜け落ちた理由は他には想定しにくい。

第7-4表に挙げた一連の措置が行われた時期において，ハンガリーの財政赤字は数年間にわたりEU27の中でも突出した水準であり，このような形での加盟国年金制度へのEUの影響力の発現は，他のEU加盟国では見られないかも知れない。しかし，金融・財政状況が悪化した加盟国に対してEUが支援を行うような場合は，このケースのような強制力をもって，EUの影響力のもとに加盟国の年金制度改革が推し進められる可能性は完全には否定できないだろう。

4 小括

以上の検討から，年金分野におけるOMCと，そのハンガリーの年金改革への影響に関し，以下のようにまとめることができる。

第1に，年金分野のOMCは，各国の年金制度のタイプの変更，特定のタイプへの収斂を求めるような強い影響力までは有していない。まず，OMCの「共通の目標」それ自体が制度ではなく果たすべき機能の面に徹した，近年の年金理論からすれば一般的な原則の組み合わせであり，そこにはEU独自の特定の年金モデルの可能性を見出し難い。くわえて，実践

---

21) 早期退職制度の厳格化については記載がある。
22) ONYF公表データより筆者推計。

第 7 章
EU 内政策調整とハンガリーの年金制度改革

レベルでも，その具体的な指針が対象とする項目は多岐にわたるものの，リスボン戦略で重点的に取り組まれている就業率向上との関連を除けば，いずれも原則論以上の具体的な数値目標・制度的水準を必ずしも伴っておらず，少なくとも2008年の時点までは，緩やかな指針に留まっている。さらに，取り組みの評価においても，EU 平均を基準とした事実の指摘が中心であり，OMC を通じて EU のイニシアティブが加盟国の政策決定過程に強い影響を及ぼしているわけではない。これらの結果，年金分野の OMC を通じた EU の影響力は，幾つかの先行研究が社会政策・雇用分野の OMC に対して指摘しているような「ソフトな法」と呼べるほどの規定的な影響力は今の時点では有しておらず，また年金制度において各加盟国の国家の役割を変容させるほどでもない，と評価できる。

　しかし，第 2 に，この第 1 の含意は，加盟国の年金制度の改革への EU の影響力を無視してよいことを意味しない。ハンガリーの年金制度改革では，政治的に合意が困難だとみられた内容と方向への制度改革が，過剰財政赤字是正手続きという OMC とは異なる次元で EU からの強い影響力を受けて実施された。これは，OMC における共通の目標と方向性は一致しているものの経路と形態は全く異なっている。したがって，OMC とは峻別して考える必要があるが，それでも EU は加盟国の年金制度改革に実質的な影響力を及ぼし得ることが示された。また，過剰財政赤字是正手続き以外でまったく EU の影響力がなかったわけでもない。OMC の過程においても，たしかに大きな制度変更を確認することは難しいが，細かな部分では OMC による効果はあった。さらにいえば，ハンガリーのケースでは，1998年前後より取り組まれた，もしくは1998年改革と同時に将来の実施が決定した一連の改革は既に年金領域の OMC が求める年金制度の近代化を相当程度満たしている，あるいはそれを先取りしている。これらの制度改革の方向性は OMC の求める方向と一致しており，そのために，OMC が他の加盟国における以上に成果の乏しい過程として映っている，という可能性も指摘できよう。

　第 3 に指摘しなければならない点は，加盟国の年金制度改革の研究を行

う上で,EUが今後プレイヤーとして影響を持ち得る存在であるということとである。年金 OMC は,各国のパフォーマンスの比較分析の精緻化,それに基づき提示される課題の具体化の進展など,成熟化の道を歩んでいる。また,本章の分析対象外ではあるが,2008年春に開始された第4サイクル(2008-2010年)の国家戦略報告作成のためのガイドライン(European Commission, 2008)でも,第3サイクルを上回る非常に詳細な指示が行われており,実際に作成された国家戦略報告もその記述が第3サイクルでの報告書の年金部分と比較してページ数にして3倍弱となっている[23]。この成熟化しつつある OMC の過程が,EU とハンガリーの状況の変化のなかで,限定的な役割を越えていく可能性を秘めていることには十分な注意を払っておく必要性があろう。

---

23) この第4サイクルの分析は今後の課題としたい。

終 章
総括と展望

1 各章における議論のとりまとめと全体の含意

　本書では，社会主義体制からの政治体制の転換以降に，ハンガリーで実施された社会保障制度の再編について，主として1998年の年金制度改革を中心に，その周辺に位置する社会保障の諸制度の改革との整合性や国際的な諸機関の改革支援・政策調整との関係も踏まえつつ考察を行ってきた。本章では，これまでの各章で明らかにしたことを整理して示すとともに，全体の議論を通じての含意を示す。

　第1章と第2章では，社会保障制度の再編に際しての社会的・理論的な背景として，1990年代前半の社会状況と，1990年代半ばごろの社会政策に関する論争とをとりあげた。

　第1章では，雇用と貧困の問題から移行の「社会的コスト」について論じた。若年層や女性，そして退職年齢直前の世代に位置する人々，およびロマの人々が労働市場から退出した（もしくは参入を見合わせた）ことによって，顕在化する失業者の数以上の雇用の減少による巨大な負の影響が吸収されていたこと，さらに「年金受給者層ではなく」，この雇用の減少の影響を受けた集団において貧困が拡大し，その貧困が次第に深刻化・長期化しつつあったことを示した。

　第2章では，1990年代半ばのハンガリーの社会保障部門改革についての

コルナイとフェルゲの論争をとりあげ，それが西側の1980年代の「福祉国家の危機」ないしそれ以前のシンプルな福祉国家の捉え方との類似点が強く見受けられ，市場経済化の過程もしくは市場経済諸国であるがゆえの特殊性はあまり看取されないことなどを示した．

これらから，1998年の年金制度改革を論じるにあたっては，現在の受給者の状況の改善が改革の主要な課題ではなかったということ，また理論の面においても国内での社会保障制度改革の議論が，この1998年の改革に移行経済諸国に特有かつ重要な論点を追加するものではなかったことを明らかにしたといえよう．

第3章から第5章においては，ハンガリー国内における実際の社会保障制度の再編について論じた．第3章では1998年に実施された年金制度改革の制度分析，第4章では制度改革のパフォーマンスという観点からの高齢者の所得保障状況の分析，第5章では，社会的セーフティー・ネット全体の維持・再編という点に留意した，その他の社会政策・社会保障制度の改革の分析を行った．

第3章では，1998年の新年金制度と，その直後の実施段階における制度修正とに着目し，それぞれ1）制度の財政的な持続可能性，2）制度参加へのインセンティブおよび制度の透明性，3）種々の主体における公平性，の3点から検討し，その特性と問題点の析出を試みた．社会党主導政権による1998年の年金制度改革は，世界銀行の自由主義的な改革モデルの影響を強く受けた手法を採用した改革ながら，改革による負の影響をできる限り抑制するような相当の配慮が合意形成の過程で改革案に盛り込まれていた．一方，フィデス主導政権による制度修正の多くは，部分的民営化によって短期的に発生（顕在化）した年金債務による財政赤字を埋め合わせるために年金制度に政治的に介入し，被用者および年金受給者双方に負担を課したものであり，長期的な持続可能性と現在および将来の高齢者の適切な所得保障との両方に更なるリスクを持ち込んだ修正であった．また，雛形とされた世界銀行の「混合型の年金制度（multi-pillar system）」との関係として，年金制度が果たすべき機能の面にまで検討を深めれば，世

界銀行のモデルを導入したとはいえないことを示した。

　第4章では，高齢者の所得保障問題をとりあげた。現在の年金受給者が現役世代と比較して相対的に貧困から保護されているという一般的な認識を再確認したが，年金受給者内での格差の存在，最低保障水準の価値の低下，ならびに最低水準の給付しか受けられない層の存在など，年金受給者全体が良く保護されている訳ではないことも確認した。また，年金制度改革との関係において，現在の仕組みは，多様な年金受給者全体に妥当な保障を与えられるか懸念がある上，将来受給者となる人々の所得保障まで考慮に入れれば，安定的な雇用機会の減少に伴って大きな問題をもたらし得ると考えられ，年金制度の「枠組み」やさらなる「変数」の改革の議論を行う中で引き続き検討を要すべき課題であると指摘した。

　第5章では，年金制度の諸制度に着目することで，より総合的に社会保障制度の再編を検討することを試みた。1990年代半ば，家族給付・失業給付制度は給付水準の削減，給付条件の厳格化などが行われた。国が関与を減らし財政的持続可能性を確保するという方向性は1998年の年金制度改革と同じであるが，削減された国の責任を市場の効率性に頼った年金制度と，家族・家計に負担を求めた家族給付・失業給付制度とにおいてその理念にずれが存在することを明らかにした。一方，2007年前後に緊縮経済政策の一環として行われた一連の改革では，年金・医療・障害者福祉などにおいて就業促進，限られた資源の有効活用，給付条件よりむしろ制度運営の厳格化という「寛大な条件で無限に責任を負う」状態からの後退が観察できた。このことから，社会保障制度がある程度明確な意図のもとにそれなりの整合性をもって一体的に改革され，また家族給付制度の弾力的な運用によって改革の敗者への一定の配慮も行われる形で，総体としてのセーフティー・ネットを機能させることが目指されていたと考えられると指摘した。

　基本的にハンガリー国内に視野を限定して議論を行った第3章から第5章に対して，第6章と第7章では，国際的なアクターとハンガリーの年金制度改革との関係をとりあげた。

第6章においては世界銀行の年金分野における戦略とハンガリーの改革の関係を整理した。1990年代半ばの世界銀行が推奨した年金モデルが有していた特徴と，世界銀行の関係者らがハンガリーの改革をどのように見ているか示した。その上で，世界銀行がハンガリーなど移行国などでの年金制度改革支援の経験や年金理論に関する論争の結果を踏まえて，新たにした年金戦略の変化を検討した。この新しい年金戦略は，歴史的経路依存性への配慮や，年金制度にカバーされる人の割合を増やすこと，制度の執行やガバナンスにおける問題を認識・重視するなど，新たな要素が示されるとともに，制度の外形ではなく制度が果たすべき機能を重視するというアプローチへと重点が変化したものであり，これを旧来のモデルの完全な転換ではなく近年の年金理論の発展を踏まえた改良であると位置付けた。

 第7章においては，今後のハンガリーの年金制度改革に一定の影響を及ぼしうる可能性がある存在として，EUの政策調整の過程（年金OMC）の実態とハンガリーの近年の年金制度改革との関係について論じた。結論としては，第1に年金分野のOMCは，各国の年金制度の枠組みの変更や特定の枠組みへの収斂を求める強い影響力は有していない。その一方で，第2に，加盟国年金制度改革へのEUの影響力を無視できることを意味せず，OMC以外の経路での強い影響力やOMCによる制度収斂の実例が確認された。第3に，年金OMCは成熟化の道を着実に歩んでおり，今後，加盟国の年金研究を行う上では，EUがプレイヤーとして影響を持ちうる存在であることに留意する必要があることを示した。

 では，これら各章の議論を通じての，本書としての含意を簡潔に示そう。まず，本書の議論を通じた，ハンガリーの1998年の年金制度改革の筆者なりの評価を示したい。1998年の改革は，世界銀行の積極的な関与のもと，制度の部分民営化と積立方式の部分的導入を含み，また年金制度が高齢者の保障を提供するのみならず，経済成長にも貢献することが想定されるなど，その理念において抜本的な改革であった。制度の財政的持続可能性を大きく改善するとともに，形態・機能・リスクの異なる3本の柱から

なる混合型の年金制度を導入し，安定的な制度とすることによって制度の透明性や公平性を確保することが期待されていた。しかし実際には，第3章で示したように，改革の法制化プロセスにおける省庁間の妥協により，賦課方式部分と積立方式部分における機能の分化，制度における公平性の確保という改革の目的を部分的に損なった。また，改革に際して与野党間の合意がなされていなかったため，年金制度はその導入直後から，政権交代によって，制度の財政的持続可能性と現役世代・年金受給者の所得保障との双方にリスクをもたらすようなやり方で修正された。その後も年金制度は引き続き有権者の歓心を買うための道具として政治的利用されながら，その時々の経済状況にも合わせて修正が繰り返されている。また，積立方式部分も年金ファンドや資産運用にかかる規制の不備・不適切さもあり，芳しい運用パフォーマンスではなかった。そして，2010年に政権に就いたフィデスは，1998年の改革をほぼ無に帰す，部分的民営化取りやめとも言える施策を推し進めた。公的年金制度としての積立方式部分には実質的に終止符が打たれてしまっている。

　1998年の年金制度改革は，その野心的な改革理念，導入時の被保険者のスムーズな移籍の進展など一部での良好なパフォーマンス，さらには退職年齢引き上げやスライド方式の変更など幾つかの「変数」の改革に関しては，成功であったと言えよう。しかし，13年で実質的に幕を閉じた混合型の年金制度への改革については，やはりとくに持続可能性の点で，失敗したと言わざるを得ないだろう。その失敗の原因，そしてそこから引き出せる教訓は，整理すれば3点挙げることができるだろう。

　第1に，主要な諸政党間・利害関係者間において年金制度改革の方針についての合意がなかったことである。このために，政権交代の度に，年金制度に対する考え方の違いから制度が繰り返し変更された。結果として，安定的な制度を有し，制度改革の目的を適切に反映した，かつ財政的にも長期にわたって持続可能な年金制度の構築に失敗した。モデルに沿った制度構築の難しさを示す一つの実例であると言えよう。しばしば，主要な諸政党が与野党の枠を超えて改革に関与し，その合意に基づいて実施された

スウェーデンの年金制度改革が成功事例として挙げられるが，ハンガリーのケースは，少なくともこの点については，残念ながらその逆の事例を示している。とくに，積立方式への移行の際に発生する「二重の負担」部分，換言すれば公的財政に発生する赤字についての理解と立場が，対立する二大政党間で共通していなかったことが大きな問題であった。ただし，この点については，2011年4月18日にフィデス主導の連立政権がその議席数に頼って採択した新基本法（憲法。2012年から施行）において，年金についての法改正は国会で3分の2以上の賛成が必要な事項とされた。フィデスが積立方式部分（第2の柱）の実質的廃止の後にどのような制度改革を行うかは未知数ではあり，リスクも伴うが，政権交代によって年金制度の変更が繰り返されることは緩和される見込みである。

　第2に，年金制度への政治の介入を防ぎ，人口動態・経済状況の変化により給付等を自動的に調整する機構の不備が，年金制度の安定性やそれに伴う参加へのインセンティブ，制度への信任を損なったということである。実質賃金の増減や財政赤字，不況など予期しなかった経済（や人口）の変動が，給付水準や保険料率の変更の必要性を生み，1998年の改革以後も，年金制度は政治プロセスを経て修正ないし変更幅が決定されている。結果，世代間や世代内のさまざまな主体の間において，政治が介在する不透明な形で，制度における取り扱い上の格差が繰り返しもたらされている。そしてそれは制度への信認の低下や与党への不支持につながり，更なる年金制度の政治的利用が行われやすくなる。ハンガリーの1998年改革以降の制度の変更・修正ではこの傾向が顕著であるといえよう。2009年，バイナイ政権がとりいれた，年金給付のスライド幅が経済成長に連動して自動的に変化するという仕組みは，とりわけ給付の引き上げは非常にセンシティブな問題であるだけに，この点における改革の重要な第一歩である。この点の重要性は「年金および高齢問題に関する円卓会議」の報告書でも強調されており，同円卓会議は，5つの改革モデルの中に，年金財政に応じて給付を自動的に調整するモデル（*NYndc*）を設定している（A Nyugdíj és Időskor Kerekasztal, 2009）。

終 章
総括と展望

　第3に，EU加盟ならびに将来のユーロ導入のために生じた財政上の制約について，十分に検討がなされていなかったことであろう。理論的には年金ファンドが保険料資産の運用にあたりハンガリー国債を購入すればマクロ経済上は政府のファイナンスに問題は発生しないという理解が一般的であったのだが，EUは積立方式移行による公的年金財政の赤字を財政赤字として取り扱った。それにより安定・成長協定上これが一般の政策余地を狭めるものとなってフィデスが混合型の年金制度に反発する一因となったこと，他方でEU自身がハンガリーに財政赤字削減の圧力をかけたことが，左右の政権により振り子のように制度が変更される動きに拍車をかけた。

　これらの意味において，ハンガリーにおいて部分的民営化の試みに失敗したことと，制度の度重なる変更によって混乱を招いた責任の多くは，与野党間の合意形成を怠たり1998年の制度改革を行った当時の社会党・自由民主連合政権にあると言えるだろう。

　他方，民間の年金ファンドにより運営される強制加入の積立方式部分（第2の柱）の導入そのものの成否を，ハンガリーの第2の柱のパフォーマンスから結論付けることは適切ではないだろう。実際に制度を導入・運用したことで第2の柱に関する様々な問題点が明らかになった。また理論的にも，積立方式は賦課方式を卓越するものではなく，賦課方式と比べて良い点も悪い点もあるというように専門家の間での一般的な認識も変化した。しかし，依然として，積立方式は異なる制度を並立させてリスク分散する際に採用される候補の一つである。ファンドのガバナンスやファンド間の競争のルールやその監督，運営費・資産管理費のあり方，資本市場の未発達な国における導入の問題点，将来の給付提供における不確実性，部分的民営化の規模が適切であるか，などハンガリーの事例は積立方式の検討にあたって参考にすべき多くの問題点を明らかにした。

　次に，社会保障制度の改革全体を視野にいれた場合に，他に挙げられるべき含意として，政治体制の転換以降のプロセスの中でも，時期ごとにその特性に違いがあったことが明らかになった。第5章で明らかにしたよう

に，1990年代半ばの改革と，2007年前後の改革では，年金制度と周辺制度の改革の方針の一貫性や，全体としてのセーフティー・ネットの維持において異なっていた。同じ政党の組み合わせの連立政権においても，取り組んだ改革の性質が異なるということが抽出できたことは，興味深い発見である。また，この第5章の分析の結果，年金制度改革が常にハンガリーの社会領域の改革を代表するものではないと言うことも明らかとなった。

　第3に，ハンガリーの社会保障制度の改革を，市場経済移行論一般との関係で見た場合には，以下のような2点を含意として指摘できるであろう。まず，市場経済化初期の経済中心の体制移行観への批判である。資本主義と社会主義の体制間競争が後者の崩壊により終焉したこと，ならびに新自由主義的な経済観が影響を有していたこともあって，社会主義体制崩壊後の旧東側諸国では，自由な市場経済へ向かうことの是非や可否，社会的にネガティブな影響についてはあまり議論されず，自由化・民営化・マクロ経済安定化など経済面の改革に関する議論が注目を集めていた。その結果，第1章と第3章で明らかにしたように，十分な機能を果たせなかった制度の対象者・社会保障のネットから漏れ落ちた人々の間で貧困が拡大し，とくに年金制度では，この時期の弾力的運用策の結果，体制転換不況からの脱出後にも長期にわたりシステムに財政的な影響が持続することになった。また，その後の社会保障制度の改革をみても，市場経済への経済システムの転換に伴う，新たなリスクへの対応は，困難を伴う試行錯誤の過程であることが明らかになっている。市場経済化の初期から1990年半ばごろまでの，マクロ経済やミクロ経済に焦点を当てた当時の議論は，本書で示したような社会的領域を包括的にみる視点からすれば，やはり軽率に過ぎるものであったといえよう。

　一方，1998年の年金制度改革の「失敗」ならびに今なお社会保障制度に多くの問題点が存在することをもって，市場経済への移行のプロセスが終わっていないとみることは適切ではないだろう。医療制度における謝金の慣習など，まだ十分な改革が行われておらず同国の社会主義時代の特徴を残す要素も存在するが，このような枝葉をとりあげて，政治・経済・社会

の様々な分野におけるEU水準への収斂とEU加盟の達成を過小評価することは正しくない。1998年の年金制度改革の最終的な「失敗」も部分的民営化の試みに関してのことであり，1998年の改革を含む諸改革で整えられてきた制度運営の近代化を否定するものではない。

最後に，世界銀行やEUなど，国際的なアクターによる，ハンガリーの社会保障制度改革のプロセスへの影響については次のようなことを指摘できよう。1998年改革における当初の理念と混合型の年金制度という，その外形に関しては，世界銀行の戦略の影響を受けたものであった。しかし，法制化プロセスにおける妥協により，制度の理念・機能レベルでは「世界銀行のモデルの導入」とは言えないものとなった。また，EUについても，公式の政策調整のプロセスである社会的領域のOMCは，年金OMCの第3サイクルまでを見る限り，まだそれほど大きな影響力は有していない。年金分野についていえば[1]，今後，EUの政策調整プロセスの深化によってEUがより大きな影響力ないし権限を持つ可能性はあるが，近い将来においては，まだハンガリーの国内の政治プロセスと様々な利害関係者が引き続き決定権を有する分野であると言えよう。それだけに，政治アクター間での改革についての合意と，政治の介入を受けずに調整が行われるシステムの導入がより重要になると言える。

2　今後の展望

フィデス主導政権による積立方式部分（第2の柱）の事実上の廃止，賦課方式部分のみからなる公的年金制度（旧制度）への回帰という大きな動きがまさに現在進行中であるため，ハンガリーの年金制度の今後の展望を描くのは難しい。また，その他の社会政策・社会保障制度の改革についても，前政権と対立的であったフィデスが，第5章で見たような「限られた資源の効率的な利用」という方向性を継続するかは未知数である。

---

1) 社会保障分野に近接する労働市場問題については，ILOと（労働市場規制では年金に比べ相対的に多くの権限を有する）EUがハンガリーの制度構築に影響を及ぼしたとの指摘（Ferge and Juhász, 2004）がある。

年金制度については，積立方式部分に向かうはずであった保険料が賦課方式部分に振り向けられることにより，政府は毎年の財政赤字（年金財政・一般政府財政とも）を抑えることが可能となった。また，混合型年金制度へ加入していた被保険者の殆どが旧制度へ移籍したことから，国はこれまで民間年金ファンドに蓄積されてきた莫大な年金資産の殆どの部分を手にすることができることになる。フィデス政権は，この資産の一部を債務削減にではなく雇用創出のためなどの政策経費に充てており[2]，これは大量の被保険者の旧制度への回帰により発生する将来の年金支払いにあてるべき隠れた年金債務を軽視する危険な行為である。短期的な見かけ上の赤字の改善を重視した近視眼的な年金制度の弾力的活用であり，長期的な年金制度の持続可能性については大きな疑問符がついたと言わざるを得ない。

　賦課方式の制度内での諸変数の改革にとどまるか，年金制度の枠組みまでをも変更するようなものとなるかはともかく，引き続きの改革は必ず必要になってくるであろう。それが現在のフィデス政権のもとで行われるかは分からないが，年金制度の部分的民営化をめぐる見解での対立が度重なる制度変更をもたらし，また世界金融危機などハンガリー経済の大規模な変動もあいまって，被保険者ならびに年金受給者に影響を及ぼし，制度への不信と混乱を招いたこの13年間と同じことを繰り返さないよう，改革に際しては政治的な合意形成を得る努力を行うことが重要となるであろう。

---

2) 本書第4章第3節ならびに同章注13参照。

参考文献

【外国語文献】

Adam, Jan, *Social Costs of Transformation to a Market Economy in Post-Socialist Countries: The Cases of Poland, the Czech Republic and Hungary*, Macmillan Press LTD, 1999.

Adnett, Nick and Hardy, Sthephen, *The European Social Model: Modernisation or Evolution?*, Edward Elgar, 2005.

Alesina, Alberto and Perotti, Roberto, "The European Union: A Politically Incorrect View", *NBER Working Paper Series*, No. 10342, 2004. (http://papers.nber.org/papers/w10342.pdf 2009/11/20アクセス)

APEH, *Bulletin*. 2003-2007年版。

Andorka, Rudolf, "The Development of Poverty during the Transformation in Hungary", in Berend, I.T. (ed.), *Long-term Structural Changes in Transforming Central & Eastern Europe (The 1990s)*, Südosteuropa-Studie 57, pp.75-100.

Augusztinovics, Mária, "Pension Systems and Reforms in the Transition Economies", *Economic Survey of Europe*, 1999 No. 3, 1999, pp.89-103.

Augusztinovics, Mária, et al., "The Hungarian Pension System Before and After the 1998 Reform", in Fultz, E. (ed.), *Pension Reform in Central and Eastern Europe Vol. 1*, ILO-CEET, 2002.

Bohle, Dorothee and Greskovits, Bela, "The State, Internationalization, and Capitalist Diversity in Eastern Europe", *Competition & Change*, Vol.11, No. 2, June 2007, pp.89-114.

Cangiano, Marco, Cottarelli, Carlo and Cubeddu, Luis, "Pension Development and Reforms in Transition Economics", *IMF Working Paper*, WP/98/151, 1998. (http://www.imf.org/external/pubs/ft/wp/wp98151.pdf 2009/11/20アクセス)

Cichon, Michael (ed.), "Social Protection in the Visegrad Countries: Four Country Profiles", *ILO-CEET Report No.13*, 1995.

Cichon, Michael et al., "Social Protection and Pension Systems in Central and Eastern Europe", *ILO-CEET Working Paper*, No.21, 1997.

Council of the European Union, "Joint Report on Social Protection and Social Inclusion", 2006.

Council of the European Union, "Joint Report on Social Protection and Social Inclusion 2007", 2007.

Council of the European Union, "Joint Report on Social Protection and Social Inclusion 2008", 2008. (http://ec.europa.eu/employment_social/spsi/joint_reports_en.htm 2009/11/20アクセス)

Csaba, László, "The Second Round: Transformation and Enlargement of the EU", *The Hungarian Quarterly*, Vol.37, No.144, Winter 1996, 1996, pp.42-53.

Cseres-Gergely, Zsombor, "Inactivity in Hungary: The Persistent Effect of the Pension System", *Budapest Working Papers On The Labour Market*, BWP2007/1, 2007.

Czúcz, Ottó and Pintér, Mária, "Transformation of Old-age Security in Hungary", in Schmähl, W., et al. (eds.), *Transformation of Pension Systems in Central and Eastern Europe*, Edward Elgar, 2002, pp.277-304.

Deacon, Bob, Hulse, Michelle and Stubbs, Paul, *Global Social Policy: International Organizations and the Future of Welfare*, SAGE Publications, 1997.

EBRD, *Transition Report*, 各年版。

Eckardtv, Martina, "The open method of coordination on pensions: an economic analysis of its effects on pension reforms", *Journal of European Social Policy*, Vol.15, No. 3 , 2005, pp.247-267.

ECOFIN, "Joint report of the Social Protection Committee and the Economic Policy Committee on objectives and working methods in the area of pensions: applying the open method of coordination", November 2001.（http://ec.europa.eu/employment_social/news/2002/jan/laeken_en.pdf 2009/11/20アクセス）

Ellman, Michael, "The Social Costs and Consequences of the Transformation Process", *Economic Survey of Europe*, Nos. 2 / 3 , 2000, pp.125-145.

Ervik, Rune, "European Pension Policy Initiatives and National Reforms: Between Financial Sustainability and Adequacy", *Working paper 10-2006*, Stein Rokkan Centre for Social Studies, 2006.（http://hdl.handle.net/1956/2040 2009/11/20アクセス）

Esping-Andersen, Gøsta, "A Welfare State for the 21st Century", in Giddens, A.（ed.）, *Global Third Way Debate*, Blackwell, 2001.

European Central Bank, 2008, *Convergence Report May 2008*.（http://www.ecb.int/pub/pdf/conrep/cr200805en.pdf 2009/11/20アクセス）

European Commission, *Agenda 2000-Volume I: For a Wider and Stronger Union*, 1997a.

European Commission, *Commission Opinion on Hungary's Application for Membership of the European Union*, 1997b.

European Commission, *Regular Report: From the Commission on Hungary's Progress towards Accession*, 1998.

European Commission, *1999 Regular Report: From the Commission on Hungary's Progress towards Accession*, 1999.

European Commission, *2000 Regular Report: From the Commission on Hungary's Progress towards Accession*, 2000.

European Commission, *2001 Regular Report: From the Commission on Hungary's Progress towards Accession*, 2001a.

European Commission, "Communication from the Commission to the Council, the European Parliament and the Economic and Social Committee: Supporting national strategies for safe and sustainable pensions through an integrated approach", COM（2001）362 final, 2001b.

European Commission, *2002 Regular Report: From the Commission on Hungary's Progress towards Accession*, 2002.

European Commission, *Comprehensive monitoring report on Hungary's preparations for membership*, 2003a.

European Commission, *Adequate and Sustainable pensions: Joint Report by the Commission and the Council*, 2003b.

European Commission, "Communication From The Commission to The council, The European Parliament, The European Economic and Social Committee and The Committee of The Regions. Working together, working better: A new framework for the open coordination of social protection and inclusion policies in the European Union", COM（2005）706 final, 2005.

European Commission, *Revised National Lisbon Action Programme for Growth and Employment*, 2006a.

European Commission, *Synthesis report on adequate and sustainable pensions*, SEC（2006）304, 2006b.

European Commission, "Common objectives", 2006c.（http://ec.europa.eu/employment_social/spsi/

docs/social_inclusion/2006/objectives_en.pdf 2009/11/20アクセス)
European Commission, "Portfolio of Overarching Indicators and Streamlined Social Inclusion, Pensions, and Health Portfolio", D (2006), 2006d.
European Commission, "Guidance note for preparing national strategy reports on social protection and social inclusion 2008-2010", 2008. (http://ec.europa.eu/employment_social/spsi/strategy_reports_en.htm 2009/11/20アクセス)
European Commission, MISSOC データベース (http://ec.europa.eu/employment_social/missoc/db/public/compareTables.do?lang=en)
Fazekas, Károly, Cseres-Gergely, Zsombor and Scharle, Ágota (eds.), *The Hungarian Labour Market: Review and Analysis 2008*, Institute of Economics, HAS, Hungarian Employment Foundation, 2008, Budapest. (http://econ.core.hu/publications/lmyb.html 2009/11/20アクセス)
Ferge, Zsuzsa, "The Fourth Road: The Future for Hungarian Social Policy", in Deacon, B., et al. (eds.), *Social Policy in the new Eastern Europe*, Avebury, 1990, pp.103-118.
Ferge, Zsuzsa, "Challenges and Constraints in Social Policy", in Csaba, G. (ed.), *Question Marks: The Hungarian Government 1994-1995*, Center for Political Research, 1995, pp.144-171.
Ferge, Zsuzsa, "Freedom and Security", *International Review of Comparative Public Policy*, Vol. 7, 1996, pp.19-41.
Ferge, Zsuzsa, "Social Policy Challenges and Dilemmas in Ex-Socialist Systems", in Nelson, J. M. (ed.), *Transforming post-Communist political economies*, National Academy Press, 1997a, pp.299-321.
Ferge, Zsuzsa, "Comments on the Views on the State Welfare of Janos Kornai", mimeo, 1997b.
Ferge, Zsuzsa, "Decivilization? A Historic Approach to State Retrenchment", *Transition*, June 1998, pp. 6‐7.
Ferge, Zsuzsa, "The Politics of the Hungarian Pension Reform", in Muller, K., et al. (eds.), *Transformation of Social Security: Pensions in Central-Eastern Europe*, Physica-Verlag Heidelberg New York, 1999, pp.231-246.
Ferge, Zsuzsa, "Disquieting quiet in Hungarian Social Policy", *International Social Security Review*, Vol.54, Nos. 2‐3 /2001, pp.107-126.
Ferge, Zsuzsa and Juhász, Gábor, "Accession and Social Policy: The Case of Hungary", *Journal of European Social Policy*, Vol.14, No. 3, 2004, pp.223-251.
Ferge, Zsuzsa and Tausz, Katalin, "Social Security in Hungary: A Balance Sheet after Twelve Years", *Social Policy & Administration*, Vol.36, No. 2, 2002, pp.176-199.
Fultz, Elaine (ed.), *Pension Reform in Central and Eastern Europe - Volume 1 : Restructuring with Privatization: Case Studies of Hungary and Poland*, ILO-CEET, 2002.
Frey, Mária, "The Position of Women on the Labour Market after the Change of Political System", in ILO-CEET, *Women in the World of Work: Women Worker's Right in Hungary*, 1998, pp. 3 -17.
Frey, Mária, "Evaluation of active labour market programmes between 2001-2006 and the main changes in 2007", in Fazekas, K., Cseres-Gergely, Zs. and Scharle, Á. (eds.),*Op. cit.*, 2008, pp.135-168.
Gábos, András and Gál, Iván Róbert,"Ch 4 . Hungary", in Vrooman, J.C. (ed.), *The Elderly poor in the EU's New Member States*, ENEPRI Research Reports No.60, 2008. (http://aei.pitt.edu/11487/01/1753.pdf 2011/02/15アクセス)
Gál, Iván Róbert, Simonovits, András and Tarcali, Géza, *Generational Accounting and the Hungarian Pension Reform*, TÁRKI, 2001.
Gál, Iván Róbert and Tarcali, Géza, "Pension Reform and Intergenerational Redistribution in Hunga-

ry"、『経済研究』、一橋大学経済研究所)、第54巻第3号、2003、237-247ページ。
Gál, Iván Róbert, Iwasaki, I. and Széman, Zsuzsa (eds.), *Assessing Intergenerational Equity*, Akadémiai Kiadó, 2008.
Gedeon, Péter, "Pension Reform in Hungary", *Acta Economica*, Vol.51 (2), 2001, pp.201-238.
Giddens, Anthony (ed.), *The Global Third Way Debate*, Blackwell, 2001.
Government of the Republic of Hungary, *National Strategy Report on Adequate and Sustainable Pensions*, 2005.
Government of the Republic of Hungary, *National Strategy Report on Social Protection and Social Inclusion 2006-2008*, 2006a. (http://www.szmm.gov.hu/main.php?folderID=16286. 2009/11/20 アクセス)
Government of the Republic of Hungary, *The New Equilibrium Programme 2006-2008*, 2006b.
Government of the Republic of Hungary, *Convergence Programme of Hungary: 2005-2009*, September, 2006c.
Government of the Republic of Hungary, *Updated Convergence Programme of Hungary: 2007-2011*, November 2007.
Government of the Republic of Hungary, *Crisis and Growth: Strategy for a Strong Hungary*, 2009.
Grootaert, Christian, "Poverty and Social Transfers in Hungary", *World Bank Policy Research Working Paper*, No.1770, The World Bank, 1997.
Gyurcsány, Ferenc, *Útközben*, Napvilág Kiadó, 2005. (『道の途中』)
Hancock, Ruth and Pudney, Stephen, "The Welfare of Pensioners during Economic Transition: An Analysis of Hungarian Survey Data", *The Economics of Transition*, Vol. 5 (2), 1997, pp.395-426.
Hemmings, Philip, "Family Policy in Hungary: how to improve the reconciliation between work and family?", *OECD Economics Department Working Papers*, No. 566, OECD Publishing, 2007.
Ifjúsági, Családügyi, Szociális és Esélyegyenlőségi Minisztérium and Központi Statisztikai Hivatal, *Időskorúak magyarországon 2004*, 2005.
Impavido, Gregorio and Rocha, Roberto, "Competition and Performance in the Hungarian Second Pillar", *World Bank Policy Research Working Paper 3876*, The World Bank, April 2006.
ILO-CEET, *Women in the World of Work: Women Worker's Right in Hungary*, 1998.
ING Group, "A Guide to the Mandatory Pension Fund", July 2008. (https://www.ing.hu/static/online 3 /download/htmnydp_angol.pdf 2009/11/20アクセス)
Inotai, András, "The 'Eastern Enlargements' of the European Union", in Cremona, M. (ed.), *The Enlargement of the European Union*, Oxford University Press, 2003.
Juhász, Ferenc, "Assessing Work Capability", in Fazekas, K., Cseres-Gergely, Zs. and Scharle, Á. (eds.), *Op. cit*, 2008, pp.101-102.
Kolosi, Tamás, Tóth, István György and Vukovich, György (eds.), *Social Report 1998*, TÁRKI, 1999.
Kornai, János, "The Postsocialist Transition and the State: Reflections in the Light of Hungarian Fiscal Problems", *American Economic Review*, Vol.82, No. 2, May 1992, pp. 1 -21.
Kornai, János, "A Steep Road: János Kornai on the Economy. An Interview", by Szabo, L. Z., *The Hungarian Quarterly*, Vol.36, No.138, Summer 1995, pp.11-20.
Kornai, János, "The Social Issue in the Era of Transition", *The Hungarian Quarterly*, Vol.37, No.141, 1996, pp.58-71.
Kornai, János, "Reform of the Welfare Sector in the Post-Communist Countries: A Normative Approach", in Nelson, J.M. (ed.), *Transforming post-Communist political economies*, National Academy Press, 1997a, pp.272-298.

Kornai, János, "The Citizen and the State: reform of the welfare system", in Kornai, J., *Struggle and Hope*, Edward Elgar, 1997b.

Kornai, János, "The Reform of the Welfare State and Public Opinion", *American Economic Review*, Vol. 87, No. 2, May 1997c, pp.339-343.

Kornai János, "Reforming the Welfare State in Postsocialist Economies", Brown, A.N. (ed.), *When is Transition Over*, W.E. Upjohn Institute, 1999, pp.99-114.

Kornai, János, "The Borderline between the Spheres of the Authority of the Citizen and the State: Recommendations for the Hungarian Health Reform", in Kornai, J. et al. (eds.), *Reforming the State*, Cambridge, 2001.

Kornai, János, "Honest and Trust in the Light of Post-Socialist Transition. Some ideas arising from the 'Honesty and Trust' research at Collegium Budapest", In *Beszélő*, Vol. 8, No. 6, June 2003, pp.20-29.

Kornai, János, "Some Comments on Reforming the System of Health Insurance in Hungary", *Acta Oecomonica*, Vol.58, No. 3, 2008, pp.239-261.

KSH, *Magyar statisztikai évkönyv*, 各年版。(『統計年鑑』)

KSH, *Szociális statisztikai évkönyv*, 各年版。(『社会統計年鑑』)

KSH, *Demográfiai évkönyv, 2006*, 各年版。(『人口統計年鑑』)

KSH, *Hungary in Figures, 2007*, 2008.

KSH, *Nyugdíjasok, nyugdíjak, 2009*, 2009. (『年金生活者 , 年金 2009』)

Kun, János, "A tyúk nem tojik aranytojást - gondolatok a magánnyugdíjpénztárakról", *Pénzügyi Szemle*, 2010/ 1, 2010, pp101-110.

Lavigne, Marie, *The Economics of Transition, 2 nd edition*, Macmillan, 1998.

Mikhalev, Vladimir, "Overview: Inequality and Transformation of Social Structures", in Mikhalev, V. (ed.), *Inequality and Social Structure during the Transition*, Palgrave, 2003, pp. 1-18.

Ministry of Social and Family Affairs of the Republic of Hungary, *Information leaflet on the pension system*. (http://www.szcsm.gov.hu/cs303e.html　2001/06/01アクセス)

Müller, Katharina, *The Political Economy of Pension Reform in Central-Eastern Europe*, Edward Elgar, 1999.

Müller, Katharina., et al. (eds.), *Transformation of Social Security: Pensions in Central- Eastern Europe*, Physica-Verlag Heidelberg, 1999.

Natali, David and De la Porte, Caroline, "Questioning the Effectiveness of OMC Pensions: Does Europe Co-ordinate the EU's diverse Pensions Systems", *Working Paper*, 25 March, Observatorie Social Europeén: Brussels, 2004. (http://www.ose.be/files/mocpension/OMCpensionD-NCDLP2004.pdf　2008/07/21アクセス)

National Employment Office, 2006, *Living and working in Hungary*.

Nesporova, Alena, "Assessment of the Role of Labour Market Policies in Employment Promotion", in ILO-CEET, *Women in the World of Work: Women Worker's Right in Hungary*, 1998, pp.43-56.

A Nyugdíj és Időskor Kerekasztal (2009) *Jelentés: A Nyugdíj és Időskor Kerekasztal 2007. március és 2009. november között végzett tevékenységéről*. (年金および高齢問題に関する円卓会議,「『年金および高齢問題に関する円卓会議』の2007年3月－2009年11月間の活動報告書」) web 版 (http://nyugdij.magyarorszagholnap.hu/images/Nyugdij_kerekasztal_jelentes.pdf　2010/09/15アクセス)

OECD, *Social and Labour Market Policies in Hungary*, OECD, 1995.

OECD, *OECD Economic Surveys 1999-2000:* Hungary, OECD, 2000.

OECD, *Health at a Glance 2007: OECD Indicators*, OECD, 2007.

OECD, *Reforms for Stability and Sustainable Growth: An OECD Perspective on Hungary*, OECD, 2008.
OECD, *OECD Private Pension Outlook 2008*, OECD, 2009.
ONYF, *Information on the major benefit regulations and organizational structure of the pension insurance system in Hungary*, 2005年版；2009年版
ONYF, *CANPI Statistical Yearbook*, 各年版
ONYF, *Statistical Almanac of the Central Administration of National Pension Insurance, 2007*, 2008b.
ONYF, *Statistical Almanac 2009*, 2010.
Orbán, Gábor and Palotai, Dániel, "The Sustainability of the Hungarian Pension System: A Reassessment", *MNB Occasional Paper*, No. 40, December 2005, 2005.
Orenstein, Mitchell A., "How Politics and Institutions Affect Pension Reform in Three Postcommunist Countries", *World Bank Policy Research Paper*, No. 2310, The World Bank, 2000.
Orszag, Peter R. and Stiglitz, Joseph E., "Rethinking Pension Reform: Ten Myths about Social Security Systems", in Holzmann R. and J.E. Stiglitz (eds.), *New Ideas About Old Age Security: Toward Sustainable Pension Systems in the 21st Century*, The World Bank, Washington, D.C., 2001.
Palacios, Robert and Rocha, Robert, "The Hungarian Pension System in Transition", in Bokros, L. (ed.), *Public Finance Reform during the Transition: The Experience of Hungary*, The World Bank, Washington, D.C., 1998, pp.177-219.
Palmer, Edward, "What is NDC?", in Holzmann, R and Palmer, E. (eds.), *Pension Reform: Issues and Prospects for Non-Financial Defined Contribution (NDC) Schemes*, The World Bank, Washington, D.C., 2006, pp.17-33.
Palmer, Edward, "Pension Reform and the Development of Pension Systems: An Evaluation of World Bank Assistance Background Paper: Hungary Country Study", The World Bank, 2007.
Pascall, Gillian and Manning, Nick, "Gender and Social Policy: Comparing Welfare States in Central and Eastern Europe and the Former Soviet Union", *Journal of European Social Policy*, Vol.10, No. 3, 2000, pp.240-266.
PSZÁF (HSFA), "The Supervised Sectors in 2000: Detailed Study", 2001.
Rocha, Robert and Vittas, Dimitri, "The Hungarian Pension Reform: A Preliminary Assessment of the First Years of Implementation", *World Bank Policy Research working Papers*, No.2631, The World Bank, 2001.
Rutkowski, Michal, "A New Generation of Pension Reforms Conquers the East -- A Taxonomy in Transition Economies", *Transition*, August 1998, 1998, pp.16-19.
Scharle, Ágota, "A labour market explanation for the rise in disability claims", in Fazekas, K., Cseres-Gergely, Zs. and Scharle, Á. (eds.), *Op. cit.*, 2008, pp.91-100.
Simonovits, András, "The New Hungarian Pension System and its Problems", in Muller, K., et al. (eds.), *Transformation of Social Security: Pensions in Central-Eastern Europe*, Physica-Verlag Heidelberg, 1999, pp.211-230.
Simonovits, András, "Hungarian Pension System: The Permanent Reform", *Discussion Paper No.61, Project on Intergenerational Equity*, Institute of Economic Research, Hitotsubashi University, 2002.
Simonovits, András, "Social Security Reform in the US: Lessons from Hungary", Institute of Economics, *Discussion Paper 2006/ 2*, Hungarian Academy of Sciences, 2006.
Simonovits, András, "The Pay-As-You-Go System and Permanent Reform: The First Pillar", in Gál,

I.R, I. Iwasaki and Zs. Széman (eds.), *Assessing Intergenerational Equity*, Akadémiai Kiadó, 2008, pp. 72-86.

Simonovits, András, "Hungarian Pension System and its Reform", *Discussion papers MT-DP 2009/8*, Institute of Economics, Hungarian Academy of Sciences, 2009.

Sipos, Sándor and Toth, István György, "Poverty Alleviation; Social Assistance and Family Benefits", in Bokros, L. (ed.), *Public Finance Reform during the Transition: The Experience of Hungary*, The World Bank, Washington, D.C., 1998, pp.287-316.

Soósné Bölczy, Brigitta, "Changes in Social Provisions for Women and Mothers after the Transition", in ILO-CEET, *Women in the World of Work: Women Worker's Right in Hungary*, 1998, pp.66-76.

Stark, David and Bruszt, Laszlo, *Postsocialist Pathways: Transforming Politics and Property in East Central Europe*, Cambridge University Press, 1998.

Szalai, Júlia, "Outline for the Radical Reforms of Social Policy on Hungary", in Deacon, B., et al. (eds.), *Social Policy in the new Eastern Europe*, Avebury, 1990, pp.91-102.

Szalai, Júlia, "Recent Trends in Poverty in Hungary", in Atal, Y. (ed.), *Poverty in Transition and Transition in Poverty*, UNESCO Publishing, 1999, pp.32-76.

Szamuely, László, "The Social Costs of Transformation in Central and Eastern Europe", *The Hungarian Quarterly*, Vol.37, No.144, Winter 1996, 1996, pp.54-69.

Széman, Zsuzsa and Harsányi, László, "Social Aging", in Gál, I.R, I. Iwasaki and Zs. Széman (eds.), *Assessing Intergenerational Equity*, Akadémiai Kiadó, 2008, pp.57-67.

Szivós, Péter. And Tóth, István György, "Poverty trends and social transfers through the transition: Hungary 1992-1998: Annex 4 ", 1998, in World Bank, *Hungary, Long-Term Poverty, Social Protection and the Labor Market: Volume 2 Technical Papers*, 2001, Washington, D.C., The World Bank.

Tausz, Katalin, *Hungary: Trends, Recent Developments, Active Inclusion and Minimum Resources*, 2006. http://www.peer-review-social-inclusion.net/policy-assessment-activities/reports/first-semester-2006/national-semester-reports-2006/hungary_06/

TÁRKI, 2006, *Social Policy Review: Hungary (final version)*, The World Bank project on Social Inclusion in the EU 8, Budapest, June 2006. (http://siteresources.worldbank.org/INTECONEVAL/Resources/HungarySocialPolicyReview.pdf. 2009/11/20アクセス)

Toth, István György, "Welfare programmes and the alleviation of poverty", in Andorka, R., et al. (eds.), *A Society Transformed: Hungary in Time-Space Perspective*, CEU Press, 1999, pp.128-146.

Yanagihara, Tsuyoshi, "'Varieties of Capitalism' in Eastern Europe from the Aspects of the Welfare State", in Mizobata, S. (ed), *Varieties of Capitalism and Transformation*, Bunrikaku Publisher, 2008, pp.293-312.

The World Bank, *Averting the Old-Age Crisis*, The World Bank, Washington, D.C., 1994a.

The World Bank, *Averting the Old Age Crisis: Summary*, The World Bank, Washington, D.C., 1994b.

The World Bank, *Hungary: On the Road to the European Union*, The World Bank, Washington, D.C., 1999.

The World Bank, *Old-Age Income Support in the Twenty-first Century*, The World Bank, Washington, D.C., 2005, web version. (http://www.un.org/chinese/esa/ageing/pdf/HolzmannHinz_OldAgeSupport.pdf. 2009/11/20アクセス)

The World Bank, *Pension Reform and the Development of Pension Systems: An Evaluation of World Bank Assistance*, The World Bank, Washington, D.C., 2006.

【日本語文献】

アルベール，M.『資本主義対資本主義』小池はるひ訳，久水宏之監修，竹内書店新社，1992。(Albert, Michel, *Capitalisme contre capitalisme*, Seuil, Paris, 1991.)
岩﨑一郎・佐藤嘉寿子「ハンガリーの新年金制度と私的年金基金」『比較経済体制学会年報』，比較経済体制学会，Vol.41，No.2，2004，14-30ページ。
ウィレンスキー，H.L.『福祉国家と平等』下平好博訳，木鐸社，1984。(Wilensky, Harold L., *The Welfare State and Equality: Structural and Ideological Roots of Public Expenditures*, University of California Press, 1975)
埋橋孝文編著『比較のなかの福祉国家』ミネルヴァ書房，2003。
エスピン=アンデルセン，G.『ポスト工業経済の社会的基礎——市場・福祉国家・家族の政治経済学』渡辺雅男・渡辺景子訳，桜井書店，2000。
エスピン=アンデルセン，G.『福祉国家の可能性——改革の戦略と理論的基礎』渡辺雅男・渡辺景子訳，桜井書店，2001a。
エスピン=アンデルセン，G.『福祉資本主義の三つの世界』，岡沢憲芙・宮本太郎監訳，ミネルヴァ書房，2001b。(Esping-Andersen, Gøsta, *The Three Worlds of Welfare Capitalism*, Blackwell, 1990)
OECD『OECD諸国・活力ある高齢化への挑戦——持続的な経済成長を目指して』，阿部敦訳，ミネルヴァ書房，2000。
大野健一『市場移行戦略』有斐閣，1996。
大山博・炭谷茂・武川正吾・平岡公一編『福祉国家への視座——揺らぎから再構築へ』，ミネルヴァ書房，2000。
岡伸一『欧州統合と社会保障——労働者の国際移動と社会保障の調整』，ミネルヴァ書房，1999。
岡沢憲芙・宮本太郎編『比較福祉国家論——揺らぎとオルタナティブ』，法律文化社，1997。
小塩隆士『社会保障の経済学（第2版）』日本評論社，2001。
越智洋三「イギリスの年金改革——民営化に伴う問題」林健久・加藤榮一・金澤史男・持田信樹編『グローバル化と福祉国家財政の再編』東京大学出版会，2004，107-128ページ。
ガール，R.I.・佐藤嘉寿子「ハンガリーのEU加盟と年金制度改革」『海外社会保障研究』No.165，Winter 2008，41-53ページ。
カリニコス，A.『第三の道を越えて』中谷義和監訳，日本経済評論社，2003。(Callinicos, Alex.T., *Against The Third Way*, Polity Press, 2001)
ギデンズ，A.『第三の道』佐和隆光訳，日本経済新聞社，1999。(Giddens, Anthony, *The Third Way: The Renewal of Social Democracy*, Blackwell, 1998.)
ギデンズ，A.『暴走する世界』佐和隆光訳，ダイヤモンド社，2001。
ギデンズ，A.『左派右派を超えて——ラディカルな政治の未来像』松尾精文・立松隆介訳，而立書房，2002。(Giddens, Anthony, *Beyond Left and Right: The Future of Radical Politics*, Polity Press, 1994.)
ギデンズ，A.『第三の道とその批判』今枝法之・干川剛史訳，而立書房，2003。(Giddens, Anthony, *The Third Way and its Critics*, Polity Press, 2000.)
権丈善一『社会保障の政策転換』慶応義塾大学出版会，2009。
厚生省『平成11年度版 厚生白書——社会保障と国民生活』ぎょうせい，1999。
小森田秋夫「ポーランドの社会福祉」『世界の社会福祉②ロシア・ポーランド』旬報社，1998。
コルナイ，J.『反均衡と不足の経済学』盛田常夫・門脇延行編訳，日本評論社，1983。

庄司克宏『EU法 基礎篇』岩波書店，2003。
セン，A.・後藤玲子『福祉と正義』東京大学出版会，2008。
仙石学「北欧諸国の年金制度—比較政治学の視点からの多様性の説明の試み」『The Seinan Law Review』Vol. 39, No. 4，2007，168-143ページ。
住沢博紀「福祉国家と『第三の道』の政治学」宮本太郎編著『福祉国家再編の政治』ミネルヴァ書房，2002。
『生活経済政策』編集部編『ヨーロッパ社会民主主義「第3の道」論集』(生活研ブックス No. 7)，2000年12月，2000。
『生活経済政策』編集部編『ヨーロッパ社会民主主義「第3の道」論集 (II)』(生活研ブックス No. 9)，2001年7月，2001。
『生活経済政策』編集部編『ヨーロッパ社会民主主義「第3の道」論集 (III)』(生活研ブックス No.12)，2002年3月，2002。
駐日欧州委員会代表部『ヨーロッパ』第244 (2006年冬) 号，2006。
駐日欧州委員会代表部『ヨーロッパ』第252 (2008年冬) 号，2008。
駐日欧州委員会代表部ウェブサイト (URL: http://www.deljpn.ec.europa.eu/)
ティトマス，R.M.『社会福祉政策』三友雅夫監訳，恒星社厚生閣，1981。(Titmuss, Richard M., *Social Policy: An Introduction*, George Allen and Unwin, 1974.)
高山憲之「最近の年金論争と世界の年金動向」『経済研究』vol.53，No. 3，July 2002。
高山憲之『信頼と安心の年金改革』東洋経済新報社，2004。
高山憲之「年金に関する世界銀行の新レポート」『年金と経済』2005年7月号。(www.ier.hit-u.ac.jp/~takayama/pdf/interviews/nenkintokeizai0507.pdf)
田中浩編『現代世界と福祉国家——国際比較研究』御茶の水書房，1997。
富永健一『社会変動の中の福祉国家』中公新書，2001。
中村健吾『欧州統合と近代国家の変容——EUの多次元的ネットワーク・ガバナンス』昭和堂，2005。
西村可明編著『移行経済国の年金改革』ミネルヴァ書房，2006。
八田達夫・小口登良『年金改革論——積立方式へ移行せよ』日本経済新聞社，1999。
濱口桂一郎「EU雇用戦略と社会保障——公開調整手法による政策協調」『海外社会保障研究』No.165，Winter 2008，14-24ページ。
バラ，A. S.・ラペール，F.『グローバル化と社会的排除』福原宏幸・中村健吾訳，昭和堂，2005。
ハンソン，P.「移行はいつ終わるのか？」溝端佐登史・吉井昌彦編『市場経済移行論』社会思想社，2002年7月，2002。
広井良典『持続可能な福祉社会』ちくま新書，2006。
福原宏幸編著『社会的排除／包摂と社会政策』法律文化社，2007。
フクヤマ，F.『歴史の終わり』(上・下) 渡辺昇一訳，三笠書房，1992。(Fukuyama, Francis, *The End of History and the Last Man*, Free Press, 1992.)
ブレア，T.「『第三の道』——新しい世紀の新しい政治」『生活経済政策』編集部訳，『生活経済政策』編集部編『ヨーロッパ社会民主主義「第3の道」論集』(生活研ブックス No. 7)，2000，8-26ページ。(Blair, Tony, *The Third Way: New Politics for the New Century*, Fabian Pamphlet 588, 1998.)
ブレア，T.・シュレーダー，G.「共同声明　第3の道／新中道－ヨーロッパ社会民主主義の前進の道」『生活経済政策』編集部訳，『生活経済政策』編集部編『ヨーロッパ社会民主主義「第3の道」論集』(生活研ブックス No. 7)，2000，28-39ページ。(Blair, Tony and Schröder, Gerhard, *The Third Way / Die Neue Mitte*, 1999.)

細野真宏『「未納が増えると年金が破綻する」って誰が言った?』扶桑社新書,2009。
堀林巧「旧ソ連・東欧地域の社会動向:体制転換の「社会的コスト」に焦点をあてて」『医療・福祉研究』第9号,1997,66-86ページ。
堀林巧「転換期中東欧の右翼ナショナリズム——ハンガリーに焦点をあてつつ」山口定・高橋進編『ヨーロッパ新右翼』朝日選書,1998a,227-272ページ。
堀林巧「ポスト共産主義転換期社会政策論:いくつかの所説紹介を中心に」『金沢大学経済学部論集』第19巻第1号,1998年12月,1998b,85-115ページ。
堀林巧「ハンガリーの労働領域と家族政策におけるジェンダー」『金沢大学経済学部論集』第22巻第1号,2001。
堀林巧「転換の社会的コストと福祉レジーム」,羽場久浘子編『ハンガリーを知るための47章』明石書店,2002,304-309ページ。
堀林巧「ハンガリーの年金制度——その歴史と現状」『金沢大学経済学部論集』第24巻第1号,2003年11月,2003,117-151ページ。
堀林巧「欧州建設・拡大の社会的次元——社会的欧州をめぐる動向」野村真理・弁納才一編『地域統合と人的移動:ヨーロッパと東アジアの歴史・現状・展望』お茶の水書房,2006。
堀林巧「EU新加盟国の貧困問題・社会保護システム・社会扶助」『金沢大学経済論集』第29号第2巻,2009年3月,2009a,151-183ページ。
堀林巧「ポスト共産主義の政治経済学——回顧と展望」『比較経済体制研究』第15号,比較経済体制研究会,2009b,27-43ページ。
ミシュラ,R.『福祉国家と資本主義』丸谷冷史訳,晃洋書房,1995。(Mishra, Ramesh, *The Welfare State in Capitalist Society*, Harvester Wheatsheaf, 1990.)
溝端佐登史・吉井昌彦編『市場経済移行論』社会思想社,2002年7月,2002。
宮本太郎編著『福祉国家再編の政治』ミネルヴァ書房,2002。
メルケル,W.「社会民主主義の『第三の道』」『生活経済政策』編集部訳,『ヨーロッパ社会民主主義「第3の道」論集(II)』(生活研ブックス No. 9),2001,5-40ページ。(Merkel, Wolfgang, "The Third Way for Social Democracy", in Cuperus, R., K. Duffek and J. Kandel (eds.), *Multiple Third Ways: European Social Democracy facing the Twin Revolution of Globalisation and the Knowledge Society*, Wiardi Beckman Stichting, 2000.)
メリアン,F. X.『福祉国家』石塚秀雄訳,文庫クセジュ,2001。
盛田常夫『ポスト社会主義の政治経済学 体制転換20年のハンガリー——旧体制の変化と継続』日本評論社,2010。
柳原剛司「移行期ハンガリーにおける社会保障改革——年金システム改革の変遷を中心に」『比較経済体制研究』第7号,比較経済体制研究会,2000年5月,2000,82-100ページ。
柳原剛司「ハンガリーの年金制度改革——1998年以降の2つの時期に注目して」『ロシア・東欧研究』第31号,ロシア・東欧学会,2003年10月,2003,219-237ページ。
柳原剛司「福祉国家論からみた体制転換論」,上原一慶編『躍動する中国と回復するロシア』第2部第8章,高菅出版,2005年6月,2005,354-379ページ。
柳原剛司「書評:西村可明編著『移行経済国の年金改革』」『ロシア・東欧研究』第36号,ロシア・東欧学会,2008年3月,2008a,2197-205ページ。
柳原剛司「ハンガリーの社会福祉の現状」,萩原康生・松村祥子・宇佐見耕一・後藤玲子編集代表『世界の社会福祉年鑑 2008年版』,旬報社,2008年11月,2008b,187-215ページ。
柳原剛司「年金分野におけるEU内協力とハンガリーの年金改革」『比較経済体制研究』第15号,比較経済体制研究会,2009年1月,2009,44-62ページ。

柳原剛司・林裕明「市場移行の社会的側面」,溝端佐登史・吉井昌彦編『市場移行経済論』第3章,世界思想社,2002年7月,2002,53-77ページ。
山田鋭夫『さまざまな資本主義——比較資本主義分析』藤原書店,2008。
ロシア東欧貿易会,ロシア東欧経済研究所『中東欧情報ファイル2000』,ロシア東欧貿易会,2000。
渡辺俊彦「民族政治の権威主義的転回——ハンガリー,フィデス連立政権の隘路」『政策科学』第8巻第3号,立命館大学,2001年2月,2001,261-278ページ。

あとがき

　本書は，2009年11月に京都大学大学院経済学研究科に提出した博士論文「1990年代以降のハンガリーの社会保障制度改革：持続可能な制度の模索」を，出版にあたって加筆修正したものである。主な変更点は，章構成の見直しと，博士論文執筆時から大きく変更された実際の制度改革の内容の追加，そのほか学位論文の審査時に指摘された問題点の修正である。博士論文では取り扱えていなかった，年金制度改革と高齢者の所得保障問題について，まだ十分とは言えない分析ながら今回の出版にあたって組み込んだのも，博士論文で欠けていた視点の補完という観点からである。各章の初出は以下の通りである。

序章　旧社会主義国における社会保障制度改革：課題設定
　　　書き下ろし
第1章　ハンガリーにおける移行の「社会的コスト」
　　　「市場移行期ハンガリーにおける社会保障制度改革」京都大学大学院経済学研究科修士論文, 2001年1月, 第2章
第2章　ハンガリーにおける社会政策論争
　　　「福祉国家論からみた体制転換論」上原一慶編『躍動する中国と回復するロシア』高菅出版, 2005年6月
第3章　ハンガリーの年金制度改革：1998年改革の実行とそこからの逸脱
　　　「ハンガリーの年金制度改革：1998年以降の2つの時期に注目して」『ロシア・東欧研究』第31号, 2003年10月および「移行期ハンガリーにおける社会保障改革：年金システム改革の変遷を中心に」『比較経済体制研究』第7号, 2000年5月
第4章　年金制度改革と高齢者の所得保障問題

「ハンガリーの年金制度改革と高齢者の所得保障問題」『GCOE ワーキングペーパー・次世代研究』43，京都大学グローバル COE「親密圏と公共圏の再編成をめざすアジア拠点」，2011年3月

第5章　年金制度周辺の諸制度の改革との整合性
（第1節）「市場移行期ハンガリーにおける社会保障制度改革」京都大学大学院経済学研究科修士論文，2001年1月，第4章
（第2-3節）「ハンガリーの社会福祉の現状」（萩原康生ほか編集代表『世界の社会福祉年鑑　2008年版』旬報社，2008年11月

第6章　世界銀行の年金戦略とハンガリーの年金制度改革：国際的な影響（1）
（第1節）「書評：西村可明編著『移行経済国の年金改革』」『ロシア・東欧研究』第36号，2008年3月，第3節
（第2-3節）書き下ろし

第7章　EU内政策調整とハンガリーの年金制度改革：国際的な影響（2）
「年金分野におけるEU内協力とハンガリーの年金改革」『比較経済体制研究』第15号，2009年1月

終章　総括と展望
書き下ろし

　出版の機会をいただいてから実際の出版までの時間が豊富とは言えず，また筆者の準備がスロー・ペースだったこともあり，すべて筆者に責任のあることではあるが，本書には多くの不十分な点が残っている。とくに，年金の持続的可能性をとりあげながら，数字に基づいた中・長期的な年金財政の具体的な分析を取り扱えていないことは大きな瑕疵である。また，筆者が博士課程の在学期間の途中に，在ハンガリー日本国大使館・専門調査員としての2年半の勤務を挟んだこともあって執筆からかなりの時間が経過してしまった論文や，筆者の本書における問題関心とは完全には一致しない研究プロジェクトで執筆した論文を，「ハンガリーの政治体制の転

換以降の社会保障制度の再編の過程を明らかにする」という，本書の課題の中に位置づけ直すことに苦心したこともあって，その分，新たな資料を十分に活用した議論が展開できなかったことも残念である。これらの点はまた今後の課題としたいと考えている。

　本書において設定した課題の大きさと比べ，筆者が分析・整理できたこと，ならびに抽出できた結論と含意は必ずしも釣り合いの取れたものではないだろう。この点については，筆者として非常に悔しい想いを禁じ得ない。とはいえ，このように筆者にとっての最初の単著として，不完全ながら本書をとりまとめ上梓することが出来たのは，多くの先生方・関係の方々のご指導・ご厚意のお陰である。この場をお借りして心より御礼を申し上げたい。

　とくに，大学院の指導教員である溝端佐登史先生と久本憲夫先生には深く感謝を申し上げたい。溝端先生には，学部時代からご指導をいただいており，まさに研究の初歩の初歩から，分析対象へのアプローチの仕方や研究に対する姿勢など，多くのことをご教示いただいている。先生の下で学ぶことが出来たのは，筆者にとって代えがたい僥倖である。久本先生には，論文内容への的確なご指導に加えて，推敲を繰り返し論文の執筆に時間をかけるタイプの筆者に対し，早期の研究成果発表をつねに叱咤し続けていただいた。両先生方のご指導と叱咤激励がなければ，本書の完成には更に時間を要していたことと思う。今後もいっそう研究に真摯に取り組むことで，先生方からのご厚意に少しでも報いていきたい。また大学院では，渡邉尚先生，西村周三先生からもご指導を賜った。先生方から薫陶を賜ったことは，筆者にとり大きな財産である。記して御礼申し上げる。

　所属研究会の先生方・先輩方にも大変お世話になってきた。修士課程に在籍していた当時から参加させて頂いている比較経済体制研究会の先生方・先輩方には口頭発表などの機会に際して多大なご指導をいただいた。また，研究上のことに留まらない様々なことにも親身になってご相談いただいた。とくに同じハンガリーを研究のフィールドとする田中宏先生と堀林巧先生には，論文へのご指導も含め，多くの貴重なご教示を賜ってい

る。心より感謝申し上げたい。

　京都大学大学院経済学研究科の溝端ゼミならびに久本ゼミの同輩・後輩の諸氏にも謝意を示したい。公私にわたる付き合いは，研究上の知的刺激を与えてくれるのみならず，不安定な研究生活における支えともなってくれている。

　在ハンガリー日本国大使館で専門調査員として勤務した2年半は，自分のテーマの研究はなかなか進めることはできなかったが，ハンガリーの政治と経済に直に触れる非常に良い機会であった。大使館ではとくに政務班の上司・同僚であった阿部宏，覚田広美，星野こずえの諸氏に公私共に非常にお世話になった。この場をお借りして御礼申し上げたい。また，ハンガリー科学アカデミー経済学研究所のシモノヴィチ・アンドラーシュ氏をはじめ，ハンガリーでお世話になっている方々にも深く御礼申し上げたい。

　本書の出版にあたっては，京都大学の「平成22年度総長裁量経費　若手研究者に係る出版助成事業」による助成をいただいた。また，第4章の一部は，京都大学グローバルCOE「親密圏と公共圏の再編成をめざすアジア拠点」の「平成22年度　次世代研究ユニット」のプロジェクトでの研究成果である。関係の皆様方に御礼を申し上げる。

　出版に際しては，京都大学学術出版会の斎藤至氏にご高配いただいた。ここに記して感謝を申し上げたい。

　最後に，私事ではあるが，筆者の家族に感謝したい。研究者としては回り道をしたこともあり，ずいぶんと長期にわたって心配をかけてしまっているが，両親・家族は常に信頼し見守ってくれている。心よりの感謝の意を込めて，本書を両親に贈りたい。

　　2011年6月

　　　　　　　　　　　　　　　　　　　　　　　　　　柳原剛司

索　引

● A-Z

EU　6, 25, 67, 94, 104, 117, 146, 153, 163, 171, 190, 193, 196, 207, 216, 222
　EU規則　196, 197
　EU指令　197, 198
FIDESZ　→フィデス－ハンガリー市民連合
ILO　170, 207
IMF　27, 59, 170, 172, 190
MDF　→ハンガリー民主フォーラム
MSZP　→ハンガリー社会党
multi-pillar system　→混合型（の）年金制度
NDC　→概念上の確定拠出方式
OMC　→開かれた政策協調
PAYG　→賦課方式
SZDSZ　→自由民主連合

● あ行

安定・成長協定　128, 212
安定プログラム　213
育児給付　137-139, 143, 155, 166
育児疾病給付　139
育児手当　34, 137-139, 143, 155, 166
移行の「社会的コスト」　→社会的コスト
遺族年金　69, 95, 100, 148, 210
エスピン＝アンデルセン　56, 139
オイルショック　2, 49, 65
欧州委員会　147, 198, 201, 204, 208, 213
欧州協定　171
欧州雇用戦略　163, 201, 206

● か行

概念上の確定拠出方式　2, 93, 108, 128, 189
家族給付制度　43, 137, 143, 154, 165, 221
家族手当　15, 19, 23, 58, 137, 138, 143, 155, 165, 166
ギデンズ　51-57, 67
キリスト教民主国民党（KDNP）　11, 23-24, 133

ケインズ経済学　49
健康保険基金　22, 75, 137, 159, 161
建設的福祉　→ポジティブ・ウェルフェア
公平性　6, 71, 83, 99, 105, 144, 220
高齢者介護　148
国家性　194, 197
国家戦略報告　147, 197, 216
コーポラティズム　50
コルナイ　15, 59-62, 64-67, 85, 220
混合型（の）年金制度　89, 91, 127, 174, 189-191, 207, 223
コンディショナリティ　172

● さ行

再帰性　52
財政的持続可能性　77, 105, 126, 132, 145, 164, 200, 205, 209, 215, 221-223
最低保障　57, 61, 91, 121, 131, 174, 205
残余的な福祉　163
市場経済化　12, 14, 28, 74, 169, 226
失業給付制度　37, 44, 140-141, 164
資本主義の多様性論　6
社会憲章　171
社会主義　1-4, 27, 31, 45, 57, 63, 72-74, 137, 140
社会的コスト　14, 29-30, 45, 58, 145
社会的市場経済　11, 48
社会的排除　20, 55, 197, 203
社会的包摂　7, 163, 197, 206, 216
社会連帯　54, 63, 64, 103
社会党（MSZP）　→ハンガリー社会党
社会扶助　44, 92, 119, 128, 143, 158, 162
13か月目の年金　112, 124, 148
自由民主連合（SZDSZ）　11, 19-20, 21-22
収斂プログラム　147, 213, 215
出産手当　156, 166
ジュルチャーニ　20-23, 67, 124, 146

245

ジュルチャーニ・パッケージ　21, 136, 147, 164
使用者負担　72, 96, 125, 158
所得再分配　69-71, 84, 92, 104, 173
所得保障　44, 58, 91,107-109, 123, 128-133, 158
障害者福祉　151, 164
障害年金　151-154
新自由主義　11, 15, 49, 51, 53, 145, 163
新中道　→第三の道
スライド方式　89, 96, 123, 126, 211
　スイス方式　89, 123, 126, 148, 186
　　賃金スライド　44, 75
　　物価スライド　131
世界銀行　7, 11, 69, 85, 91-92, 169-175, 176, 180, 187
成熟度　76-78, 80, 95
（年金受給の）世代間格差　76, 83, 100
セーフティー・ネット　4, 25, 55, 62, 85, 136, 143, 165, 173
ソフトなガバナンス　197, 212

●た行
第三の道　20, 51-57, 67-68
体制転換不況　4, 16, 27, 31, 58
積立方式　8, 23, 70, 87-90, 101-102, 127, 174-175, 180-190
東欧革命　27
透明性　74, 82, 97, 103-105, 144, 183

●な行
ナショナル・ミニマム　50
二重の負担　7, 88, 89, 91, 127, 175, 224
ネオリベラリズム　→新自由主義
年金および高齢問題に関する円卓会議　108, 131, 224
年金制度
　第0の柱　91, 190, 191
　第1の柱　87, 175, 179, 189
　第2の柱　87, 90, 123, 128, 132, 175, 180-190
　第3の柱　76, 87, 90, 183
　──の民営化　7
年金制度改革（ハンガリー）
　1990年前半　74
　1998年　85-91
　2002年以降　124-126
　2010年以降　126-127
年金制度改革（日本）　8-9
年金ファンド　87, 90, 93, 97, 102, 126, 132, 180-185
年金保険基金　75

●は行
ハードな法　198, 212
排除　→社会的排除
ハンガリー社会党（MSZP）　11, 15, 19-20, 21-22, 103, 124, 136
ハンガリー民主フォーラム（MDF）　11-14, 17-18, 74
必要原則　60
貧困率　31-37, 117-118, 121, 122
賦課方式　69, 73, 84, 89, 107, 174-175
福祉国家　1-3, 47-49, 198
　──の黄金時代　1, 48
　──の危機　2, 49, 64
　時期尚早の──　3, 57, 62, 163
開かれた政策協調　7, 20, 195-207, 210-212, 215-218
フィデス（―ハンガリー市民連合）（FIDESZ）　11, 17-18, 23-24, 85, 92-94, 103-105, 126-128, 133, 208, 227, 228
フェルゲ　15, 62-66, 93, 207
ベスト・プラクティス　207
双子の赤字　14
包摂　→社会的包摂
ポジティブ・ウェルフェア　54, 56
ボーナス年金　→13か月目の年金
ボクロシュ・パッケージ　15-16, 62, 63, 138

●ま行
マネタリスト　49
ミーンズ・テスト　63, 65, 89, 91, 138, 143-144, 208

●ら行
ラーケン欧州理事会　200
リスボン戦略　7, 163, 197, 202-203
リハビリ給付　153, 162
歴史的経路依存性　222
労働を起点とする国家的生活保障システム　3, 137
老齢プレ年金　76

老齢年金　43-44, 69, 72, 112, 115, 122, 125-126
ロマ　29, 31, 34, 37, 43, 166

●わ行
ワークフェア　51, 162
ワシントン・コンセンサス　27

著者紹介

柳原　剛司（やなぎはら　つよし）

1975年　兵庫県生まれ。
1999年　京都大学経済学部卒業。
2004年　在ハンガリー日本国大使館専門調査員（～2006年）。
2010年　京都大学大学院経済学研究科博士課程修了。
　　　　博士（経済学）。
現在，京都大学大学院文学研究科グローバルCOE研究員。

主な著作
共著　*Varieties of Capitalisms and Transformation*, BUNRIKAKU Publisher
　　　（2008）．
共著　『世界の社会福祉年鑑2008年版』旬報社（2008年）。
論文「年金分野におけるEU内協力とハンガリーの年金改革」
　　『比較経済体制研究』第15号（2009年）。

（プリミエ・コレクション 7）
体制転換と社会保障制度の再編――ハンガリーの年金制度改革

2011年6月30日　初版第一刷発行

　　　著　者　　柳　原　剛　司
　　　発行人　　檜　山　爲　次　郎
　　　発行所　　京都大学学術出版会
　　　　　　　　京都市左京区吉田近衛町69
　　　　　　　　京都大学吉田南構内（〒606-8315）
　　　　　　　　電話　075(761)6182
　　　　　　　　FAX　075(761)6190
　　　　　　　　URL http://www.kyoto-up.or.jp
　　　印刷・製本　亜細亜印刷株式会社

ⓒ T. Yanagihara 2011　　　　　　　　　Printed in Japan
ISBN 978-4-87698-566-1 C3333　　定価はカバーに表示してあります

本書のコピー，スキャン，デジタル化等の無断複製は著作権法上での例外を除き禁じられています。本書を代行業者等の第三者に依頼してスキャンやデジタル化することは，たとえ個人や家庭内での利用でも著作権法違反です。